不動産コンサルティング（土地活用・売買）の教科書

改訂版

株式会社アセットビルド代表取締役

猪俣 淳（いのまた きよし）

ビジネス教育出版社

不動産コンサルティング（土地活用・売買）の教科書

もくじ

序　章

第１章　土地活用の基礎知識

第２章　不動産投資の基礎知識

第３章　不動産投資のメリット・デメリット

第４章　建築提案の進め方

序　章

▶あなたはお客様の求めるコンサルティングができていますか？

不動産売買仲介、開発、建設、金融機関、税理士……。

資産運用や相続対策で「土地活用」や「収益不動産売買」などのコンサルティングを顧客に提供したり、それらを切り口に自社の提供するサービスや商品への導入をはかったりといった仕事を日々の生業とされている方は少なくありません。

では､それぞれの分野の専門家ともいえる皆さんが下す「土地活用」や「収益不動産売買」の判断が、

- 果たして専門外の視点から見た場合の判断においても正しいものか
- 顧客の求める目標や負担することのできるリスクに沿ったものか
- ほかの選択肢を排除することによる機会損失を与えていないか

といったことに自信を持って回答できるひとも多いかというと、そうではないというのも残念ながら現実です。

「顧客本位のビジネス」というスタンスを求める限りは、コンサルティングをする側の利益ではなく、顧客にとって最も優れた選択肢はなにかということを、複数の選択肢を定量的に比較しながら提案をするという姿勢と、そのスキルを持つことが必要条件となります。

提案者のビジネスにとって不利と思われるような選択肢を提示することは、一見自社や自身に利益損失をもたらすようにも見えますが、「顧客にとっての利益に基づいた提案をしなかったという事実は、信頼の失墜という大きな損失をもたらす可能性が高い」ことを考えると、「顧客本位のビジネス」はやはり最善の仕事の取組み方といえるでしょう。

自社の提供するビジネスと異なる選択肢が最善という判断となった場合、それを受け入れる受け皿としての部門をあらたに設けたり、パートナーや協力者をチームとして受け皿を構築したり、そこでチームリーダーとして采配を振るうということができれば、それはまた新たなビジネスを生むチャンスにもなるはずです。

不動産業界の皆さんは「建築」は自分の専門外でなんだか難しそうという方が多く、建築業界の皆さんは「不動産」は怪しげで近寄りがたいという方が多いというのが両方の業界で30年以上仕事をしてきたものとしての実感です。

一方、金融機関の皆さんは、建物の物理的な耐用年数と法定耐用年数は異なる、あるいは空室損・運営費が地域・プラン・設定賃料によって異なるといった現実・実態を踏まえているとは言いにくい行内規定による不動産事業の評価をしているケースがほとんどです。

また、税理士・会計士の皆さんは、資産家からの相談に対して「如何に納税額を引き下げることができるか」という節税効果にその専門性を発揮し、その提案は資産拡大や資産保全といった別の切り口から見て果たして最善のものであるのかというと疑問が残ります。

「顧客にとって最適な選択肢は何か？」という問いに対する答えを求め、不動産・建築・賃貸管理・投資・相続・金融・保険の7分野で30を超える資格を取得するなかで、「土地活用」「収益不動産売買」というビジネスにおいて最も役に立った3つの資格

1．認定商業不動産投資顧問（CCIM）

2．認定不動産経営管理士（CPM）

3．一級建築士

で学んだことをベースに、30年以上コンサルティングの現場で日々更新している知識とスキルをこのテキストで共有したいと思います。

より詳しく学びたいという皆さんには拙著「誰も書かなかった不動産投資の出口戦略・組合せ戦略　詳細解説版」（住宅新報出版）をお

勧めします。前半では、私自身の行った複数の物件の取得やポートフォリオ組成、運営改善、バリューアップ、売却出口を事例に詳細な数値分析を行い、後半では財務分析に必要な指標とその使い方について解説しています。本テキストと重複する部分も数多くありますが、不動産投資をビジネスとされている多くのプロの皆さんや不動産投資家の皆さんからも、高い評価をいただいています。また、同書をよりわかりやすくした入門編が欲しいという出版社からの依頼を受けて執筆した「不動産投資スタートアップ講座　不動産投資の正体」(住宅新報出版)も併せて読まれることにより理解が深まることをお約束します。

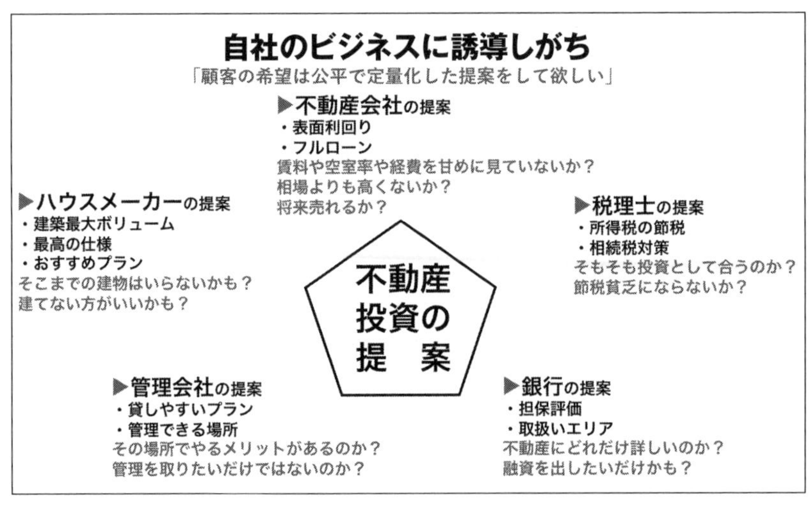

▶顧客の要望は何か？本人と一緒に整理してみる

「顧客にとって最も優れた選択肢」という提案は、イコールそれが顧客の選択すべき選択肢とは限らない、というのが現実のコンサルティングの現場ではよく見受けられます。

リスクとリターンはトレードオフの関係

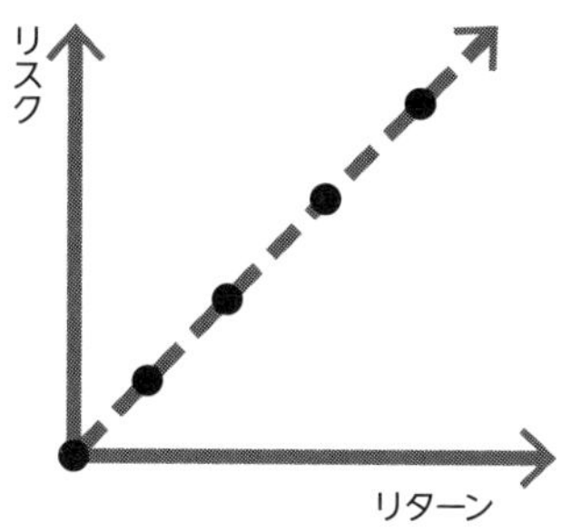

例えば、リスクとリターンはトレードオフの関係にありますから、コンサルティングを行う提案者自身のリスク／リターン指向が中位にある場合、より高位にある被提案者が求めている選択肢はより危険に見えてしまい、あなたの提案は機会損失をあたえる可能性が高くなります。一方、被提案者のリスク／リターン指向がより低位にある場合、その提案は許容範囲を超えるリスクを負わせることになりがちです。

被提案者自身が物件ごとにリスク／リターン指向の違うものを組み合わせてポートフォリオを形成している場合もありますが、自らのリスク／リターン指向に対し、明確な指標を持っていないあるいは、そもそもそんなことを考えたこともないという場合がほとんどです。

では、どのように顧客のリスク／リターン指向あるいは要望を明らかにしていくか？というと、ひとつの方法としてファイナンシャルプランナー的な切り口で、顧客本人と一緒に整理していく作業ということが挙げられますが、いずれにしてもそれはコンサルティングの最も早い段階で行うべきです。

その方法については、本文であらためてご紹介しますが、これをせずに提案作業に入ると、あとから大幅な軌道修正が必要になったり、先に行った提案とチグハグになってしまったりと、双方の時間と労力を無駄にすることになり、またその過程で信用を失ったり、別の提案者に仕事を持っていかれたりという望まざる結果をもたらすことにもなりかねません。

逆に言えば、そういった過程を経ることなく提案をしたり、提案者自身のリスク／リターン指向を元に提案したり、定量化して比較できるようにした複数の提案ができるライバルがあまりいないという市場にあって、ひとり勝ちすることができるという大きなビジネスチャンスが皆さんにはあるということでもあります。

ぜひ、このテキストで学ぶことをご自身の専門分野と組み合わせて、顧客にとっての最強のパートナーとしての地位を築き上げてください。それは、きっと皆さんと顧客との関係性を再構築することになり、皆さんの仕事の取組みを根本から劇的に良い方向へ変えることになるはずです。

不動産売買仲介、開発、建設、金融機関、税理士……

顧客の人生に大きな影響を与え、専門性が高く、誇りを持てる業界で日々働く皆さんと、その皆さんをパートナーとして選び信頼をよせる皆さんのすべての顧客の成功を心から願います。

第 1 章
土地活用の基礎知識

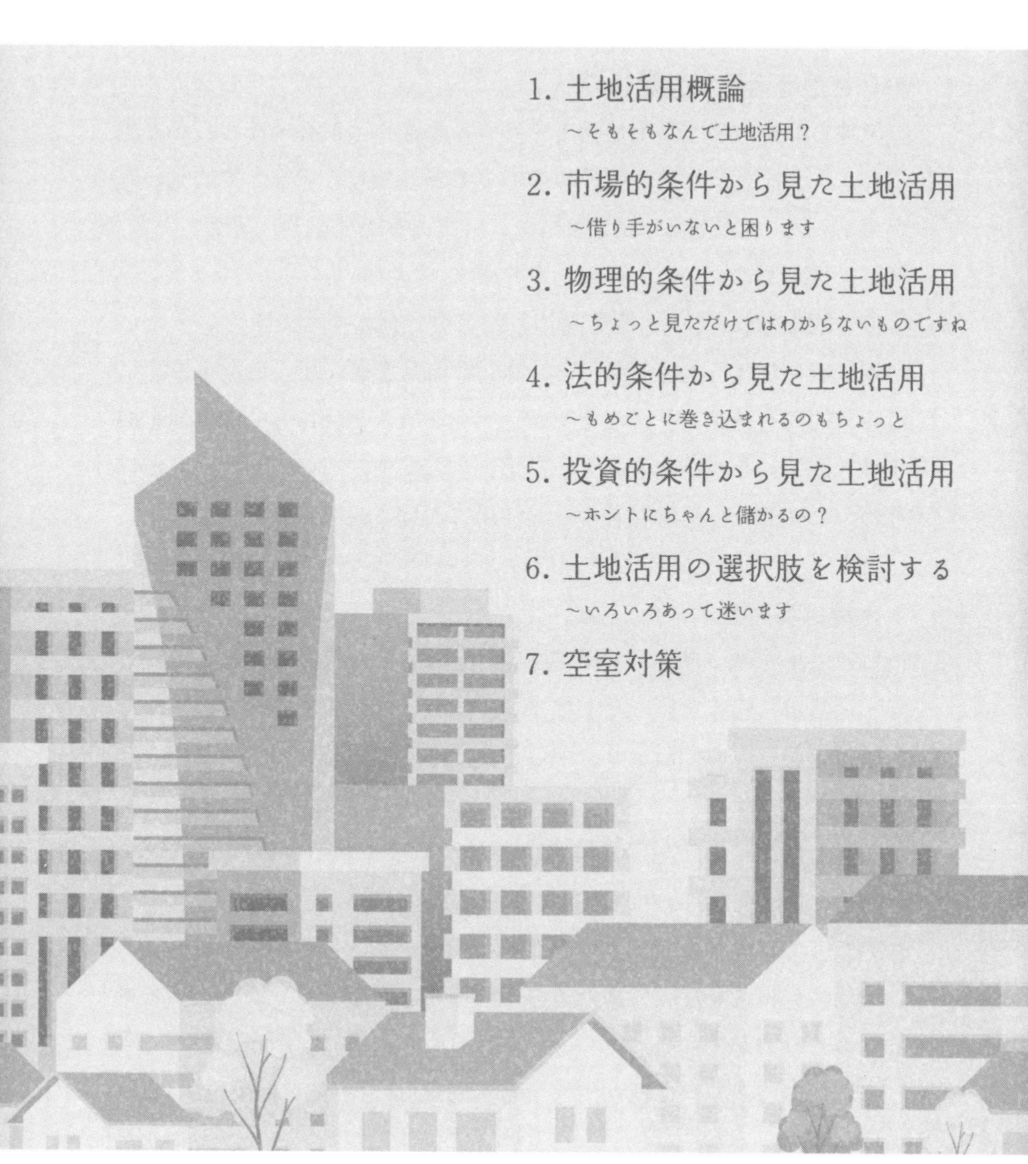

1. 土地活用概論
   ～そもそもなんで土地活用？
2. 市場的条件から見た土地活用
   ～借り手がいないと困ります
3. 物理的条件から見た土地活用
   ～ちょっと見ただけではわからないものですね
4. 法的条件から見た土地活用
   ～もめごとに巻き込まれるのもちょっと
5. 投資的条件から見た土地活用
   ～ホントにちゃんと儲かるの？
6. 土地活用の選択肢を検討する
   ～いろいろあって迷います
7. 空室対策

1. 土地活用概論～そもそも なんで土地活用？

▶なぜ土地活用が必要なのか？

土地をお持ちの方が土地活用を考えるときには、必ずなんらかの理由があります。それは、相続税の心配であったり、老後の生活費の確保であったりしますが、おしなべて「いまある土地をどう活かすか？」という視点から、ものごとが始まります。

投資的に見れば、「土地を売却した資金で何かをする」ということも選択肢に加えるべきですが、「先祖代々引き継いだ土地を手放すには心情的にも壁があり、どちらかというと次の世代にもその土地を引き継ぎたい。そのためのベストな選択として何かないだろうか」というのが一般的な土地所有者の土地活用における着眼点になります。

▶土地は資産か？

ロバート・キヨサキ氏の著書、「金持ち父さん貧乏父さん」を読んで土地活用に興味を持った方は少なくありません。その中で、資産と負債の定義についてわかりやすい解説がされていますので、ご紹介します。

資産とは、「自分のポケットにお金をいれてくれるもの」

負債とは、「自分のポケットからお金を奪っていくもの」

いたってシンプルで、本質を突いた指摘です。

では、先祖代々守ってきたその土地はどちらでしょうか？改めて棚卸をする必要がありそうです。

未利用の、あるいは低利用の土地も固定資産税・都市計画税、除草・

除雪などの維持管理費が容赦なくポケットからお金を奪っていきます。そして、ある段階までは決して目に見えない最大の負債、「相続税」が場合によっては大きくのしかかってくることになります。

▶「いざとなったら物納するよ」

相続税の話となると、「いざとなれば物納するよ」という方は少なくありません。「だから、特に土地活用はしないんだ」ということが言外に含まれていますが、残念ながら物納・延納といった手を打つのは平成18年以降とても困難になっています。

平成6年に全国で受理された物納申請数は約1万6,066件ありましたが、平成20年にはわずか698件に（そして令和元年には61件に）。相続税は基本的に金銭で支払う必要があり、しかもそれは被相続人が死亡してからわずか10カ月の猶予しかないという基本を、改めて理解いただくようにしてください。

▶延納・物納の仕組み

被相続人が亡くなったあと、納税に関してどういう流れで延納・物納という選択肢が与えられていくかということを整理してみましょう。

1．亡くなった被相続人が残した現預金と換金可能な財産をその納税者が相続した場合には、その人が承継した債務と葬儀費用を差引いたのち、最初にすべて相続税の支払いに充てられます。

2．それでも不足する場合は、相続人の現預金から「3カ月分の法定生活費」を残してすべて相続税の支払いに充てることを求められます。ちなみに、相続人に認められる法定生活費は本人10万円/月、家族ひとりあたり4万5000円/月です(税金・社会保険料・住宅ローン・治療費などは算出根拠を示せば除外してもらえます)。

3．それでも不足する場合、ようやく延納という選択肢が与えられます。相続人の現在の年収が、選択した延納期間の最初から10年間そのまま続くものとして（不動産等の割合が75%以上の場合は20年間)、法定生活費を差し引いた金額で収まるのであれば、延納で残りの税額を全額支払うことができます。この計算には、将来予想される臨時の収入・支出を加味しても良いことになっています。

また、延納を選択した場合には「利子税※」という利息が取られます。仮に最長の20年払いを選択し、利子税率3.6%負担で5,000万円を延納した場合の負担は、

1年目250万円+利子税180万円= 430万円

2年目250万円+利子税173万円= 423万円

3年目250万円+利子税162万円= 412万円

……という具合に、20年間続くことになります。相続人の家計を大きく圧迫しますが、前述の法定生活費を侵害されることはありませんので、細々と生活をしていくことはできます。

※平成31年4月1日現在、利子税は「延納特例基準割合」により計算した低い利率で負担が軽減されています：国税庁HP
https://www.nta.go.jp/taxes/shiraberu/taxanswer/sozoku/4211.htm

ちなみに、延納の許可を受けるためには「延納税額+初年度の利子税の3倍に相当する担保提供」が要件とされています。

4．それでもまだ不足する場合、物納という選択肢が与えられます。

ただし、下記のような不動産は受け取ってもらえません。

- 担保権が設定されている
- 権利の帰属に争いがある
- 境界確定がされていない
- 借地・底地
- 共有になっている
- 耐用年数を経過した建物
- 敷金返還義務がある
- 管理・処分に過大な費用がかかる
- ソーシャル系（風俗営業店など）

いずれにしても、簡単ではないということです。

▶流動性の確保

相続税は、被相続人の死後10カ月以内に金銭で納付するということであれば、いざとなったら保有している不動産が10カ月以内に現金化できるかどうかという「流動性」について見直す必要があります。例えば、崖地／広すぎる土地／狭すぎる土地／道路付けが悪い土地／土地形状が悪い土地／借地や底地／古いアパート／境界未確定／田舎・不便／身内との権利調整が必要……といった不動産は、「売りにくい＝流動性が低い」ということですから、事前に売却して現金化をしたり、売りやすいように準備をしておく必要があります。

▶土地活用が相続に与えるインパクト

価値の高さ、流動性の高さでいえば東京の中心「銀座」などは最右翼といえるでしょう。

200㎡の土地がコインパーキング（10分600円！）になったのを見

かけ、試算してみたことがあります。

予想される年商は、約4,000万円、運営費や固定資産税（更地なので軽減がありません）を差し引いても約1,600万円/年の手取りが見込まれます。羨ましい限りですが、相続税を計算すると1次・2次の合計で約5億6,000万円の納税となり、コインパーキングからの収入の35年分相当という計算になります。

そこで、代替案として建築費7億円で7階建てのビルを全額借入によって新築という計算をすると、納税額をゼロに。そして、年間手取り収入を現状の約4倍相当にあたる6,600万円にすることができます。

このケースにおけるコインパーキングもビル建築もどちらも土地活用ですが、選択肢によって効果がまったく変わるというのが土地活用の面白いところです。

「借金は嫌い」という方は少なくありませんし、この例のように7億円も借り入れをするのには抵抗がある方も多いでしょう。しかし、そのなかで相続税という取り立てのキツイ「隠れ借金」を背負っているということを意識している人は少数派かもしれません。

いずれにしても、

① 相続人たちがもめないための「分割対策」

②死亡後10カ月以内に速やかに現金を用意するための「納税対策」

③そして、納税額をできる限り圧縮するための「節税対策」は、基本的にすべて被相続人となる人が、生きているうちに“しか”できない。ということを忘れてはいけません。

▶お金がポケットに入る３つのルート

土地を「資産」たらしめるためには、土地がお金をポケットに入れてくれるようにする必要がありますが、そのルートには３つあります。

1．売　る＝キャピタルゲイン

2．借りる＝ファイナンス

3．貸　す＝インカムゲイン

1 「売る」

例えば、「老後の生活費を確保したい」というニーズを満たしたい場合に、「売る」という選択肢を取ると、どのような感じになるか検証してみましょう。

高齢夫婦ふたり世帯（平均75.4歳）の生活費は「ローンなしの持家」という前提条件（住居費13,625円となっているので）において月額約23.5万円といわれています（2018年総務省統計局家計調査年報高齢夫婦世帯の家計収入）。同様に、ゆとりある老後の生活費は約36万円（2019年生命保険文化センター「生活保障に関する調査」）。

約1億3,000万円の現金があれば、60歳から90歳までの30年間ゆとりの持てる生活ができるということです。

このうち、標準的なサラリーマンであれば6,650万円程度(※1)の年金受給が見込めますので、差額の6,350万円（60歳から90歳の30年間として月額約17.6万円）をどうにかする必要があるわけです。

FP的な提案であれば「老後に備えてコツコツ貯めましょう」という結論にもなりますが、サラリーマンとしての就労期間を40年としてコツコツ貯めるべき金額は6,350万円÷40年間÷12か月≒13.2万円／月ということになります。

実際にそれが可能か計算してみましょう。

仮にサラリーマンの生涯年収を2.8億円とします（平均700万円/年ですから比較的高所得層といえます)。

- 税金・年金・社会保障費…0.6億円
- 住居費…………………………0.6億円（12.5万円/月）
- 保険料…………………………0.2億円（ 4.2万円/月）
- 教育費…………………………0.3億円(子供2人。幼稚園から大学)

可処分所得の合計は1.1億円となり、40年間の現役時代の実質可処分所得は年間275万円=月額約23万円。この中から毎月約13万円を貯蓄に充てるということは、残りの10万円で毎月の食費・被服費・こづかいなどを賄わなければいけないというおよそ実現性の低いライフプランということがわかります。退職金が出れば多少は余裕ができますが、仮に3,000万円出るとして上記の計算をしてみると、可処分所得は月額16万円弱にしかならずやはり実現性は低いと考えざるをえません。

結論として、不足の6,350万円を不動産の売却によって得るためには8,000万円(※2)で売れる土地があればほぼクリアできるので（譲渡所得税20.315%・取得原価5%計算・売却経費4%と仮定)、そういった未利用地があれば売却も土地活用のひとつとして検討に値するということになります。

（※1）2019年厚生労働省発表「平成31年度の任金額改訂について」資料より月額221,504円。厚生年金は、夫が平均的収入（平均標準報酬（賞与含む月額換算）42.8万円）で40年間就業し、妻がその期間すべて専業主婦であった世帯が年金を受け取りはじめる場合の給付水準で、本来水準の計算式によって算出。221,504円×12か月×25年=66,451,200円

（※2）（売却価格8,000万円－売却経費320万円－（売却価格8,000万円－売却経費320万円－（8,000万円×5%)）×20.315%）=6,201万円

２　「借りる」

不動産を担保にして、お金を借りるという選択肢もあります。

金融機関から6,350万円を年利2%30年返済で借りた場合、利息と元本の合計は約234,700円/月となりますので、生活費の不足分176,000円/月との合計、410,700円/月を取り崩していった場合、約13年(6,350万円÷410,700円≒155か月)で借入金は底をつき、約4,000万円の残債と残り17年間のローン返済（234,700円/月）が残るということになりますが……。

金利のみを返済し、死亡時に元本を一括返済というリバースモーゲージという仕組みもありますが、年利２％＝約106,000円/月と、通常のローンよりも負担は軽いものの同様の問題があることには変わりありません（6,350万円÷（106,000円+176,000円）≒225か月)。約19年で借入金は底をつき、6,350万円の残債と金利支払い（約106,000円/月）が文字通り「死ぬまで」続くことになります。

３　「貸す」

そして、最後に「貸す」という選択肢があります。

前記のような8,000万円の土地があった場合、そこに何かを建てて定期的な収入が得られるようにするといった選択肢があり、様々な検討を加えます。

詳しくはこのあと明らかにしていきますが、求める収入（生活費の不足約18万円/月）に対していくらになるかという試算をしましたのでご紹介します。

選択肢１：底地として地代をもらう…………約 10 万円 / 月

選択肢２：駐車場として貸す……………………約 5 万円 / 月

選択肢３：コンビニ敷地として貸す…………約 61 万円 / 月

選択肢４：アパマンを建てて貸す……………約 50 万円 / 月

底地や駐車場として貸すのでは目的は達成できなそうだということがわかります。商業適地であればコンビニに、住宅適地であればアパマンにというのがいいかもしれません。

こういった計算の仕方についても追って解説していきます。

2. 市場的条件から見た土地活用 ～借り手がいないと困ります

▶賃貸需要世帯の動向

土地活用をするうえで、「借り手がいるかどうか」は本質的な問題になります。しかも、建物を建てて貸すということの多い土地活用では、中長期にわたって運営が成り立つかどうかということが、実施の判断を左右しますので、マクロからミクロに及ぶ市場分析的な視点が欠かせません。

賃貸需要がその地域でどの程度発生しているかというトレンドについては、総務省統計局や自治体の資料から、一定期間内にどの程度の人口および世帯数の増減があったかという数字と、そのなかの貸家住まいの割合から類推することができます。

東京都	人口動態	(総務省:住民基本台帳)	
年次	人口総数	世帯数	世帯人員
2015年(平成27年)	13,297,586	6,784,195	1.96
2016年(平成28年)	↓	↓	↓
2017年(平成29年)			
2018年(平成30年)			
2019年(平成31年)			
2020年(令和２年)	13,834,925	7,298,694	1.90
5年間の増減	537,339	514,499	1.04
増減率	104.0%	107.6%	
	持家率	45.8%	
	貸家率	54.2%	
	貸家需要想定	278,858	

例えば、住民基本台帳から東京都の人口と世帯数、持家率の関係を見てみましょう。

2015年（平成27年）1月1日現在　13,297,586人　6,784,195世帯　@1.96人/世帯

2020年（令和 2年）1月1日現在　13,834,925人　7,298,694世帯　@1.90人/世帯

2015年（平成27年）から2019年（平成31年/令和元年）の5年間で人口は537,339人増加、世帯数は514,499世帯増加しています。また、人口と世帯数の乖離が小さいということは、人口構成の中で単身世帯が多いということが考えられます（人口増加数÷世帯増加数=@1.04人/世帯）。そして、総務省統計局の平成30年（2018年）住宅土地統計調査によれば東京都の持家率は45.8%なので、単純に借家率を1 − 45.8% = 54.2%とすれば、増加世帯の内、278,858世帯が賃貸住宅を必要としている世帯といえます。また、人口増加が単身者中心ということであればその割合はさらに高くなると考えられます。

▶賃貸住宅建築の動向

一方、その間にも続々と賃貸住宅が供給されているわけで、こちらは国交省の住宅着工統計から数字を拾うことができます。先ほどと同じ期間（2015年から2019年）に東京都で着工された貸家の数は、合計348,481戸。つまり、需要278,858世帯に対して約1.25倍の供給がなされたということになります。様々な雑誌や新聞で住宅の供給過剰が取り沙汰されていますが、数字で見る限りこれを裏付けることになります。でも本当でしょうか。

	建築着工	(国交省:住宅着工統計)			
年次	総数	持家	貸家	給与住宅	分譲
2015年(平成27年)	141,978	16,651	64,500	848	59,979
2016年(平成28年)	148,275	16,465	72,214	502	59,094
2017年(平成29年)	150,350	15,464	73,574	496	60,816
2018年(平成30年)	144,813	15,916	73,572	1,091	54,234
2019年(平成31年)	139,015	15,844	64,621	1,077	57,473
合計	724,431	80,340	348,481	4,014	291,596

構造別、建て方別、利用関係別――新設住宅の戸数、床面積の合計

▶解体・除去の数

新規に着工される建物に着目されがちですが、一方解体・除去される建物についてはほとんど取り上げられることがありません。

東京都の住宅の滅失（除去・災害）については「建築物滅失調査（国交省）」で調べることができますが、2015年から2019年にかけての滅失数は65,217戸。これに、建築着工統計の貸家の割合を解体建物のうち貸家の占める割合と仮定して計算すると、「貸家解体数」は31,343戸となります。

つまり、建築着工数348,481戸に対して約９％の戸数が解体されていて、実際の増加は317,138戸であることがわかります。

	(仮定)	(仮定)	
滅失数	貸家割合	貸家解体数	解体/着工
13,321	45.4 %	6,052	9 %
14,611	48.7 %	7,116	10 %
12,356	48.9 %	6,046	8 %
12,513	50.8 %	6,357	9 %
12,416	46.5 %	5,772	9 %
65,217		31,343	9 %

整理すると、東京都では2015年から2019年までの5年間で

- 賃貸住宅需要増加数　278,858戸
- 賃貸住宅実質増加数　317,138戸
- 需給ギャップ　　　　38,280戸の過剰

ということになります。

貸家需要想定	278,858
貸家着工数	348,481
貸家解体想定	31,343
実質貸家増減	317,138
需給ギャップ	-38,280

ただし、5年間で増加した人口総数537,339人に対し、増加した世帯数514,499世帯ということは、世帯当たり人口1.04人ということで、ほぼ単身世帯と考えられるため、「持家率」に東京都の現在の数値を採用するのは現実的ではないともいえます。

H30住宅土地統計調査		東京都(単独世帯)		第40表
	持家	借家	合計	借家率
総数	774,600	2,089,300	2,863,900	73%
25歳未満	5,200	259,400	264,600	98%
25-29歳	6,300	283,400	289,700	98%
30-34歳	10,900	221,800	232,700	95%
35-39歳	15,300	176,300	191,600	92%
40-44歳	26,700	167,500	194,200	86%
45-49歳	44,000	156,300	200,300	78%
50-54歳	51,600	146,300	197,900	74%
55-59歳	55,900	118,400	174,300	68%
60-64歳	65,100	95,900	161,000	60%
65-69歳	90,800	104,700	195,500	54%

70-74歳	98,000	91,500	189,500	48%
75-79歳	89,900	73,200	163,100	45%
80-84歳	80,400	54,700	135,100	40%
85歳以上	83,100	40,800	123,900	33%
不詳	51,300	99,000	150,300	66%

平成30年住宅土地統計調査（総務省）によれば、東京都の40歳未満単身世帯の借家率は96.1%となりますので、人口流入の主体をこのゾーンと仮定し先ほどの表に代入すると、

東京都	人口動態	(総務省:住民基本台帳)	
年次	人口総数	世帯数	世帯人員
2015年(平成27年)	13,297,586	6,784,195	1.96
2016年(平成28年)	↓	↓	↓
2017年(平成29年)			
2018年(平成30年)			
2019年(平成31年)			
2020年(令和２年)	13,834,925	7,298,694	1.90
5年間の増減	537,339	514,499	1.04
増減率	104.0%	107.6%	
	持家率	3.9%	
	貸家率	96.1%	
	貸家需要想定	494,434	

貸家需要想定	494,434
貸家着工数	348,481
貸家解体想定	31,343
実質貸家増減	317,138
需給ギャップ	177,295

東京都では2015年から2019年までの5年間で

- 賃貸住宅需要増加数　494,434戸
- 賃貸住宅実質増加数　317,138戸
- 需給ギャップ　　　　177,295戸の不足

ということになります。

また、住宅の平均築後経過年数は英国77年、米国55年に対し日本では30年となっており（国交省推計値2006）我が国では比較的短い期間で建物が解体されてしまうという特徴も滅失数の多さに影響します。

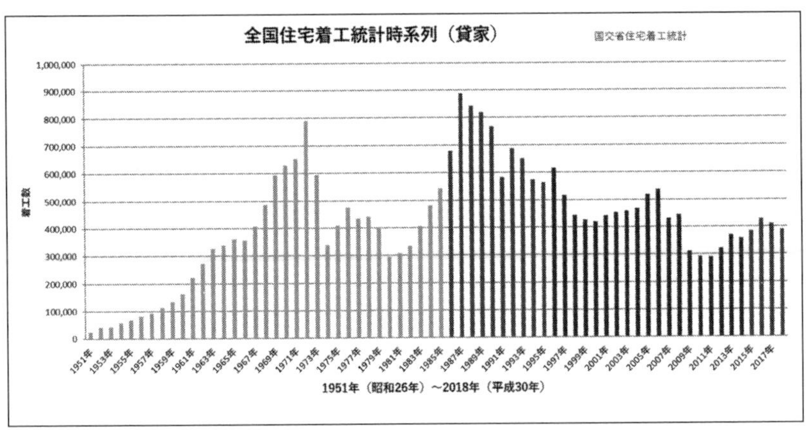

平成バブルまでに建てられた多くの賃貸住宅はすでに滅失したと考えられ、また1980年代後半から90年代半ばに建てられた多くの建物もすでに滅失が始まっています。そして、90年代半ば以降に着工された賃貸住宅の数は景気後退の影響もあり、それ以前と比較して決して多くはないということも着工統計から見ることができます。

▶総務省統計局「住宅・土地統計調査」からわかること

ポータルサイトや新聞・雑誌の記事などで取り上げられる空室率は、5年ごとに行われる住宅土地統計調査の資料によるものがほとんどです。毎回、調査結果の分類表名称が変わりますが、「住宅の所有の関係（平成30年度調査では第3-1表）」と「居住世帯の有無（同第3-2表）から居住中の賃貸住宅の数と、空家となっている賃貸住宅の数を調べることができれば、各地域の空室率がわかりますし、調査年度を遡れば空室率の増減といった傾向も知ることができます。

平成30年調査結果を見ると、賃貸住宅総数3,922,300戸、同空家数は579,000戸、空室率は14.8%であり、平成25年に比べて1.4%改善していて、同様に全国の賃貸住宅の空室率は18.5%で、東京都ほどではないにせよ平成25年に比べて0.3%改善していることがわかります。

	平成25年(2013年)				平成30年(2018年)				空室率の増減率
	賃貸用の住宅(居住者有) a	賃貸用の住宅(空家) b	賃貸用の住宅(総数) a+b=c	空室率 b÷c	賃貸用の住宅(居住者有) a	賃貸用の住宅(空家) b	賃貸用の住宅(総数) a+b=c	空室率 b÷c	
東京都	3,100,300	598,400	3,698,700	16.2%	3,343,300	579,100	3,922,300	14.8%	-1.4%
全国	18,518,900	4,291,800	22,810,700	18.8%	19,064,700	4,327,200	23,391,900	18.5%	-0.3%

また、東京特別区と政令指定都市の数値をみると21都市中改善されているのは13都市、悪化しているのは7都市、変化なしは1都市と各都市間でばらつきがあることをご理解いただけると思います。

平成30年度住宅・土地統計調査(総務省統計局)

	都市名	平成25年(2013年)				平成30年(2018年)				空室率の増減率
		賃貸用の住宅(居住者有)a	賃貸用の住宅(空家)b	賃貸用の住宅(総数)a+b=c	空室率b÷c	賃貸用の住宅(居住者有)a	賃貸用の住宅(空家)b	賃貸用の住宅(総数)a+b=c	空室率b÷c	
1	札幌市	400,900	104,400	505,300	20.7%	445,500	76,100	521,600	14.6%	-6.1%
2	仙台市	257,400	33,500	290,900	11.5%	250,200	44,500	294,700	15.1%	3.6%
3	さいたま市	187,500	36,500	224,000	16.3%	195,100	35,600	230,700	15.4%	-0.9%
4	千葉市	140,500	33,700	174,200	19.3%	149,600	39,200	188,800	20.8%	1.4%
5	特別区部	2,254,100	425,300	2,679,400	15.9%	2,546,000	407,200	2,953,200	13.8%	-2.1%
6	横浜市	595,800	112,300	708,100	15.9%	624,200	113,400	737,600	15.4%	-0.5%
7	川崎市	324,400	59,800	384,200	15.6%	346,900	46,500	393,400	11.8%	-3.7%
8	相模原市	111,500	23,600	135,100	17.5%	113,600	23,600	137,200	17.2%	-0.3%
9	新潟市	101,700	22,000	123,700	17.8%	103,400	27,600	131,000	21.1%	3.3%
10	静岡市	91,200	25,600	116,800	21.9%	98,800	32,100	130,900	24.5%	2.6%
11	浜松市	104,500	31,900	136,400	23.4%	101,400	27,500	128,900	21.3%	-2.1%
12	名古屋市	553,100	115,800	668,900	17.3%	531,500	106,800	638,300	16.7%	-0.6%
13	京都市	301,100	58,900	360,000	16.4%	293,700	54,600	348,300	15.7%	-0.7%
14	大阪市	723,400	189,800	913,200	20.8%	751,400	196,800	948,200	20.8%	0.0%
15	堺市	139,400	31,900	171,300	18.6%	131,100	34,400	165,500	20.8%	2.2%
16	神戸市	271,900	58,700	330,600	17.8%	274,700	64,600	339,300	19.0%	1.3%
17	岡山市	115,900	31,500	147,400	21.4%	125,400	32,200	157,600	20.4%	-0.9%
18	広島市	219,900	50,400	270,300	18.6%	236,600	41,400	278,000	14.9%	-3.8%
19	北九州市	182,700	38,900	221,600	17.6%	175,600	45,600	221,200	20.6%	3.1%
20	福岡市	452,800	78,600	531,400	14.8%	478,300	64,500	542,800	11.9%	-2.9%
21	熊本市	144,400	30,300	174,700	17.3%	137,300	24,900	162,200	15.4%	-2.0%
	合計	7,674,100	1,593,400	9,267,500	17.2%	8,110,300	1,539,100	9,649,400	16.0%	-1.2%

	平成25年(2013年)				平成30年(2018年)				空室率の増減率
	住宅総数	持家	借家	持家率	住宅総数	持家	借家	持家率	
東京都	6,472,600	2,962,100	3,100,300	45.8%	6,805,500	3,063,000	3,343,300	45.0%	-0.8%
全　国	52,102,200	32,165,800	18,518,900	61.7%	53,616,300	32,801,500	19,064,700	61.2%	-0.6%

※借家に給与住宅を含まないため、持家と借家の合計が住宅総数とはなりません。

また、賃貸需要を見るうえで注目すべき持家率についても東京都では0.8%、全国でも0.6%減少し（家を借りる人の割合が増えているということ）、同様に、先の21都市でも9都市で持家率の減少がみられます。

いずれにしても、統計的なデータは詳細を読み込まないとイメージ的なものが先行してしまうということが少なからずあります。「貸家の空室率が悪化した」「供給過剰である」といったように、報道はネ

平成30年度住宅・土地統計調査　21大都市・所有形態別（総務省統計局）

	都市名	平成25年（2013年）				平成30年（2018年）				持家率の増減率
		住宅総数	持家	借家	持家率	住宅総数	持家	借家	持家率	
1	札幌市	861,000	424,300	401,600	49.3%	920,900	447,900	445,500	48.6%	-0.6%
2	仙台市	503,000	233,100	258,600	46.3%	508,200	237,200	250,200	46.7%	0.3%
3	さいたま市	510,400	306,900	188,000	60.1%	544,400	328,900	195,100	60.4%	0.3%
4	千葉市	402,100	249,800	140,900	62.1%	420,400	252,000	149,600	59.9%	-2.2%
5	特別区部	4,601,600	1,988,200	2,283,600	43.2%	4,901,200	2,043,600	2,546,000	41.7%	-1.5%
6	横浜市	1,580,900	929,600	598,500	58.8%	1,649,000	975,400	624,200	59.2%	0.3%
7	川崎市	671,400	314,300	327,200	46.8%	701,600	329,200	346,900	46.9%	0.1%
8	相模原市	299,300	173,800	111,800	58.1%	312,500	183,700	113,600	58.8%	0.7%
9	新潟市	321,000	213,100	101,900	66.4%	323,800	212,900	103,400	65.8%	-0.6%
10	静岡市	273,900	174,300	91,300	63.6%	283,700	176,000	98,800	62.0%	-1.6%
11	浜松市	302,700	189,800	104,300	62.7%	310,900	201,400	101,400	64.8%	2.1%
12	名古屋市	1,096,800	499,200	554,200	45.5%	1,070,000	503,100	531,500	47.0%	1.5%
13	京都市	692,800	362,900	301,200	52.4%	709,900	378,500	293,700	53.3%	0.9%
14	大阪市	1,343,200	554,700	728,000	41.3%	1,379,600	558,800	751,400	40.5%	-0.8%
15	堺市	350,700	199,400	139,800	56.9%	348,300	208,200	131,100	59.8%	2.9%
16	神戸市	717,100	409,700	272,500	57.1%	707,600	412,000	274,700	58.2%	1.1%
17	岡山市	293,500	169,600	115,800	57.8%	313,200	178,300	125,400	56.9%	-0.9%
18	広島市	505,100	272,500	220,500	53.9%	537,000	281,600	236,600	52.4%	-1.5%
19	北九州市	423,200	232,000	183,000	54.8%	420,200	232,500	175,600	55.3%	0.5%
20	福岡市	744,700	274,000	454,500	36.8%	792,300	291,600	478,300	36.8%	0.0%
21	熊本市	306,300	155,200	145,200	50.7%	317,100	159,900	137,300	50.4%	-0.2%
	合計	16,800,700	8,326,400	7,722,400	49.6%	17,471,800	8,592,700	8,110,300	49.2%	-0.4%

ガティブな、あるいはセンセーショナルなものになる傾向がありますので、一次資料をあたることによって、その偏向や真偽を確かめることをお勧めします。

また、各自治体の統計情報からも賃貸市場を知るための一次資料を得ることができます。

例えば、「東京都とはいえ少子高齢化は避けられない」という論旨の話をよく耳にしますが、平成11年から平成31年にかけての年齢構造指数の推移（東京都）を見ると、老年人口の生産年齢人口に対する割合である老年人口指数は20.7→36.0と大幅に増加しているものの、年少人口の生産年齢人口に対する割合である年少人口指数は17.0→18.2と微増ながら増加、賃貸市場における主な入居者層となり、被扶養層である年少人口と老年人口に対する働き手の割合を示す従属（生産年齢）人口指数はほかの年齢区分に比べ37.6→54.2と大きな伸びを示しているということがわかります。

日本人人口の年齢構造指数の推移（昭和32～平成31年）

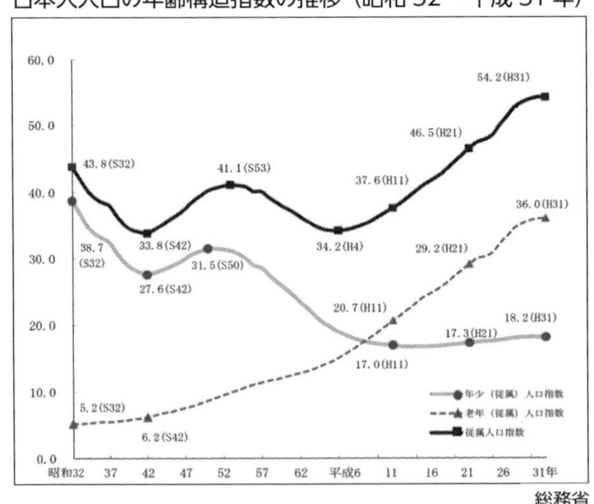

総務省

なお、住宅・土地統計調査から計算される空室率は、あくまでも調査時点の数にしか過ぎず、日々繰り返される退出や募集、入居といった動的な要素が反映されないという欠点があります。別の章で計算方法を改めてご紹介しますが、実際の空室率に近いものを算出するには、その物件の年間解約率と、そこから求められる平均居住年数、そして退去から入居までの募集期間が必要となります。

この計算方法に基づいた空室率のレポートとしては、IREM-JAPAN（アイレム・ジャパン＝不動産管理協会日本支部）https://irem-japan.org/ が毎年調査を行っている全国賃貸住宅実態調査が唯一のものとなりますが、こちらもPM（プロパティマネジメント）の最高峰資格であるCPM（認定不動産経営管理士）が優れた管理をしている物件というバイアスがかかっていることを踏まえて利用することが必要で

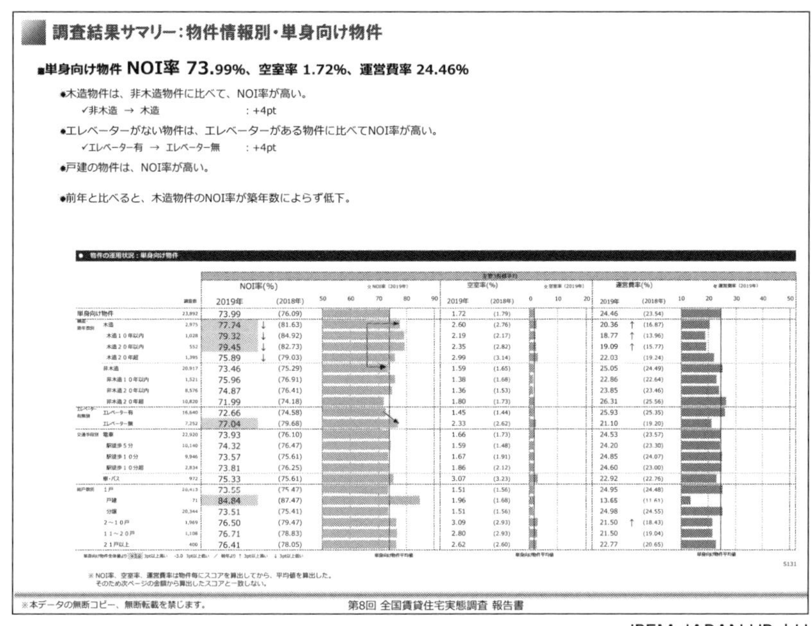

調査結果サマリー：物件情報別・単身向け物件

■単身向け物件 NOI率 73.99%、空室率 1.72%、運営費率 24.46%

●木造物件は、非木造物件に比べて、NOI率が高い。
✓非木造 → 木造　: +4pt

●エレベーターがない物件は、エレベーターがある物件に比べてNOI率が高い。
✓エレベーター有 → エレベーター無　: +4pt

●戸建の物件は、NOI率が高い。

●前年と比べると、木造物件のNOI率が築年数によらず低下。

● 物件の運用状況：単身向け物件

	調査数	NOI率(%) 2019年		(2018年)	空室率(%) 2019年	(2018年)	運営費率(%) 2019年		(2018年)
単身向け物件	23,892	73.99		(76.09)	1.72	(1.79)	24.46		(23.54)
木造	2,975	77.74	↓	(81.63)	2.60	(2.76)	20.36	↑	(16.87)
木造１０年以内	1,028	79.32	↓	(84.92)	2.19	(2.17)	18.77	↑	(13.96)
木造２０年以内	552	79.45	↓	(82.73)	2.35	(2.82)	19.09	↑	(15.77)
木造２０年超	1,395	75.89	↓	(79.03)	2.99	(3.14)	22.03		(19.24)
非木造	20,917	73.46		(75.29)	1.59	(1.65)	25.05		(24.49)
非木造１０年以内	1,521	75.96		(76.91)	1.38	(1.68)	22.86		(22.64)
非木造２０年以内	8,576	74.87		(76.41)	1.36	(1.53)	23.85		(23.46)
非木造２０年超	10,820	71.99		(74.18)	1.80	(1.73)	26.31		(25.56)
エレベーター有	16,640	72.66		(74.58)	1.45	(1.44)	25.93		(25.35)
エレベーター無	7,252	77.04		(79.68)	2.33	(2.62)	21.10		(19.20)
電車	22,920	73.93		(76.10)	1.66	(1.73)	24.53		(23.57)
駅徒歩５分	10,140	74.32		(76.47)	1.59	(1.48)	24.20		(23.30)
駅徒歩１０分	9,946	73.57		(75.61)	1.67	(1.91)	24.85		(24.07)
駅徒歩１０分超	2,834	73.81		(76.25)	1.86	(2.12)	24.60		(23.00)
車・バス	972	75.33		(75.61)	3.07	(3.23)	22.92		(22.76)
１戸	20,413	73.55		(75.47)	1.51	(1.56)	24.95		(24.48)
戸建	71	84.84		(87.47)	1.96	(1.68)	13.65		(11.61)
分譲	20,344	73.51		(75.41)	1.51	(1.56)	24.98		(24.55)
２～１０戸	1,969	76.50		(79.47)	3.09	(2.93)	21.50	↑	(18.43)
１１～２０戸	1,108	76.71		(78.83)	2.80	(2.93)	21.50		(19.04)
２１戸以上	400	76.41		(78.05)	2.62	(2.60)	22.77		(20.65)

S131

※ NOI率、空室率、運営費率は物件毎にスコアを算出してから、平均値を算出した。
そのため次ページの金額から算出したスコアと一致しない。

※本データの無断コピー、無断転載を禁じます。　第8回 全国賃貸住宅実態調査 報告書

IREM JAPAN HP より

す。ちなみに、2019 年調査による東京都のワンルーム系の平均空室率は 1.53% となっています。

【東京都：ワンルーム／ 1K ／ 1DK】／第 10 表 _ 空室率

	調査数	0%	2%未満	2～4%未満	4～6%未満	6～8%未満	8～10%未満	10～15%未満	15～20%未満	20～30%未満	30～40%未満	40%以上	平均(%)
2019年全体	19457	76.4	2.5	5.4	7.8	3.0	1.2	1.7	1.1	0.7	0.1	0.1	1.53
【構造　築年数別】													
木造	1679	48.2	21.2	13.0	8.0	3.3	1.4	2.3	1.3	1.0	0.2	0.1	2.20
木造10年以内	725	52.3	21.8	9.5	7.9	2.9	1.4	1.1	1.7	1.1	0.3	0.1	2.03
木造20年以内	307	42.7	28.0	14.7	4.6	4.6	1.0	3.3	1.0	0.3	0.0	0.0	1.99
木造20年超	647	46.2	17.3	16.1	9.7	3.2	1.7	3.1	1.1	1.2	0.2	0.2	2.50
非木造	17778	79.0	0.7	4.7	7.8	3.0	1.1	1.7	1.0	0.7	0.1	0.0	1.47
非木造10年以内	1210	78.4	2.1	5.8	7.4	3.0	1.2	0.9	0.6	0.3	0.2	0.0	1.25
非木造20年以内	8050	79.0	0.7	5.1	8.7	3.0	0.9	1.3	0.6	0.4	0.0	0.0	1.30
非木造20年超	8518	79.1	0.5	4.2	7.0	3.0	1.3	2.2	1.5	1.1	0.2	0.0	1.66
10年以内	1935	68.6	9.5	7.2	7.6	2.9	1.3	1.0	1.0	0.6	0.2	0.1	1.54
20年以内	8357	77.7	1.7	5.5	8.6	3.1	0.9	1.4	0.7	0.4	0.0	0.0	1.32
20年超	9165	76.8	1.6	5.0	7.2	3.0	1.3	2.2	1.4	1.1	0.2	0.1	1.72
【エレベーター　有無別】													
エレベーター有	14990	79.5	0.3	4.6	8.2	3.1	1.0	1.5	0.9	0.6	0.1	0.1	1.40
エレベーター無	4467	65.7	9.6	8.1	6.4	2.9	1.5	2.6	1.6	1.3	0.2	0.0	1.98
【交通手段別】													
電車	19450	76.4	2.5	5.4	7.8	3.0	1.2	1.7	1.0	0.7	0.1	0.1	1.53
駅徒歩5分	8605	78.3	1.3	4.9	7.6	3.1	1.1	1.7	0.9	0.8	0.2	0.1	1.50
駅徒歩10分	8607	76.9	2.2	5.2	7.9	2.8	1.0	1.8	1.2	0.8	0.1	0.0	1.52
駅徒歩10分超	2238	66.8	8.0	8.2	8.4	3.4	1.8	1.8	1.1	0.5	0.1	0.0	1.68
車・バス	7	42.9	28.6	0.0	0.0	0.0	14.3	0.0	14.3	0.0	0.0	0.0	4.17
【総戸数別】													
1戸	18422	79.7	0.3	4.4	7.7	3.0	1.1	1.7	1.1	0.8	0.1	0.1	1.48
戸建	14	85.7	0.0	0.0	7.1	0.0	0.0	7.1	0.0	0.0	0.0	0.0	1.27
分譲	18408	79.7	0.3	4.4	7.7	3.0	1.1	1.7	1.1	0.8	0.1	0.1	1.48
2～10戸	602	25.7	31.6	23.4	9.5	4.2	1.7	2.7	0.8	0.3	0.2	0.0	2.49
11～20戸	382	5.5	55.8	23.3	9.9	2.1	1.8	1.0	0.5	0.0	0.0	0.0	2.25
21戸以上	51	3.9	49.0	25.5	11.8	7.8	0.0	0.0	2.0	0.0	0.0	0.0	2.72

IREM JAPAN HP より

▶市場分析の情報の取り方と、見るべきポイント

■人口集中地区（DID）

政府や自治体のデータでは、都道府県や首都圏といった大きなくくりで人口減少などが語られることが多いのですが、同じ都道府県内であっても人口が集中している地域もあれば、そうでない地域もあります。「人口集中地域（DID）」の定義は、「人口密度4000人/㎢以上の国勢調査基本単位区がいくつか隣接し、あわせて人口5,000人以上を有する地域」とされています。DID地区が最も多いのは、東京都でDID人口比率は98.2%。ほぼすべての人口が人口集中地区にいるということになります。続いて大阪府、神奈川県も90%を超える分布です。一方、最も少ないのは島根県で25.0%。こちらでは、県内の4分の1にあたるこのエリアを選択しないと賃貸事業は苦戦を強いられるかもしれません。（平成22年・平成27年国勢調査）

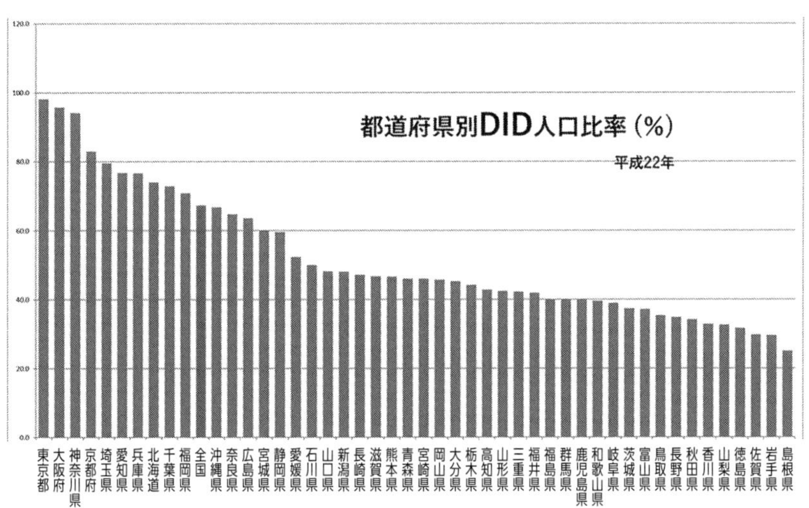

平成27年国勢調査
人口集中地区全国図
DENSELY INHABITED DISTRICTS OF JAPAN
COMPILED FROM THE RESULTS OF THE 2015 POPULATION CENSUS

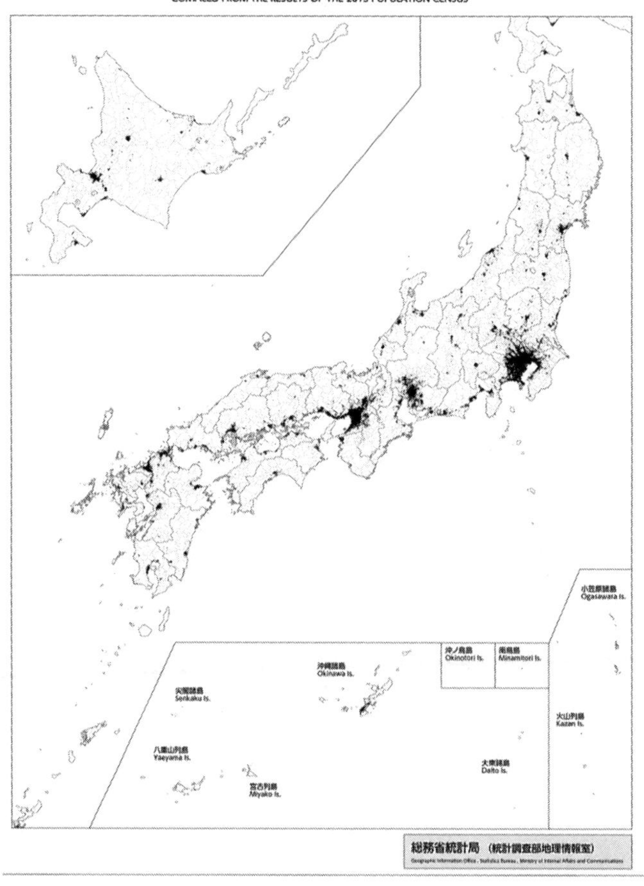

■ポータルサイトからの類推

では、DID 地区で賃貸経営をすれば賃貸経営は楽勝でそれ以外では苦戦するのかというと、さらに絞られた地域での需給関係を詳細に見ていく必要があります。㈱ライフル社が運営する不動産ポータルサイト HOME 'S などでは、賃貸需要ヒートマップというコンテンツが用意されています。物件や建築予定地を中心にマップを開くと、ポータルサイト上に掲載されたその地域の物件に対する検索アクセス数に応じて、赤から紫までのヒートマップが表示されます。あくまでもHOME' S という一サイトに掲載された物件に関する情報を元にしていますので、掲載物件の少ない地域などでは情報量が不足しますが、参考にはなるはずです。さらに、間取り・面積・賃料帯・築年数ごとの需給ギャップが詳細に把握できることがこういったサイトの強みといえます。同じ地域でも、間取りや面積、賃料によって市場性の有無に差が出ますので、投資計画を立てるうえでぜひチェックしておきたい情報のひとつです。

＜見える！賃貸経営：JR 総武線新小岩駅＞

■賃貸需要ヒートマップ

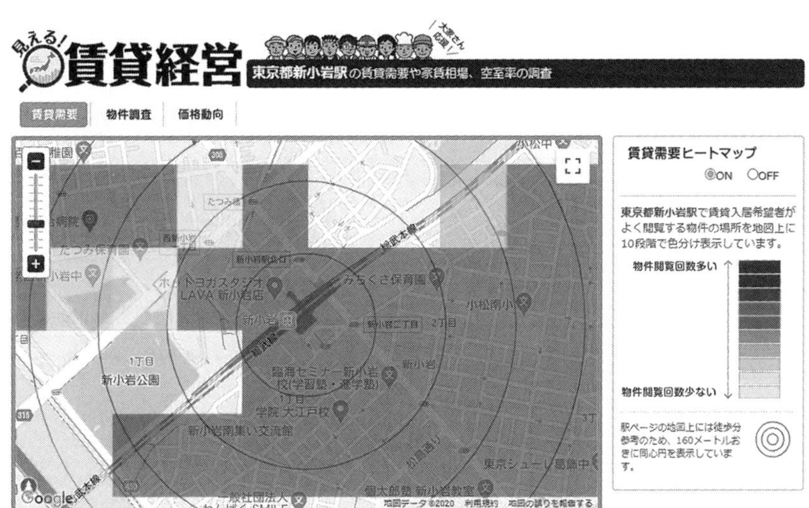

不動産・住宅情報サイト「LIFULL HOME'S」調べ 2020 年8月 10 日

■賃貸入居者の希望間取り

ワンルーム系は需要に対し供給数が多く募集に苦戦しそうですが、需要自体は多いので物件の競争力の有無がポイントとなりそうです。ファミリータイプは供給数が少ないので良さそうですが、3LDK以上の大きな間取りは需要自体が少ないかもしれません。

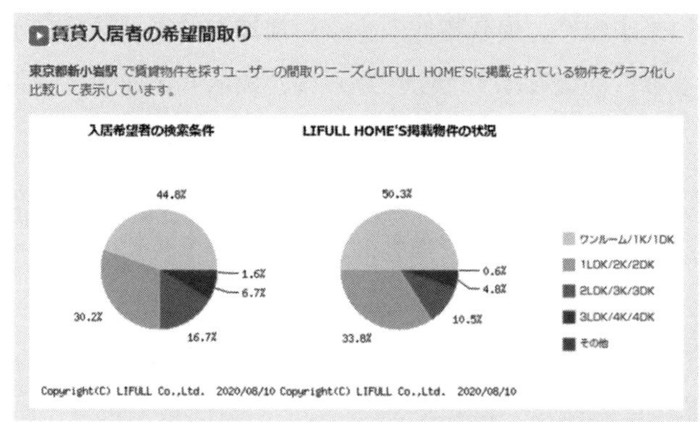

不動産・住宅情報サイト「LIFULL HOME'S」調べ 2020年8月10日

■賃貸入居者の希望家賃

主な需要は7万円台を中心に、5万円台から9万円までとなります。需給バランスもおおむね取れていますが、8万円台と9万円台に乱れがみられます。

賃貸入居者の希望家賃

東京都新小岩駅 で賃貸物件を探すユーザーの家賃ニーズとLIFULL HOME'Sに掲載されている物件をグラフ化し比較して表示しています。

家賃	検索回数	LIFULL HOME'S掲載物件
~3万円	0.7%	0.2%
3万円~	2.2%	1.6%
4万円~	2.5%	3.0%
5万円~	8.6%	8.7%
6万円~	17.5%	17.4%
7万円~	19.3%	20.4%
8万円~	13.3%	17.2%
9万円~	10.6%	6.5%
10万円~	4.8%	7.6%
11万円~	6.1%	7.6%
12万円~	4.4%	3.8%
13万円~	4.6%	1.9%
14万円~	1.4%	1.4%
15万円~	3.4%	2.3%
20万円~	0.5%	0.3%
30万円~	0.0%	0.1%
50万円~	0.0%	0.0%
100万円~	0.0%	0.0%

不動産・住宅情報サイト「LIFULL HOME'S」調べ 2020年8月10日

▌賃貸入居者の希望する住居の広さ

20㎡前後と40㎡前後に需要と供給が集中している様子がわかります。また、15㎡前後の狭小間取りにも全体の１割近い需要があるというのは東京エリアならではの特徴と考えられます。

賃貸入居者の希望する住戸の広さ

東京都新小岩駅 の専有面積に関してユーザーの検索回数とLIFULL HOME'Sに掲載されている物件を比較して、需要と供給のバランスを確認できます。

専有面積	検索回数	LIFULL HOME'S掲載物件
～10㎡	0.6%	0.2%
10㎡～	2.9%	1.9%
15㎡～	8.5%	9.5%
20㎡～	17.6%	20.0%
25㎡～	12.1%	16.4%
30㎡～	10.1%	9.2%
35㎡～	7.6%	8.1%
40㎡～	16.9%	18.3%
50㎡～	10.9%	6.7%
60㎡～	6.2%	5.1%
70㎡～	2.8%	2.5%
80㎡～	2.2%	1.4%
90㎡～	1.4%	0.5%
100㎡～	0.2%	0.2%

不動産・住宅情報サイト「LIFULL HOME'S」調べ 2020年8月10日

賃貸入居者の希望築年数

東京都新小岩駅 の築年数に関してユーザーの検索回数とLIFULL HOME'Sに掲載されている物件を比較して、需要と供給のバランスを確認できます。

築年数	検索回数	LIFULL HOME'S掲載物件
新築	13.2%	16.7%
～3年	7.8%	19.6%
～5年	5.5%	2.9%
～10年	10.2%	6.5%
～15年	7.1%	6.3%
～20年	7.9%	6.8%
～25年	6.4%	5.1%
～30年	11.7%	10.1%
31年以上	30.2%	25.9%

不動産・住宅情報サイト「LIFULL HOME'S」調べ 2020年8月10日

賃貸入居者の希望築年数をみると、築31年以上が需給のかなりの割合を占めていることがわかります。賃料や面積、立地条件など築年数以外の条件に優先順位がおかれていると推測できます。

賃貸入居者の希望する駅徒歩では、駅徒歩15分圏内を中心に探しているひとが多いということ、7分以内の立地では需要に対して供給量が少ないということがわかります。古くから商業エリアが形成されていて、供給余地がないことを反映していると考えられます。

新小岩駅の家賃相場は、東京都全体の相場に比べると15%前後低く、受け入れ可能な所得層の幅が広いと考えられます。また、駅徒歩10分を境とした賃料相場を見ることによって、電車利用者が多い（差が大きい）のか、車社会（差が小さい又は逆転する）なのかが想像できます。

賃貸入居者の希望する駅徒歩

東京都新小岩駅 の駅徒歩に関してユーザーの検索回数とLIFULL HOME'Sに掲載されている物件を比較して、需要と供給のバランスを確認できます。

駅徒歩	検索回数	LIFULL HOME'S掲載物件
1分	1.5%	0.6%
～3分	5.5%	2.3%
～5分	7.4%	7.2%
～7分	11.5%	7.9%
～10分	20.2%	17.0%
～15分	25.6%	25.9%
～20分	15.9%	20.0%
～30分	11.9%	18.7%
31分以上	0.4%	0.3%

不動産・住宅情報サイト「LIFULL HOME'S」調べ 2020年8月10日

東京都新小岩駅の家賃相場

このデータは「LIFULL HOME'S」で上記の地域または駅において、各間取り別に10件以上掲載のある賃貸物件(駅徒歩10分以内の賃貸アパート・マンション・一戸建て)について、平均賃料(管理費・駐車場代などを除く)を算出したものです。

※2013年4月9日より、家賃相場の集計方法を変更しております。
2013年4月9日以前の相場は旧集計方法で算出されており、新集計方法と比べて大きく変動している場合もありますが、参考情報として記載しております。

ワンルーム / 1K / 1DKの家賃相場

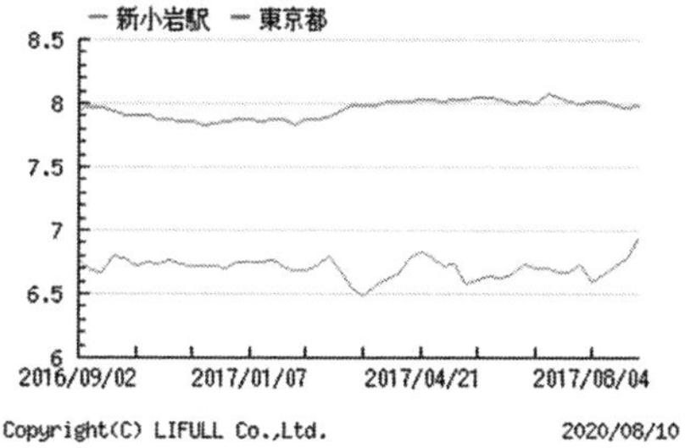

駅徒歩10分以内

ワンルーム	66,600円
1K	76,500円
1DK	79,500円

駅徒歩10分以上

ワンルーム	59,300円
1K	71,300円
1DK	69,300円

1LDK / 2K / 2DKの家賃相場

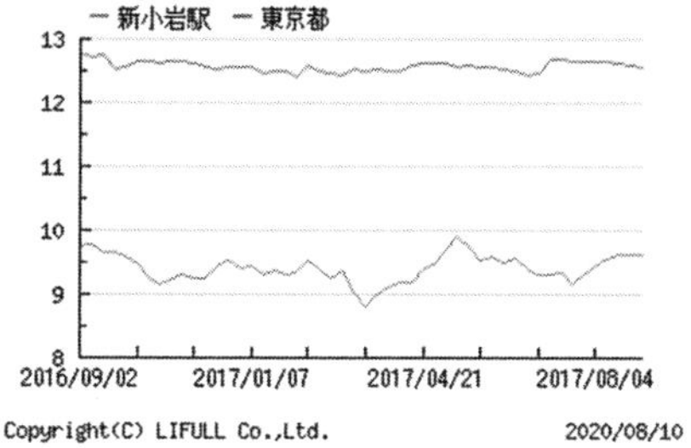

駅徒歩10分以内

1LDK	109,200円
2K	66,100円
2DK	95,900円

駅徒歩10分以上

1LDK	98,400円
2K	60,000円
2DK	88,300円

不動産・住宅情報サイト「LIFULL HOME'S」調べ 2020年8月10日

▶商品になっているか？

このような分析を行ったうえで、投資として取り組むにふさわしい場所か、あるいは投資として成り立ちそうな場所か、そしてどのような賃料、広さ、間取りに人気があるかということが予想することができるようになりますが、それでもなお市場に受け入れられず、空室に悩む物件もあります。なぜでしょう。

ひとつの答えとして、そもそも「商品になっていない」ということが原因になっているケースが多く見受けられます。

レンタカー会社や中古車屋さんはどの町でも見かけますが、おしなべて店頭に並ぶ車はピカピカに磨き上げられています。ひるがえって、賃貸住宅はどうでしょう。車でいえば、廃車寸前の物件も、なんの手入れもされないまま、商品としてポータルサイトに掲載されていたりします。市場分析ももちろん重要ですが、まずその物件が「商品」として市場にリリースしてもおかしくないようなクオリティを保っているかということをまず確認すべきです。賃貸物件は、賃料という対価を払って利用する権利を購入していただく商品であるという大前提を忘れずに、賃貸事業に取り組んでいただくと良いと思います。

3. 物理的条件から見た土地活用 ～ちょっと見ただけではわからないものですね

土地活用を検討するうえで、物理的な条件は建築物の工法やボリュームに大きな影響を与えます。建築的な視野から様々な要素について検討を加え、事業化の可否について判断をします。

▶面積

土地活用の判断を行う上で、何がどの位の面積を使うかといった知識があると、できることとできないことの仕分けができます。例えば、駐車場を計画するときには、車路は５m程度の幅員が必要で、駐車スペースには間口2.5～3.0m×奥行５mのサイズということがわかっていれば、同じ200㎡（約60坪）を駐車場として活用しようという判断をする時に、間口14m×奥行14mの正方形であれば10台、間口10m×奥行20mの長方形であれば８台といったことがわかります。

駐車場の割り付け（200㎡）

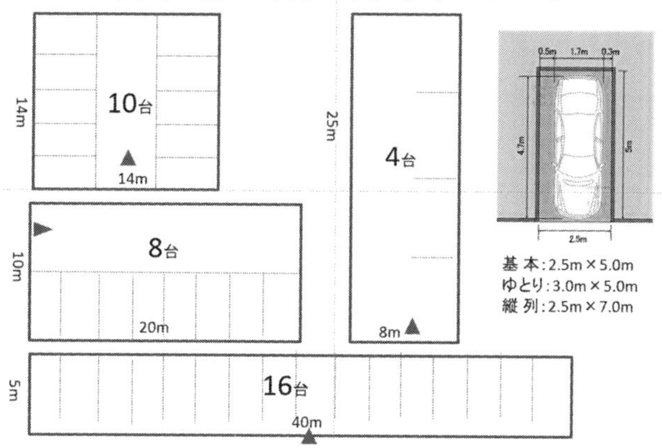

同様に、アパートやマンションを建てる時に、敷地内で確保すべき避難通路や隣地境界からの離れ、階段位置とその幅員、段数などがわかればその土地をどのように利用できるのかということがわかります。あまりにも狭い土地、広すぎる土地、それぞれ利用方法によってマッチしたりミスマッチだったりということがありますし、利用しやすい広さというものもありますので、隣地の追加取得や、敷地の分割といった選択肢も出る可能性があります。

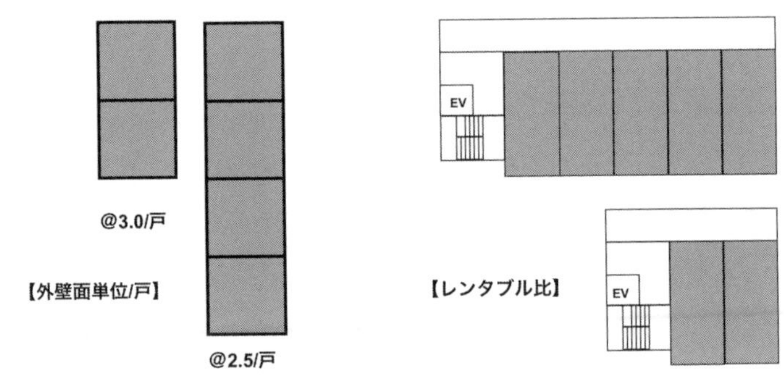

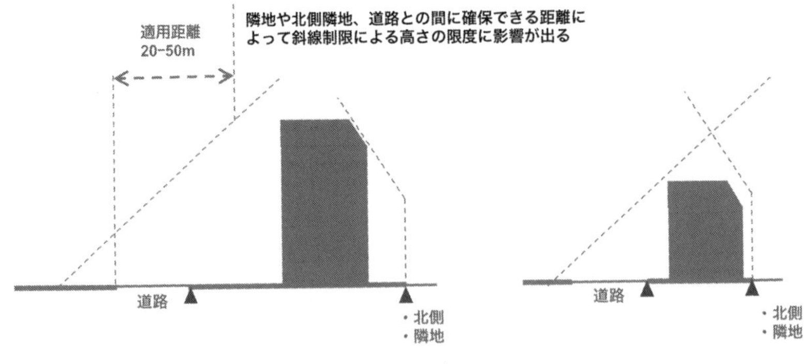

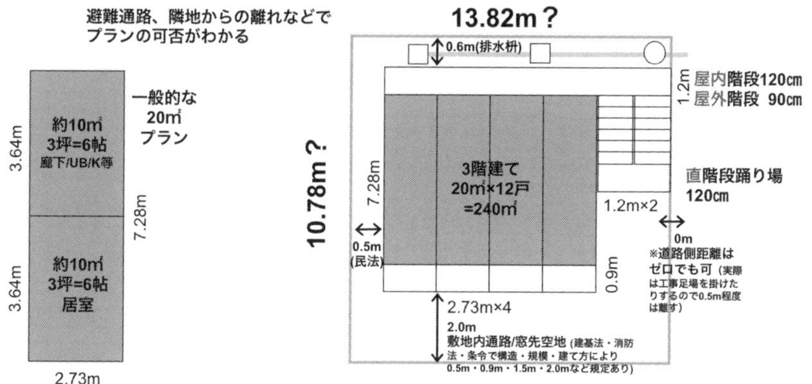

柱中心から外壁面までの距離を考慮する必要がある

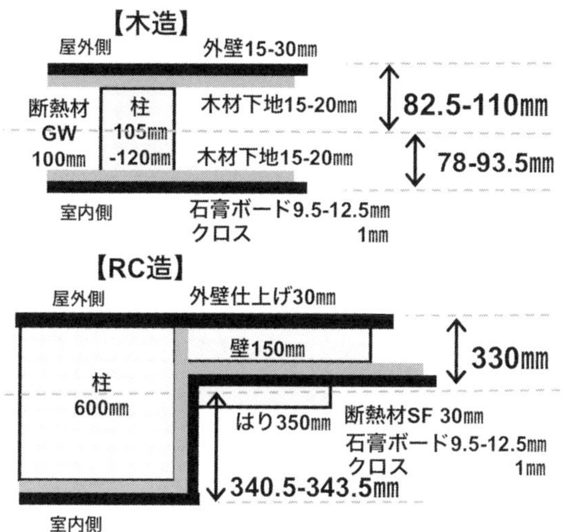

▶形状

土地の形状に関していえば、すべての土地が正方形や長方形というわけでもなく道路に対する間口が狭かったり、広かったりすることも珍しくありません。例えば、道路側の間口が２m 程度しかなく（原則、２m 未満の場合は建築自体ができません。）、路地状になった部分を通って奥に建築可能部分があるといった「敷地延長」と呼ばれる形状の土地などは、建築計画を行う上では、日照や通風、あるいは斜線制限などの問題から利用のハードルが高くなります。あるいは、一般的な住宅を建てる場合でも建物間口は最低でも 4.55m（２間半）は確保できないとプランニングが困難になりますので、これに民法上の隣地からの離れ両側 0.5m を加えた 5.55m を下回る間口の細長い土地も利用が難しくなります。それ以外にも、三角形や多角形などはデッドスペースが増えますのでやはりネガティブポイントになります。ただし､逆に言えばそういった敷地は割安に取得できるということでもありますから、上手な活用方法が見つけられれば優れた事業として成立することも珍しくありません。

▶避難経路

共同住宅や長屋住宅など不特定多数の居住が行われる建物を計画するときには、火災の時に居住者が安全に避難できる経路を確保することを求められます。基本は、どちらかで火の手が上がっても、別方向から逃げられるようにと「２方向」から「２m 以上」の幅員の通路が必要になりますが、建物規模が大きくなればあわせて必要な幅員が広くなりますし、小さな規模であれば、避難経路が１方向で足りたり２m 未満の幅員で構わなかったりする場合もあります。各自治体ごとに規定が詳細に決められていますので、計画場所ごとに調べる必要があります。

建築基準法 別表第一　耐火建築物等としなければならない特殊建築物

	（い）	（ろ）	（は）	（に）
	用途	（い）欄の用途に供する階	（い）欄の用途に供する部分（（一）項の場合にあつては客席、（二）項及び（四）項の場合にあつては二階、（五）項の場合にあつては三階以上の部分に限り、かつ、病院及び診療所についてはその部分に患者の収容施設がある場合に限る。）の床面積の合計	（い）欄の用途に供する部分の床面積の合計
（一）	劇場、映画館、演芸場、観覧場、公会堂、集会場その他これらに類するもので政令で定めるもの	3階以上の階	200m2以上（屋外観覧席にあつては、1,000m2）以上	
（二）	病院、診療所（患者の収容施設があるものに限る。）、ホテル、旅館、下宿、共同住宅、寄宿舎その他これらに類するもので政令で定めるもの	3階以上の階	300m2以上	
（三）	学校、体育館その他これらに類するもので政令で定めるもの	3階以上の階	2,000m2以上	
（四）	百貨店、マーケット、展示場、キャバレー、カフェー、ナイトクラブ、バー、ダンスホール、遊技場その他これらに類するもので政令で定めるもの	3階以上の階	500m2以上	
（五）	倉庫その他これに類するもので政令で定めるもの		200m2以上	1,500m2以上
（六）	自動車車庫、自動車修理工場その他これらに類するもので政令で定めるもの	3階以上の階		150m2以上

■建築基準法施行令 128 条（敷地内の通路）

敷地内には、第 123 条第 2 項の屋外に設ける避難階段及び第 125 条第一項の出口から道又は公園、広場その他の空地に通ずる幅員が 1.5 m（階数が 3 以下で延べ面積が 200㎡未満の建築物の敷地内にあっては、90㎝）以上の通路を設けなければならない。

■敷地内通路が必要な建築物

1．階数が 3 以上の建築物
2．建築基準法　別表第一（い）欄（一）項から（四）項までに掲げる特殊建築物

3．政令で定める窓その他の開口部を有しない居室を有する建築物
4．延べ面積（同一敷地内に二以上の建築物がある場合においては、その延べ面積の合計）が 1,000㎡を超える建築物

■二方向避難が不要な場合もある（例：神奈川県）

1．延床面積 200㎡未満
2．2 階建て
3．準耐火 45 分
4．更に避難階が 100㎡未満であれば廊下幅 1.2m → 0.75m に緩和

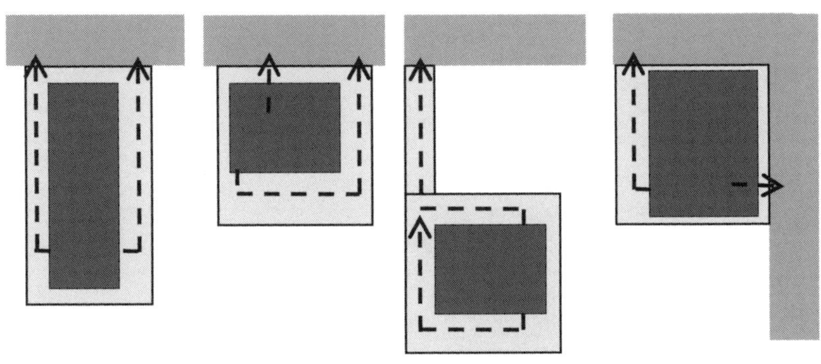

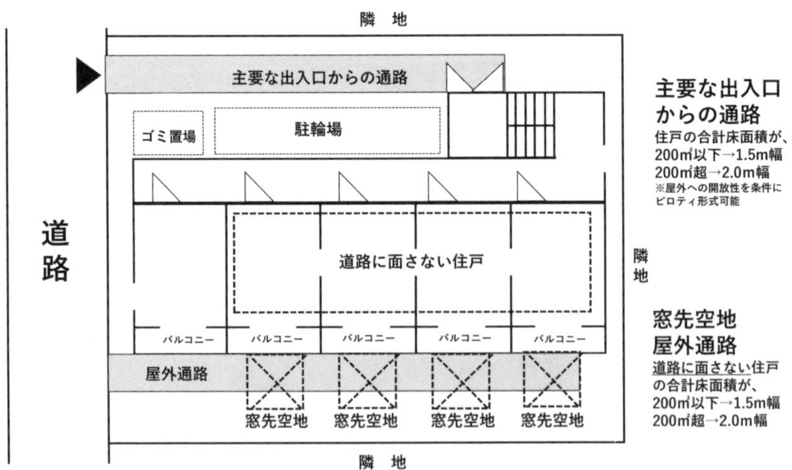

▶レイアウト

避難通路や共用階段、あるいは駐車・駐輪場など、必要なスペースを確保したうえで建物を配置すると、意外と正方形の土地にはプランが入れづらいということがわかります。必要十分な間口を備えた長方形の土地は効率的にレイアウトをすることができますし、長辺が道路側の間口になっていたり、角地であったりするとさらにプランニングは容易になります。整形地は不整形地に比べて価格が高くなりますが、有効に使える面積が大きいということがその価格差を生じさせる理由の一つだということもできます。

▶生活インフラ

居住用の建物を建てるには、上水道・下水道・電気・ガスといった生活インフラが必要になります。複数の住戸が入る共同住宅や長屋住宅の場合は、その世帯数に応じた口径の給水管の接続ができないと、求められる水圧水準が確保できないなどの問題が生じます。前面道路にしかるべき口径の埋設管がなければ、それを満たす管がある場所ま

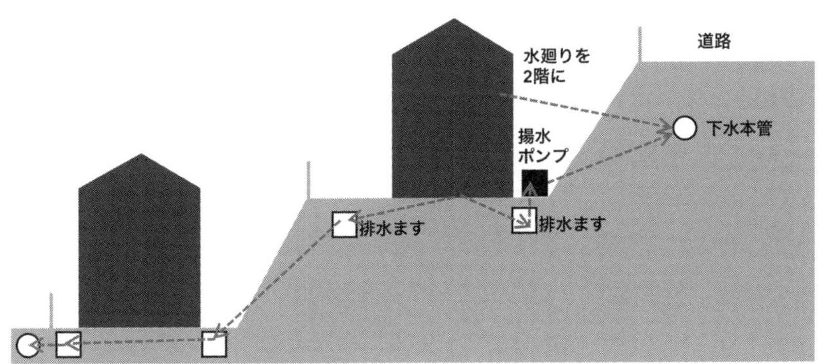

【民法220条】排水のための低地の通水

で私設管を延々と施工して接続したり、敷地内に受水槽と給水ポンプを設置したりという負担が発生します。例えば排水管も、道路よりも低い位置にあるような敷地で前面道路に埋設された本管が敷地よりも高い位置にあれば、汚水をポンプで揚水するなりの手立てをする必要があります。ただし、民法220条で隣地（低地）を経由した排水経路を確保する権利が保護されています。

※民法220条（排水のための低地の通水）高地の所有者は、その高地が浸水した場合にこれを乾かすため、又は自家用若しくは農工業用の余水を排出するため、公の水流又は下水道に至るまで、低地に水を通過させることができる。この場合においては、低地のために損害が最も少ない場所及び方法を選ばなければならない。

▶高低差

敷地に高低差がある場合は、排水以外にも注意を払う必要があります。道路よりも高さがある敷地の場合は、造成を行ったり擁壁を適法に施工したりする必要があります。あるいは土質によって定められた「安息角」（それ以上は人為的な力を加えないと崩壊しない安定した角度）の内側に建物基礎や杭を到達させ、擁壁部分に荷重を加えないようにするといった建築上の配慮が求められます。さらに、隣接地との高低差がある場合も同様に隣地擁壁が検査済証を取得した適法な擁壁ではない場合は、万一、隣地擁壁が崩壊しても建物内の人命が担保されるように隣地宅盤の端部からの安息角内にRC構造の防護壁を築造したり、建物の一部をそのような構造にしたりということが求められます。また、この検討をするうえで、「道路の反対側」や「隣地の更に先」は、意外と見落しがちなので注意が必要です。どちらも、建築計画をするうえでは、コストアップ要因になります。

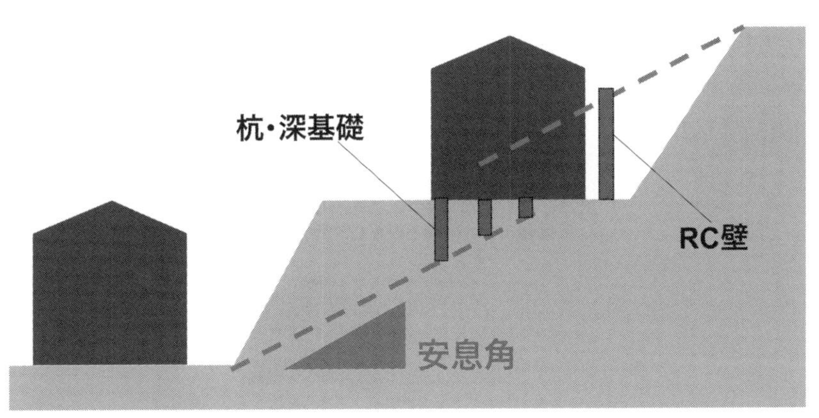
杭・深基礎
RC壁
安息角

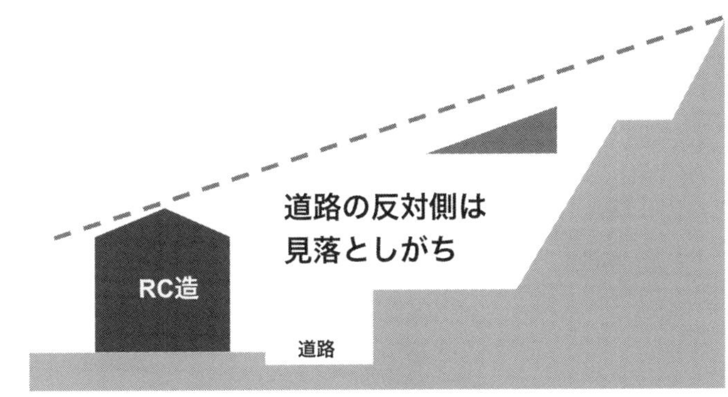
道路の反対側は
見落としがち
RC造
道路

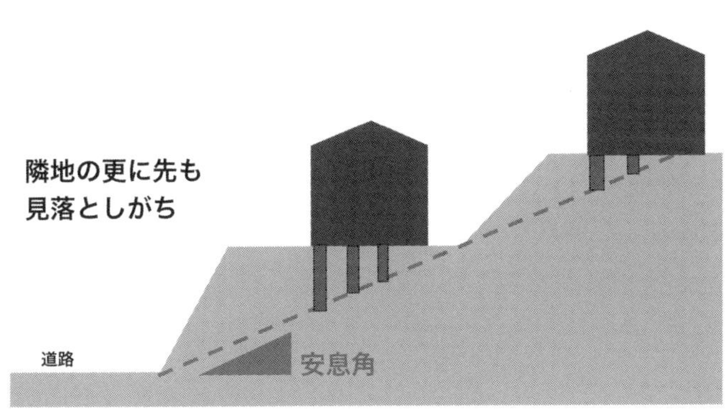
隣地の更に先も
見落としがち
道路
安息角

ほかにも、道路と敷地に高低差があったり、敷地内で建物が建つ部分に高低差がある場合などには建物の高さに影響を与える平均地盤（GL）が実際の高さよりも低くなったり高くなったりします。

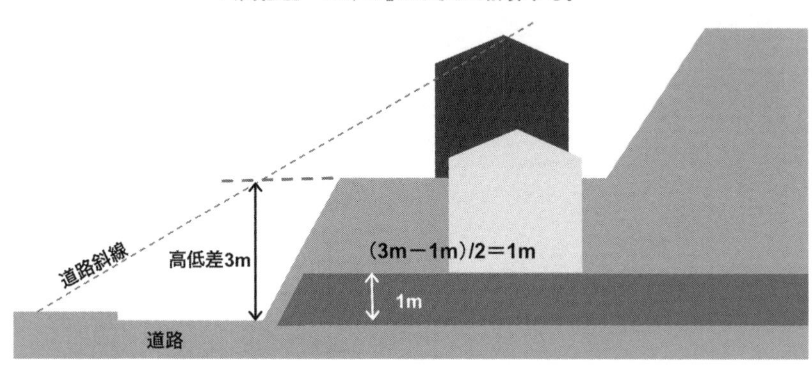

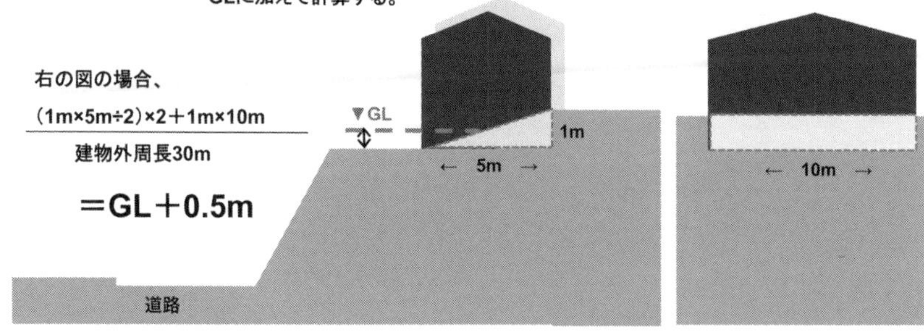

▶地盤

「土は液体」というのが、土木関係者の共通認識ですが、重量物である建物が土地の上に載るということは、その荷重が鉛直方向に加わり続けるということを現します。従って、その重量を支えるだけの強度が地盤にない場合は、支えられる強度を持った地盤まで基礎や杭を打設・築造したり、硬化剤等による地盤改良を行う必要があり、それは木造・鉄骨造・鉄筋コンクリート造、あるいは建物の階数といった要素によって求められる強度が変わってきます。

また、敷地内に盛土と切土など支持力の異なる地盤が混在する場合は、建物の傾斜を発生させる不同沈下を誘発することもあります。一般的に地盤は、積層となって砂や赤土やシルトといった性質の異なる土質で複合的に形成されていますので、事前に地盤調査を行う必要があります。戸建住宅やアパートなどの小規模な建築ではSS（スェーデン式サウンディング）試験という金属棒の先端に付いたドリルを調査地点の地盤面下に挿入しながら一定距離（25cm）ねじ込むのに何回転したかを見ていくという比較的簡便な方法が採用されることが多く見られますが、地盤全体の層にうねりがあったり、地中の大きな石などに当たってしまった場合には、その地点の数値の信頼性に疑義が生じることになります。近年では、敷地全体の地盤面下の様子を捉えることのできる表面波探査式地盤調査が採用されることも増えてきました。

最も一般的な地盤調査方法としては、63.5kg（140ポンド＝１ストーン）のおもりを75cm（30インチ）の高さから落下させ、ロッドが30cm（１フィート）貫入するまでの回数（最大値50）を“N値”としてあらわす「標準貫入試験」が採用されることが多いと思います。

検討の初期段階で、地盤調査ができない場合は、「町名　地盤柱

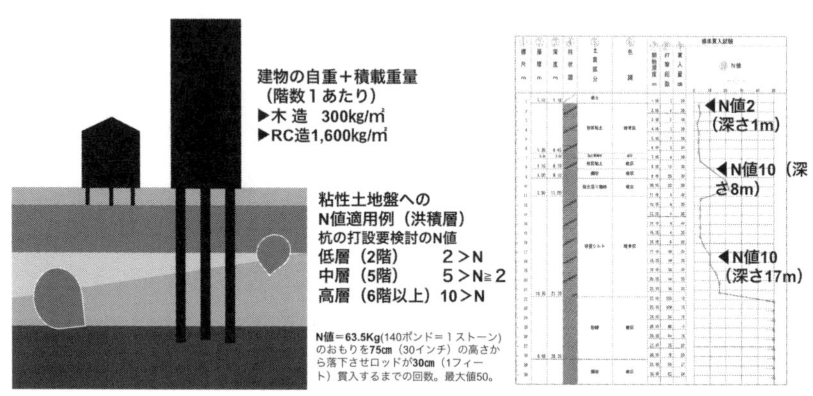

状図」とWebで検索をすると、近隣の地盤調査データを閲覧できる場合が多いので参考にすることもできます。柱状図は、何メートル掘り進んだところに、どの程度の強度の地盤があるかということを示した図です。たとえば、次頁の図（東京都土木技術支援・人材育成センター「柱状図の見方」）では、N値10の地盤が深さ8M地点に、N値50の地盤が深さ22Mで発現していますが、必要な支持力の目安が粘性土地盤（洪積層）の場合で、低層（2F）N値2以上、中層（5F）N値5以上、高層（6F以上）N値10以上とすれば、それぞれ杭を打つべき深さが変わってくるという事はご理解いただけると思います。ちなみに、地盤に縦穴を掘り、コンクリートを流し込むことによって、地中に支持杭を形成する「柱状改良」の場合、建築面積1坪あたり1.5本目安として、1mあたり@7,000円～1万円程度のコストがかかります。

中古の場合は、建築確認通知書添付の設計図書で確認する事ができる可能性が高く、特に「住宅の品質確保の促進等に関する法律（品確法）」が施行された、2000年（平成12年）4月1日以降に建築確認

東京の地盤（GIS 版）

柱状図の見方

ボーリング番号：22160043　　調査時期：1972年4月

表示座標 ※1：北緯＝35度48分21秒　東経＝139度46分9秒

孔口標高 ※2：T.P. +4.52 m　　孔内水位 ※3：GL -0.75 m

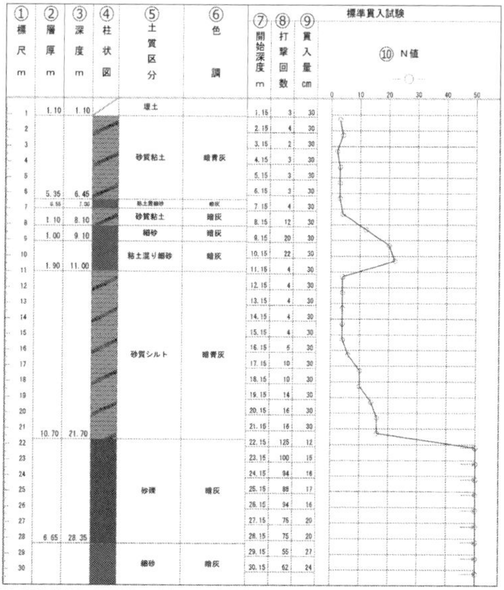

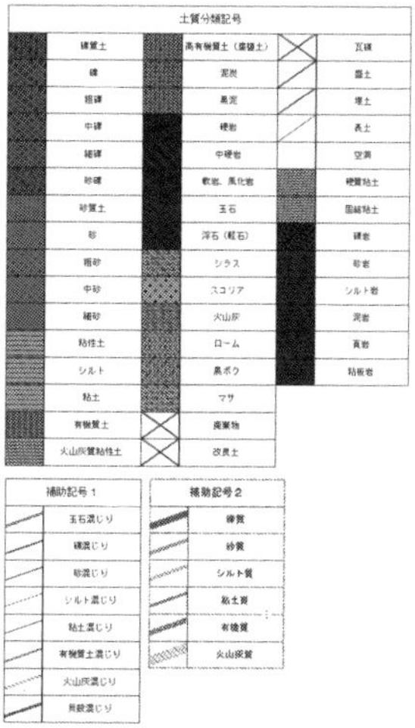

① 標尺 m	② 層厚 m	③ 深度 m	④ 柱状図	⑤ 土質区分	⑥ 色調	⑦ 開始深度 m	⑧ 打撃回数	⑨ 貫入量 cm
1	1.10	1.10		埋土		1.15	3	30
2						2.15	4	30
3						3.15	2	30
4				砂質粘土	暗青灰	4.15	3	30
5						5.15	3	30
6	5.35	6.45				6.15	3	30
7	0.55	7.00		粘土質細砂	暗灰	7.15	4	30
8	1.10	8.10		砂質粘土	暗灰	8.15	12	30
9	1.00	9.10		細砂	暗灰	9.15	20	30
10				粘土混り細砂	暗灰	10.15	22	30
11	1.90	11.00				11.15	4	30
12						12.15	4	30
13						13.15	4	30
14						14.15	4	30
15						15.15	4	30
16				砂質シルト	暗青灰	16.15	5	30
17						17.15	10	30
18						18.15	10	30
19						19.15	14	30
20						20.15	16	30
21	10.70	21.70				21.15	16	30
22						22.15	125	12
23						23.15	100	15
24						24.15	94	16
25				砂礫	暗灰	25.15	89	17
26						26.15	94	16
27						27.15	75	20
28	6.65	28.35				28.15	75	20
29						29.15	55	27
30				細砂	暗灰	30.15	62	24

標準貫入試験　⑩ N値（0　10　20　30　40　50）

土質分類記号		
礫質土	高有機質土（腐植土）	瓦礫
礫	泥炭	盛土
粗礫	黒泥	埋土
中礫	硬岩	表土
細礫	中硬岩	空洞
砂礫	軟岩、風化岩	硬質粘土
砂質土	玉石	固結粘土
砂	浮石（軽石）	礫岩
粗砂	シラス	砂岩
中砂	スコリア	シルト岩
細砂	火山灰	泥岩
粘性土	ローム	頁岩
シルト	黒ボク	粘板岩
粘土	マサ	
有機質土	廃棄物	
火山灰質粘性土	改良土	

補助記号 1	補助記号 2
玉石混じり	礫質
礫混じり	砂質
砂混じり	シルト質
シルト混じり	粘土質
粘土混じり	有機質
有機質土混じり	火山灰質
火山灰混じり	
貝殻混じり	

※1 表示座標は、調査地点のおおよその位置を示しています。
※2 孔口標高は、国土地理院発行の数値地図 5m メッシュ（標高）より取得した値を表示しています。
※3 孔内水位は、孔口（地表面）から地下水位までの深さを示しています。
また、掘削時の人為的な影響等により、厳密な意味での自然地下水位とは異なります。

・用語の説明

① 標尺(m)：基準となる長さを 1m 単位の主目盛と 10cm 単位の補助目盛で表示しています。
② 層厚(m)：各層の厚さを示しています。
③ 深度(m)：地表面からの深さを表しています。
④ 柱状図：土の種類を記号で表現したものです。
⑤ 土質区分：土の種類を名称で表現したものです。
（柱状図の図柄と土質区分名称については、土質分類記号と補助記号を参照してください。）
⑥ 色調：調査が行われた時の土の色を表現したものです。
⑦ 開始深度(m)：N 値の測定を開始した深さを表しています。
⑧ 打撃回数：N 値と呼ばれるもので、63.5kg のおもりを 75cm の高さから落下させた時の回数で表します。一般に地盤の強さを表す指標とされるものです。
⑨ 貫入量(cm)：⑧の打撃回数で貫入した深さを表すものです。通常、試験はロッドが 30cm 貫入するまで行います。ただし、地盤によって、数回で 30cm 以上貫入する場合もあれば、50 回以上の打撃を行っても 30cm 未満の場合もあります。
⑩ N 値：打撃回数をグラフ化したものです。最大値は 50 回で、50 回を超えるものを→で表示しています。

東京都　土木技術支援・人材育成センター

を取得した建物であれば、10年保証の義務付けにともなって、地盤面下の調査や工事が正しく行われていると考えて良いと思います。

それ以前の建物であっても、基礎換気口や窓など、開口部に生じている斜めの亀裂（幅0.5mm又は深さ20mm以上）をクラックスケールやクラックゲージといった道具でチェックしたり、水準器で建物の傾きを測定する事で、地盤の状況を類推することも可能です。

▶地盤・・・中古だったら？

①建築確認通知書添付の設計図書▶探してみる(紛失している場合が多いが)

②「住宅の品質確保の促進等に関する法律（品確法）」2000年(平成12年）4月1日施行以降の建物▶10年保証になったので、地盤面下の工事がきちんとされている可能性が高い

③それ以前の建物▶基礎換気口・窓など開口部にある斜めの亀裂(幅0.5㎜深さ20㎜以上)。水準器でチェック(6/1000以上)

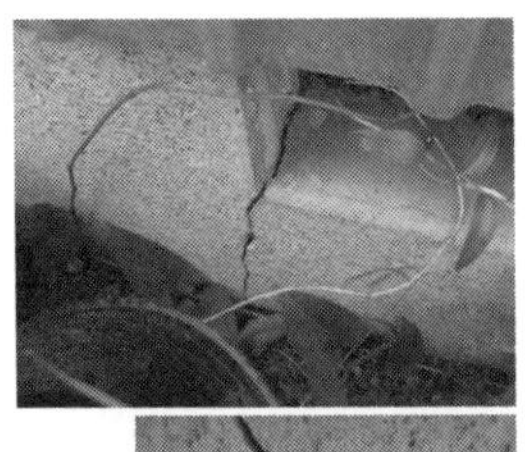

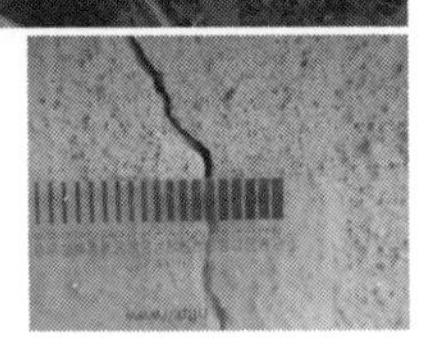

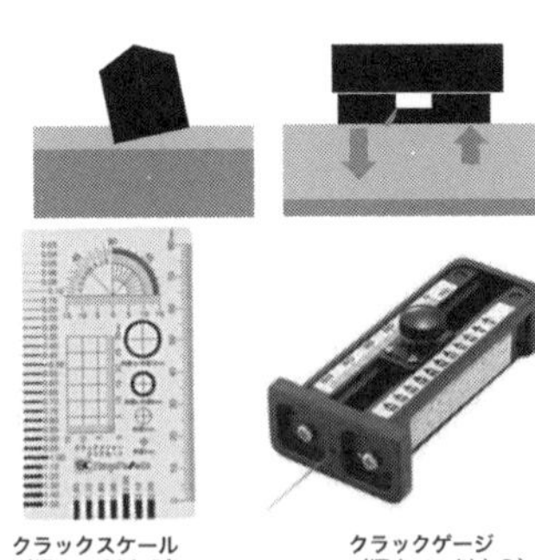

クラックスケール
（幅0.5㎜以上？）

クラックゲージ
（深さ20㎜以上？）

デジタル水平器

レーザー墨出し器

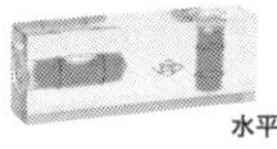

水平器

【品　確　法】3/1,000(0.17°)「新築」
【国土交通省】6/1,000(0.34°)「住宅紛争処理の参考となるべき技術的基準」（2000年建設省告示1653)
【罹災証明】全壊50/1000(2.86°)以上：大規模半壊17-50/1000(0.95-2.86°)：半壊10-17/1000(0.57-0.95°)：一部損壊17/1,000(-0.57°)
【地震保険判定】全損1/57(１°)以上：半損1/115-1/57(0.5-1°)：一部損1/285-1/115(0.2-0.5°)

▶土壌汚染

過去の土地利用が、工場やガソリンスタンドであれば、化学薬品や重金属等による土壌汚染の可能性が懸念されます。入居者の健康被害などの恐れがあることから、しかるべき調査を行い、場合によっては汚染土の除去と入替が求められます。役所などに保管されている古い住宅地図や建物の閉鎖謄本などから過去の土地利用状況を調べ(フェーズ１)、汚染の可能性が認められれば実際に土を採取したうえで化学的な分析を行い（フェーズ２）、汚染が確定すれば土壌入替（フェーズ３）というステップを踏みます。これも、土壌入替までいくとかなりのコストが発生します。

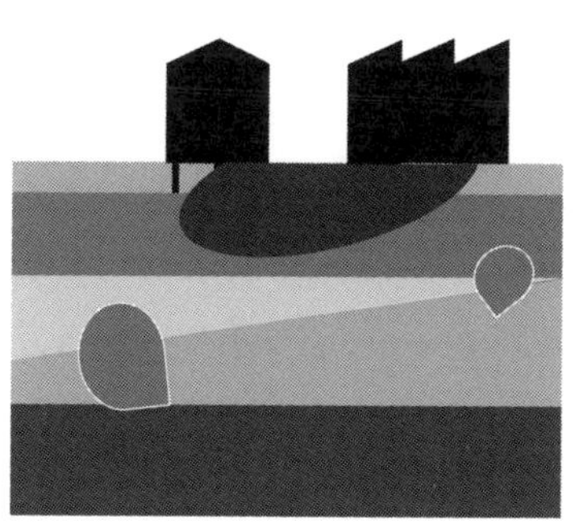

フェーズ１
・既存資料に基づく環境サイトアセスメントで汚染の可能性を検討
▼
フェーズ２
2-1表層土壌・土壌ガス調査
2-2ボーリング調査による汚染範囲の限定・浄化範囲・工法の検討
▼
フェーズ３
・汚染拡散防止措置
・浄化工事の実施
・浄化効果の確認・モニタリング

【事例】F2調査の第一段階で基準値以上のトリクロロエチレン・鉛が検出された工場跡地（土地面積200㎡　土壌汚染範囲深度2m）

▸F2-2調査費用　約　130万円
▸F3（深度3mまで掘削除去）　約2,940万円（5-8万円/立米

▶アプローチ

すべての敷地が十分な幅員の道路に面しているわけではありません。車両の進入ができない幅員しかない狭い道路や、階段状の道路といったアプローチ条件であれば、既存建物の解体も、建築部材の搬入もすべて手作業で行う必要がでてきます。また、工法によってはユニット部材や大スパンの部材、コンクリートの圧送など大型車両やクレーンがそこまで辿り着けないと施工できない場合もあります。

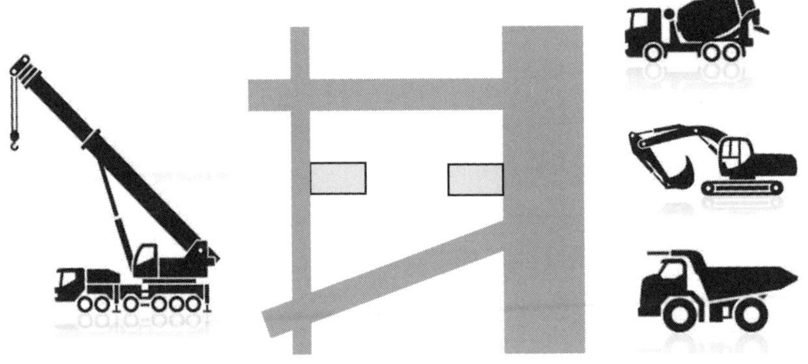

▶日照

日照は、その土地の地勢によって影響を受けます。道路幅員が広ければ広いほど道路を挟んだ位置にある建物の影響を受けづらくなりますので、住宅地自体が明るい雰囲気になります。また、住宅地内に縦横にレイアウトされた道路も、道路上に建物の影が形成される東西方向に延長された道路よりも南北方向にはしる道路の方が、街並みは明るくなります。斜面を造成した住宅地では、当然南斜面の方が、北斜面よりも明るくなりますし、また南道路に接した敷地の方が北道路に接した敷地よりも日照は優れます。こういった差は、特に建物が立ち並ぶ前の分譲地などでは意外と気づきにくいので、注意が必要です。また、その住宅地全体が、隣接した山や大きな建物の陰になってしまう場合は、住宅地内の道路付け以前の問題となりますので、広い範囲まで周りを見渡して確認すると良いでしょう。

日照条件は､都市部における単身者向け企画では優先度が低くなり、場合によっては無視できる水準になることが多いですが、ファミリー向け物件の場合は優先度が高くなります。

日照に関しては、道路斜線や北側斜線といった制限が定められ、どの敷地も一定水準以上の日照を確保できるようにされています。

また、各居室の採光の確保という観点から建物自体にも①隣地から軒先までの水平距離②窓の中心高さから軒までの垂直距離③窓の面積から算出される「有効採光面積」が部屋の用途ごとに最低基準が設けられています。

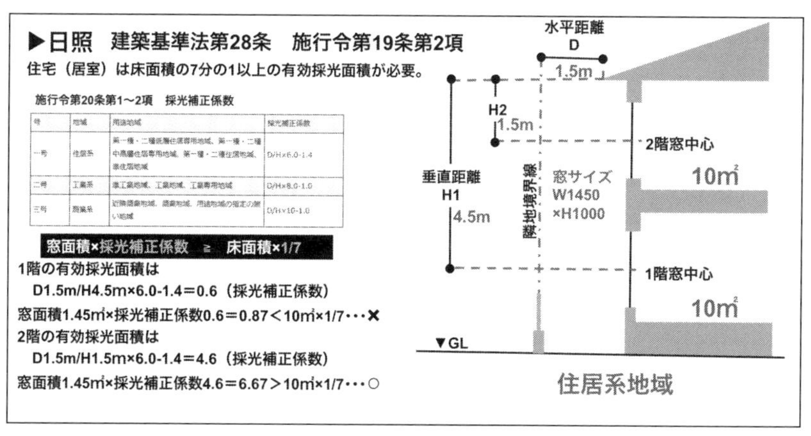

▶日照　建築基準法第28条　施行令第19条第2項

住宅（居室）は床面積の7分の1以上の有効採光面積が必要。

採光補正係数（住居地域系）＝D/H×6.0-1.4

【不足した場合の対策】D⇧・H⇩

- 軒を浅くする
- バルコニーを無くす
- 隣地からの距離をもっと離す
- 窓の位置を高くする
- 天窓を設ける（補正係数3倍）
- ライトコート（光庭）を設ける　※1
- 2居室の間仕切りを引戸にする　※2
- 納戸として使う

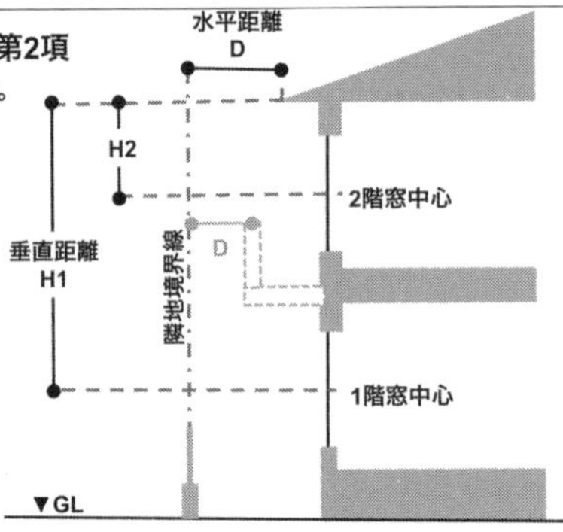

※1　ライトコート（光庭）を設ける

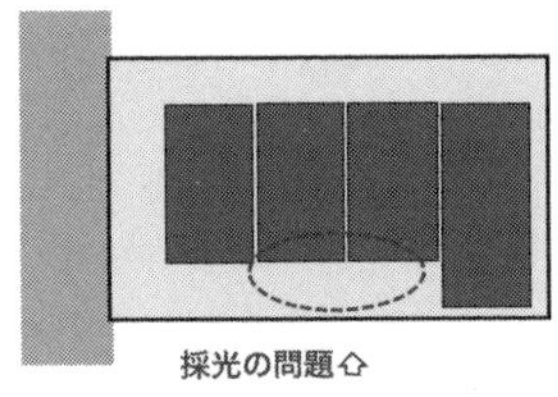

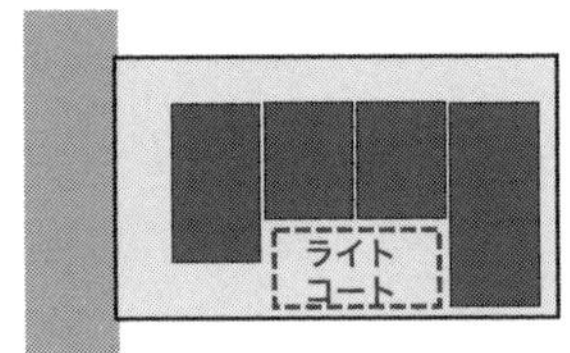

※2　2居室の間仕切りを引戸にする

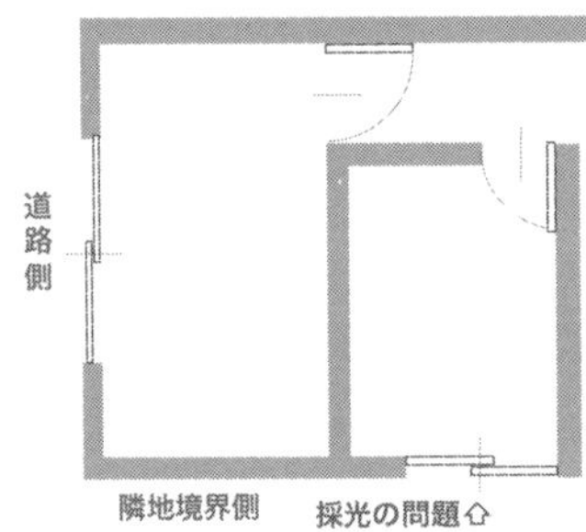

道路側

隣地境界側

更に、高さ10mを超える建築物（低層住居地域の場合は軒高7m超または地上3階建以上）に関しては、北側隣地の日照を阻害しないよう、「日影規制」という規制をさらに受ける事になります。

この制限を受けないぎりぎりの線を狙って、建物計画を行うときには地盤を掘り下げて平均GLを下げたり、天井高を低くしたり、基礎の高さや床・天井の仕上げを工夫したりという努力が多くの現場で行なわれています。

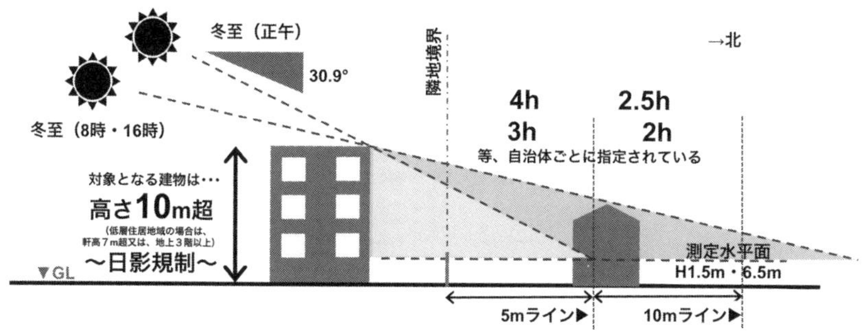

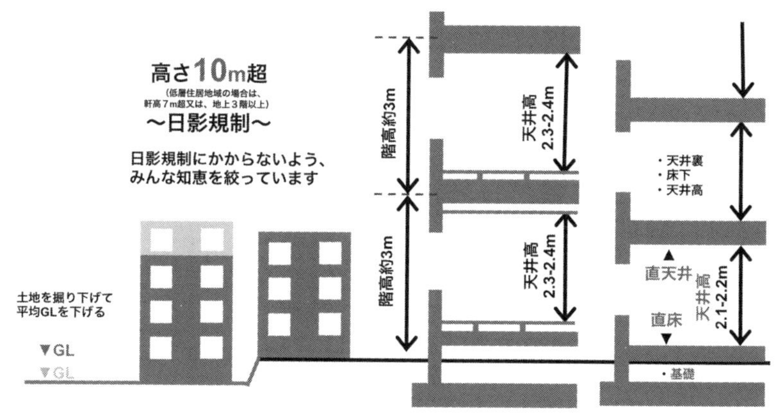

▶騒音・振動等

日照や工事に関しては、道路は広い方が有利ですが、広すぎる道路で交通量が激しい場合などは、住宅系の土地活用を行ううえではネガティブ要因となる懸念があります。また、広い通りがある場所は、商業、工業、流通、鉄道といった騒音・振動・臭気などを発生させる施設が集積する地域である可能性もありますので、土地活用の用途を選定する場合の判断材料として検討を加えてください。同時に交通量の激しさ、商工業施設の近さは、非住宅系の土地利用ではポジティブ要因にもなる可能性もあります。

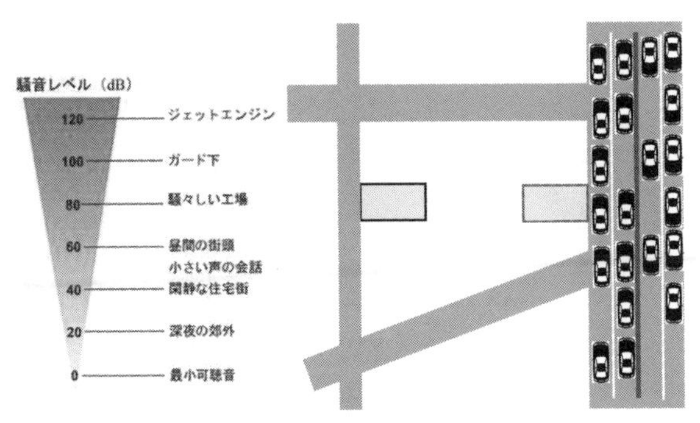

立地条件や入居者層によって許容度は変わる

4. 法的条件から見た土地活用 ～もめごとに巻き込まれるのもちょっと……

▶道路の問題

建築物が建てられるかどうかを決定づける条件として、その敷地が建築基準法上の道路に適法に接しているかどうかということは重要な意味を持ちます。見た目も立派で国や都道府県が所有している道路だったとしても、建築基準法上の道路でなければ基本的に建築はできませんし、逆に舗装もされていない道幅の狭い私道であっても建築基準法上の道路であれば建築は可能です。また、広い道路にも接している二方向接道の場合の緩和などもあります。道路についての規定は、建築基準法42条1項から6項、43条1項および2項に規定されていますので、土地活用を計画する場合には、必ず役所で調査を行ってください。

条文			通称	種類	道路の概要
	1項	1号	道路法道路	公道のみ	道路法上の道路(国道、県道、市道)で、かつ、4m以上の道路
		2号	開発道路	公道または私道	都市計画法(開発許可)、土地区画整理法によりできた道路
		3号	既存道路	私道が多い	建築基準法、都市計画区域に指定される以前から存在した4m以上の道路
		4号	計画道路	公道	計画道路でも次の要件を満たせば建基法上の道路となる ①4m以上 ②2年以内に事業の執行 ③特定行政庁の指定
		5号	位置指定道路	私道	開発道路以外で特定行政庁の指定を受けた道路

<table>
<tr><td rowspan="5">42条</td><td colspan="2">2項</td><td>2項道路</td><td>公道または私道</td><td>法施行の際、既に建築物が建ち並んでいる幅員1.8m以上4m未満の道路</td></tr>
<tr><td colspan="2">3項</td><td>3項道路</td><td>公道または私道</td><td>法施行の際、既に建築物が建ち並んでいる幅員4m未満の道路でセットバックの義務が生じないもの</td></tr>
<tr><td colspan="2">4項</td><td>4項道路</td><td>公道または私道</td><td>6m区域内にある道路幅員6m未満の道路で特定行政庁が認めた道路</td></tr>
<tr><td colspan="2">5項</td><td>5項道路</td><td>公道または私道</td><td>6m区域指定の時に現に存していた道で、幅員4m未満の道路で特定行政庁の指定を受けた道路</td></tr>
<tr><td colspan="2">6項</td><td>6項道路</td><td>公道または私道</td><td>1.8m未満の道路で、特定行政庁が建築審査会の同意を得て指定した道路</td></tr>
<tr><td rowspan="3">43条</td><td colspan="2">1項</td><td colspan="2">接道義務</td><td>建築物の敷地は道路に2m以上接しなければならない</td></tr>
<tr><td rowspan="2">2項</td><td>1号</td><td colspan="2">特定行政庁
例外認定</td><td>4m以上の道に2m以上接している建築物のうち、①利用者が少数、②国交省例基準に適合、③特定行政庁が認めたものは接道義務が適用されない。(建築審査会の同意は不要)</td></tr>
<tr><td>2号</td><td colspan="2">特定行政庁
許可</td><td>敷地周辺に広い空地を有する建築物、その他省令基準に適合する建築物は建築審査会の同意を得て許可したものは接道義務が適用されない。(従来の43条ただし書き)</td></tr>
</table>

※法43条(旧ただし書き道路)は平成30（2018）年9月25日に改正された

※「都市計画区域・準都市計画区域」外では接道義務は適用されない

■道路の問題

所有の問題：公道か私道か

種類の問題：法42条1-6項、法43条1-2項

形状の問題：幅　員（4m未満は中心より2mセットバック)
隅切り（2辺が各2mの二等辺三角形。内角120°以上は不要)
転回広場（6m未満の位置指定道路は35mごと）

〈道路にも形状、仕様の決まりがある〉

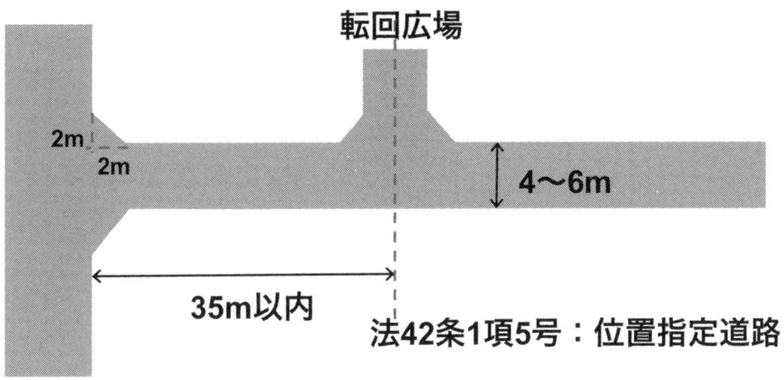

〈2つの道路接する時の“斜線制限”の緩和〉

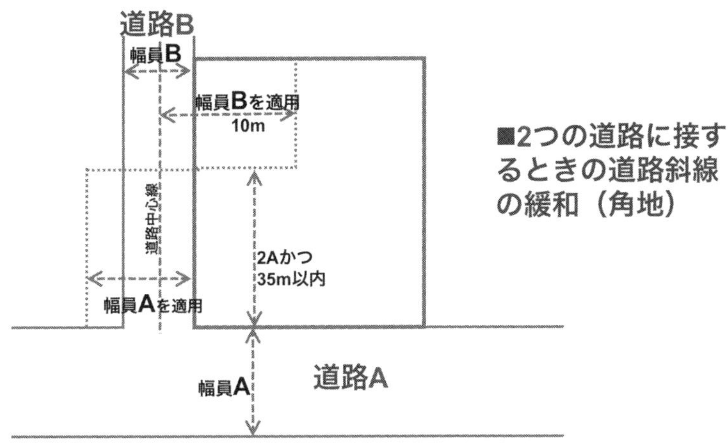

■2つの道路に接するときの道路斜線の緩和（角地）

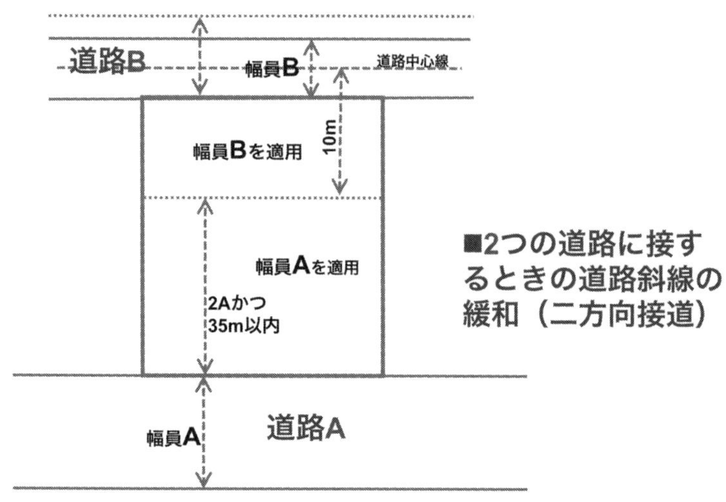

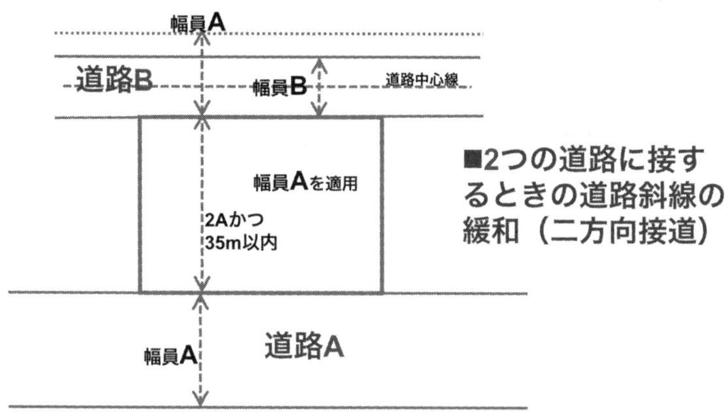

そして、道路の所有者が誰かということも建築確認がおりるかどうかということとはまた別の意味合いを持ちます（43条2項2号道路の場合は建築確認がおりるかどうかという点においても道路の所有関係が影響します）。

例えば、隣接の敷地を通らなければ道路に出ることができない袋地状の敷地には「囲繞地（いにょうち）通行権」という通行権が民法210条によって保障されていて、それは自分が所有権を有していない私道にも適用されますが、それはあくまでも人の通行が（幅員１m）前提ですから、車両の通行、上下水道管の埋設やそのための掘削などはやはり道路所有者の承諾を受ける必要があります。また、他人所有の道路を利用するということであれば、舗装改修などの維持管理コストの負担なども要求される可能性があります。

▶接道要件

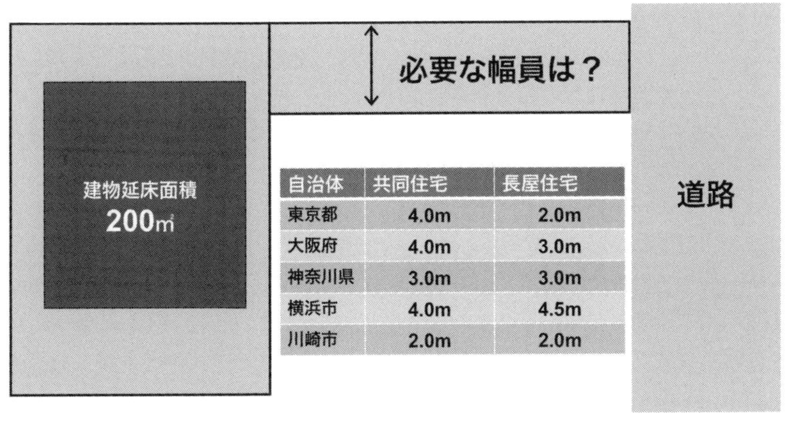

自治体	共同住宅	長屋住宅
東京都	4.0m	2.0m
大阪府	4.0m	3.0m
神奈川県	3.0m	3.0m
横浜市	4.0m	4.5m
川崎市	2.0m	2.0m

敷地が道路に接する幅員についても規定があります。「物理的条件～」でも触れましたが建築基準法上は、建物の建築には基本的に最低限、道路に対して鉛直に敷地の間口２mが接していることが求められます（建築基準法42～43条）。また、敷地延長部分の長さや共同住宅・長屋といった用途とその規模によって自治体ごとに詳細な規定

が定められています。また、敷地延長部分の間口が2m未満であっても、空き地の確保等、一定の条件を満たし、建築審査会の同意を得て、特定行政庁の許可を受けることによって、建築が可能になる場合もあります。旧43条但書許可制度が廃止され、平成30年（2018年）9月25日より43条2項2号に。併せて、建築審査会の同意を得ることなく特定行政庁の認定する43条2項1号が新設されています。

建築基準法第４３条

第1項　建築物の敷地は、道路（次に掲げるものを除く。第四十四条第一項を除き、以下同じ。）に二メートル以上接しなければならない。

一・二　（略）

第2項　前項の規定は、次の各号のいずれかに該当する建築物については、適用しない。

一　その敷地が幅員四メートル以上の道（道路に該当するものを除き、避難及び通行の安全上必要な国土交通省で定める基準に適合するものに限る。）に二メートル以上接する建築物のうち、利用者が少数であるものとしてその用途及び規模に関し国土交通省令で定める基準に適合するもので、特定行政庁が交通上、安全上、防火上及び衛生上支障がないと認めるもの　**→認定制度**

二　その敷地の周囲に広い空地を有する建築物その他の国土交通省令で定める基準に適合する建築物で、特定行政庁が交通上、安全上、防火上及び衛生上支障がないと認めて建築審査会の同意を得て許可したもの　**→許可制度**

建築基準法施行規則第１０条の３

第1項　法第四十三条第二項第一号の国土交通省令で定める基準は、次の各号のいずれかに掲げるものとする。　**→認定制度**

一　農道その他これに類する公共の用に供する道であること。

二　令第百四十四条の四第一項各号に掲げる基準に適合する道であること。

第2項（略）

第３項　法第四十三条第二項第一号の国土交通省令で定める建築物の用途及び規模に関する基準は、延べ面積（同一敷地内に二以上の建築物がある場合にあっては、その延べ面積の合計）が二百平方メートル以内の一戸建ての住宅であることとする。　**→認定制度**

第４項　法第四十三条第二項第二号の国土交通省令で定める基準は、次の各号のいずれかに掲げるものとする。　**→許可制度**

一　その敷地の周囲に公園、緑地、広場等広い空地を有する建築物であること。

二　その敷地が農道その他これに類する公共の用に供する道（幅員四メートル以上のものに限る。）に二メートル以上接する建築物であること。

三　その敷地が、その建築物の用途、規模、位置及び構造に応じ、避難及び通行の安全等の目的を達するために十分な幅員を有する道路であって、道路に通ずるものに有効に接する建築物であること。

43条2項2号
（建築審査会の同意＋特定行政庁の許可）
は意外とハードルが高い。

＜法適用の基本的要件＞

１）広い空地が周囲にあること　２）農道等に接していること　３）道に通ずる通路に接していること

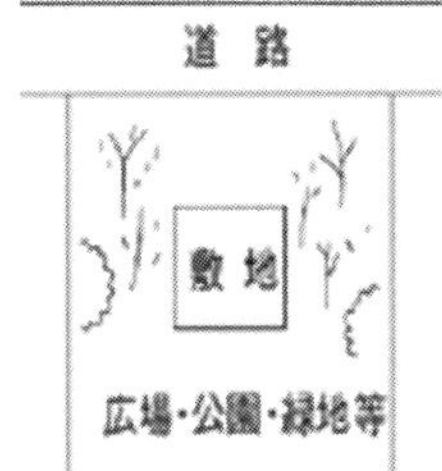

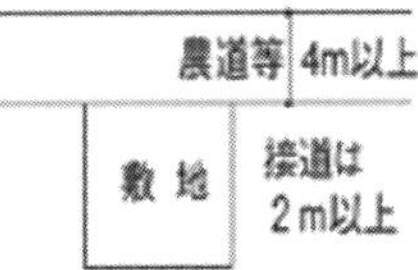

農道等は建築基準法上の道路ではないが、道路と同じように扱うもの

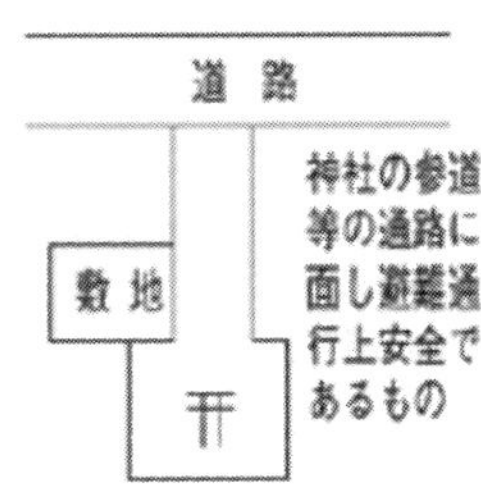

＜法適用の基本的要件概念図＞（出典：横浜市HP)

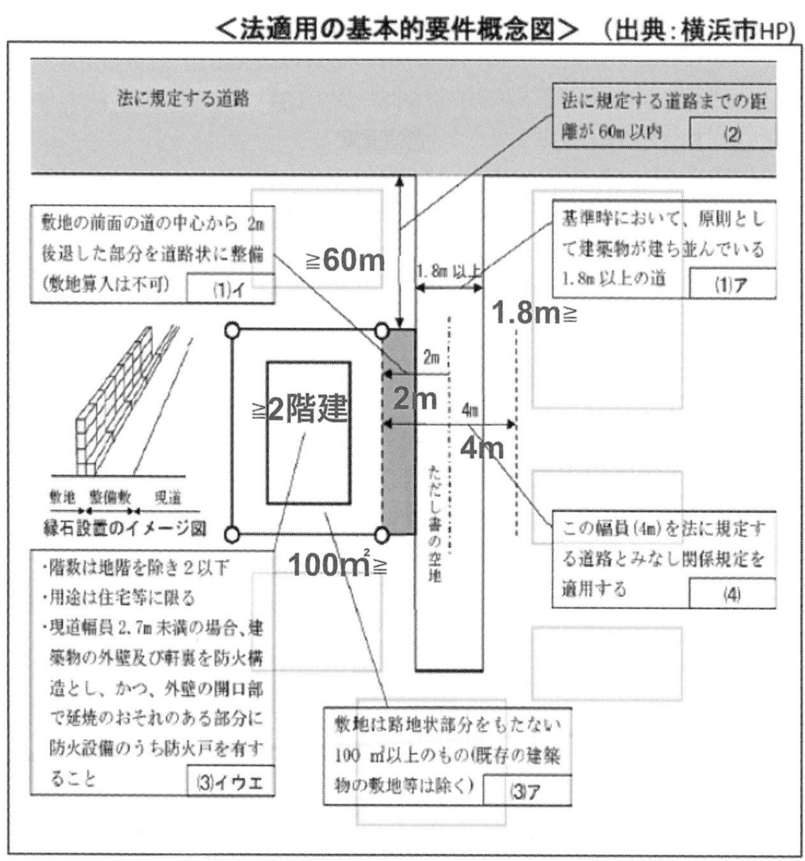

▶隣地との関係

建築物を建てる時には、隣地との関係にも法的な制限が影響を及ぼします。まず、隣地との関係を考える場合、そもそもどこからが隣地で、どこまでが自分の敷地なのかという境界の確定が必要です。境界ポイントが埋没していたり、失われていたり、最初から未確定という場合もありますので、隣地所有者と立会のうえ、境界を復元したり、確定したりしてください。民法234条では建物は境界線から50cm後退させる必要があります（屋根のひさしについてはこの限りではありません。また、防火地域または準防火地域内で外壁が耐火構造の場合、後退は不要です（建築基準法65条））。民法235条では敷地境界から1m以内にある窓には目隠しを要求できるとされています（引違い窓の場合、すりガラスやカーテンでは条件を満たしません）。いずれも、境界が確定したうえでないと判断できません。

また、隣地との関係においては給排水管・電線・樹木・庇・雨樋などの越境がないかどうか、その状態をどのように処理するかという点について確認のうえ合意形成しておく必要があります。

▶用途地域

都市計画法の地域地区のひとつとして、用途地域が定められています。工業・商業・住居といった各用途の混在を防ぐことを目的として、住居系8地域、商業系2地域、工業系3地域の計13地域に分類されていますが、多くの都市計画では、街の中心部に商業系地域、それを囲んで中高層の住居系地域、さらにその外周部に低層の住居系地域、住居系地域と離れた場所に工業系地域、そして、街自体から離れた広範な地域に、市街化調整区域や無指定の地域というレイアウトがなされています。

工業専用地域と市街化調整区域以外にはアパート・マンションの建築は可能ですが、低層の住居系地域では、建物の規模を決める建蔽率や容積率、高さ制限などの条件が厳しく、敷地の高度利用が制限されます。また、中高層の住居系地域や、商業系、工業系の地域では高度利用がしやすい一方、防火地域・準防火地域に指定されている可能性が高く、その場合、規模や階数によって鉄筋コンクリート造等の耐火建築物にすることが求められます。

耐火建築は木造でも可能ですが、壁厚があるため有効室内空間が狭くなる・建築コストが割高になるという点に注意が必要です。また、準耐火建築物の場合も玄関ドアや窓、内装材などに基準が設けられていますので耐火建築ほどではないにしろ、その分コストアップすることを考えておく必要があります。

また、「市街化調整区域であってもすでに建物が立っている場合は“既存宅地”として建築許可が下りる」とよくいわれますが、既存宅

用途地域内の建築物の用途制限 ○：建てられる用途 ×：原則として建てられない用途 ①、②、③、④、▲：面積、階数などの制限あり		第一種低層住居専用地域	第二種低層住居専用地域	第一種中高層住居専用地域	第二種中高層住居専用地域	第一種住居地域	第二種住居地域	準住居地域	近隣商業地域	商業地域	準工業地域	工業地域	工業専用地域	備考
住宅、共同住宅、寄宿舎、下宿、兼用住宅で、非住宅部分の床面積が、50㎡以下かつ建築物の延べ面積の2分の1未満のもの		○	○	○	○	○	○	○	○	○	○	○	×	非住宅部分の用途制限あり
店舗等	店舗等の床面積が150㎡以下のもの	×	①	②	③	○	○	○	○	○	○	○	④	①：日用品販売店、喫茶店、理髪店及び建具屋等のサービス業用店舗のみ。2階以下。 ②：①に加えて、物品販売店舗、飲食店、損保代理店・銀行の支店・宅地建物取引業者等のサービス業用店舗のみ。2階以下。 ③：2階以下。 ④：物品販売店舗、飲食店を除く。
	店舗等の床面積が150㎡を超え、500㎡以下のもの	×	×	②	③	○	○	○	○	○	○	○	④	
	店舗等の床面積が500㎡を超え、1,500㎡以下のもの	×	×	×	③	○	○	○	○	○	○	○	④	
	店舗等の床面積が1,500㎡を超え、3,000㎡以下のもの	×	×	×	×	○	○	○	○	○	○	○	④	
	店舗等の床面積が3,000㎡を超えるもの	×	×	×	×	×	○	○	○	○	○	○	④	
事務所等	事務所等の床面積が1,500㎡以下のもの	×	×	×	▲	○	○	○	○	○	○	○	○	▲2階以下
	事務所等の床面積が1,500㎡を超え、3,000㎡以下のもの	×	×	×	×	○	○	○	○	○	○	○	○	
	事務所等の床面積が3,000㎡を超えるもの	×	×	×	×	×	○	○	○	○	○	○	○	
ホテル、旅館		×	×	×	×	▲	○	○	○	○	○	×	×	▲3,000㎡以下
遊戯施設・風俗施設	ボーリング場、スケート場、水泳場、ゴルフ練習場、バッティング練習場等	×	×	×	×	▲	○	○	○	○	○	○	×	▲3,000㎡以下
	カラオケボックス等	×	×	×	×	×	○	○	○	○	○	○	○	
	麻雀屋、パチンコ屋、射的場、馬券・車券販売所等	×	×	×	×	×	○	○	○	○	○	○	×	
	劇場、映画館、演芸場、観覧場	×	×	×	×	×	×	▲	▲	○	○	×	×	▲客席200㎡以下
	キャバレー、ダンスホール等、個室付浴場等	×	×	×	×	×	×	×	×	○	▲	×	×	▲個室付浴場等を除く
公共施設・学校等	幼稚園、小学校、中学校、高等学校	○	○	○	○	○	○	○	○	○	○	×	×	
	病院、大学、高等専門学校、専修学校等	×	×	○	○	○	○	○	○	○	○	×	×	
	神社、寺院、教会、公衆浴場、診療所、保育所等	○	○	○	○	○	○	○	○	○	○	○	○	
工場・倉庫等	倉庫業倉庫	×	×	×	×	×	×	○	○	○	○	○	○	
	危険性や環境を悪化させるおそれが非常に少ない工場	×	×	×	×	①	①	①	②	②	○	○	○	原動機・作業内容の制限あり 作業場の床面積 ①50㎡以下、②150㎡以下
	危険性や環境を悪化させるおそれが少ない工場	×	×	×	×	×	×	×	②	②	○	○	○	
	危険性や環境を悪化させるおそれがやや多い工場	×	×	×	×	×	×	×	×	×	○	○	○	
	危険性が大きいか又は著しく環境を悪化させるおそれがある工場	×	×	×	×	×	×	×	×	×	×	○	○	
	自動車修理工場	×	×	×	×	①	①	②	③	③	○	○	○	作業場の床面積 ①50㎡以下、②150㎡以下 ③300㎡以下 原動機の制限あり
卸売市場、火葬場、と畜場、汚物処理場、ごみ焼却場等		都市計画区域内においては都市計画決定が必要（法51条）												

注　本表は建築基準法別表第2の概要であり、全ての制限について掲載したものではない

地であっても都市計画法34条の許可を得る必要があります。ただし、①市街化調整区域としての線引き以前に建築された建物で②建替え後も同じ用途・規模であれば原則建替え可能です。

ほかにも市街化区域内に建つ建物から一定距離内にある建物が50戸以上続く場合は建築許可をおろす（50戸連たん）という制度もありますが、住宅地の低密度化を嫌って廃止する自治体が増えています。

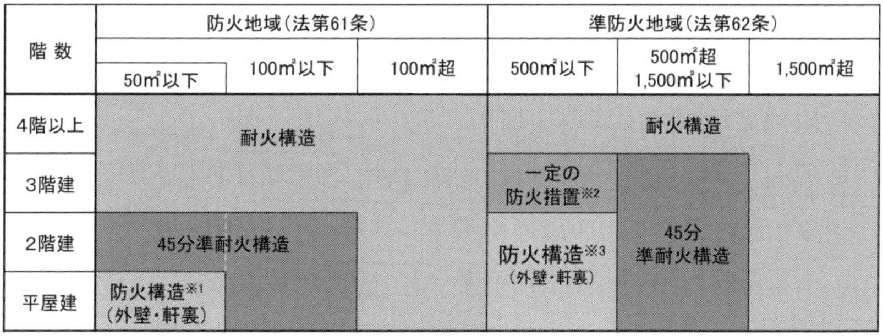

階数	防火地域（法第61条）			準防火地域（法第62条）		
	50㎡以下	100㎡以下	100㎡超	500㎡以下	500㎡超 1,500㎡以下	1,500㎡超
4階以上		耐火構造			耐火構造	
3階建				一定の 防火措置※2		
2階建		45分準耐火構造		防火構造※3 （外壁・軒裏）	45分 準耐火構造	
平屋建	防火構造※1 （外壁・軒裏）					

※1：附属建築物の場合。
※2：①隣地境界線等から1m以内の外壁の開口部に防火設備、②外壁の開口部の面積は隣地境界線等からの距離に応じた数値以下、③外壁を防火構造とし屋内側から燃え抜けが生じない構造、④軒裏を防火構造、⑤柱・はりが一定以上の小径、又は防火上有効に被覆、⑥床・床の直下の天井は燃え抜けが生じない構造、⑦屋根・屋根の直下の天井は燃え抜けが生じない構造、⑧3階の室の部分とそれ以外の部分とを間仕切壁又は戸で区画することが必要。
※3：木造建築物の場合。

このほか東京都では、「新たな防火規制区域」という地域もあります（都安全条例第7条の第1項）。原則は準耐火構造、500㎡超または3階建以上は耐火構造と、防火地域と準防火地域の中間的な位置づけにありますが、古い木造住宅の密集地などで、不燃化と街路整備を推進するための、防災街区整備地区計画と併せて指定される場合が多いようです。

▶消防法

アパートやマンションの建築には不特定多数が利用する商業施設や公共施設などと同様、火災の際の人的被害を予防・回避するために様々な制限があります。定期点検の実施や、建物・内装などの防火性能、防災機器・消防用設備・消火器具など、その仕様や性能について詳細な取り決めがあります。

▶農地法

田畑や牧草地などの農地を使ってなにかしようとする場合には、農地法の適用を受けます。

法３条　農地のまま権利移動（農地委員会の許可）

法４条　農地を宅地に転用（都道府県知事の許可）

※指定市町村は市町村長

法５条　権利移動＋転用（都道府県知事の許可）

※指定市町村は市町村長

いずれも、市街化区域内の農地については農業委員会への届け出へと緩和されます。また、許可や届け出を行わずにこれらのことをすると、権利移動の無効・工事停止命令・原状回復命令などの行政処分とともに３年以下の懲役または300万円以下の罰金という厳しい処分をうけます。農業委員会は基本的に毎月１回しか開催されませんので、スケジュール管理に注意が必要です。

▶省令・施行令・条令

例えば、ワンルーム形式の住戸を計画する場合など、多くの自治体で「ワンルーム規制」と呼ばれる条例や指導要綱・指導基準が定められています。東京都では23区すべてに規制がありますが、「総戸数15戸以上の場合、専有面積25㎡以上。30戸以上の場合は用途地域に応じて40㎡以上の住戸を併設」（大田区）、「階数３以上、かつ総戸数15戸以上の場合、専有面積20㎡以上。30㎡未満の住戸には１戸あたり約50万円を建築主に課税する」（豊島区）など区ごとに規制が適用される総戸数や階数、また必要面積が異なります。

東京23区のワンルームマンションの規制状況

行政区	形式	対象※1	最低面積	ファミリータイプ住戸の設置条件
足立区	指導要綱	3階建て以上で15戸以上の集合住宅	25㎡	40㎡未満の住戸は29戸（一部地域は39戸）を上限に。上限を超える場合、超過分と同数以上を75㎡以上の住戸に
荒川区	条例	15戸以上の集合住宅	25㎡	30戸以上の場合、2分の1以上を50㎡以上の住戸に
板橋区	条例	「3階建て以上」「35㎡未満の住戸が15戸以上で総戸数の3分の1以上」の両方を満たす集合住宅	25㎡	35㎡未満の住戸が30戸以上の場合、以下の計算式で求められる住戸タイプのいずれかを選択 ●「（35㎡未満住戸－29戸）×3分の1」以上を55㎡以上の住戸に ●「（35㎡未満住戸－29戸）×2分の1」以上をバリアフリー住戸に
江戸川区	条例	「3階建て以上で10戸以上」「40戸以上」のいずれかの集合住宅	平均30㎡ ※2	15戸以上の場合、超える部分を平均70㎡以上に
大田区	条例	15戸以上の集合住宅	25㎡	30戸以上の場合、用途地域ごとに規定あり。例えば、第1･2種低層地域の場合は、「（総戸数－30戸）×2分の1＋1戸」以上を40㎡超の住戸に
葛飾区	指導要綱	3階建て以上で15戸以上の集合住宅	25㎡	●15～29戸の場合、「（総戸数－15戸）×2分の1」以上を55㎡以上の住戸に ●30戸以上の場合、「（総戸数－15戸）×2分の1」以上を55㎡以上の住戸に、かつ20%以上を75㎡以上の住戸に
北区	条例	3階建て以上で15戸以上の集合住宅	25㎡	40㎡未満の住戸が30戸以上の場合、「（総戸数－30戸）×2分の1」以上を55㎡以上の住戸に
江東区	条例	「3階建て以上」「15戸以上で過半数以上が40㎡未満の住戸」の両方を満たす集合住宅	25㎡	なし
品川区	指導要綱	「3階建て以上」「30㎡未満の住戸が15戸以上で総戸数の3分の1以上」の両方を満たす集合住宅	20㎡（第1種低層地域は25㎡）	●30㎡未満の住戸が15～19戸の場合、1戸以上を40㎡以上に。 ●30㎡未満の住戸が20～29戸の場合、2戸以上を40㎡以上に。 ※30戸以上の場合、用途地域ごとに別途規定あり
渋谷区	条例	「3階建て以上」「33㎡未満の住戸が15戸以上で総戸数の3分の1以上」の両方を満たす集合住宅	28㎡	●商業地域は「（総戸数－15戸）×3分の1」以上を50㎡以上の住戸に ●その他の地域は「（総戸数－15戸）×2分の1」以上を50㎡以上の住戸に
新宿区	条例	3階建て以上で30㎡未満の住戸が10戸以上の集合住宅	25㎡	30㎡未満の住戸が30戸以上の場合、 ●第1種低層地域は「（30㎡未満住戸－29戸）×2分の1」以上を40㎡以上の住戸に ●その他の地域は「（30㎡未満住戸－29戸）×3分の1」以上を40㎡以上の住戸に
杉並区	指導要綱	「3階建て以上で20戸以上」「3階建て以上で40㎡未満の住戸が6戸以上」のいずれかの集合住宅	25㎡ （10戸未満の場合は20㎡）	「3階建て以上で20戸以上」の集合住宅で、40㎡未満の住戸が20戸超の場合、20戸を超える部分の2分の1以上を40㎡以上の住戸に
墨田区	条例	「3階建てかつ10戸以上」「15戸以上」のいずれかの集合住宅	25㎡	●25戸以上の場合、総戸数の30%以上を40㎡以上の住戸に ●50戸以上かつ半数以上が40㎡以上住戸の場合、総戸数の20%以上を70㎡以上の住戸に（※例外あり） ●100戸以上の場合、総戸数の50%以上を40㎡以上の住戸とし、かつ総戸数の20%以上を70㎡以上の住戸に

世田谷区	条例	●住居系・準工業地域内の場合、3階建て以上で40㎡未満の住戸が12戸以上の集合住宅 ●商業系地域内の場合、3階建て以上で40㎡未満の住戸が15戸以上の集合住宅	25㎡	延べ床面積1500㎡以上で40㎡未満の住戸が30戸超の場合、「(40㎡未満住戸－30戸)×2分の1」以上を40㎡以上の住戸に。更に平均50㎡以上に
台東区	条例	10戸以上の集合住宅	25㎡	15～49戸で高さが40m以下の場合、3分の1以上を40㎡以上の住戸に ※そのほか、規模に応じた規定あり
中央区	条例	10戸以上の集合住宅(指定地域※3)	25㎡	40㎡以上の住戸の合計床面積が全体の3分の1以上に
千代田区 ※4	指導要綱	4階建て以上で30㎡以下の住戸が10戸以上の集合住宅	25㎡	総戸数20戸以上の場合、40㎡以上の住戸の面積の合計が全体面積の3分の1以上に
豊島区	条例	3階建て以上で15戸以上の集合住宅	20㎡	なし ※30㎡未満の住戸が9戸以上の集合住宅について、1戸あたり50万円を課税する規定あり
中野区	条例	3階建て以上で12戸以上の集合住宅	25㎡	「(総戸数－11戸)×2分の1」以上を(複数の居室を持つ)40㎡以上の住戸に ※環境配慮住宅の場合、軽減措置あり
練馬区	条例	30㎡未満の住戸が20戸以上の集合住宅	25㎡	なし
文京区	条例	40㎡未満の住戸が10戸以上の集合住宅	25㎡	総戸数15戸超の場合、「(総戸数－15戸)×2分の1」を40㎡以上の住戸に
港区	条例	37㎡未満の住戸が7戸以上の集合住宅(50㎡以上の住戸が総戸数の4分の3以上ある場合は除く)	25㎡ (商業地域内は総戸数の2分の1未満は20㎡)	総戸数30戸以上の場合、 ●商業地域は「(総戸数－29戸)×10分の1＋1戸」以上を50㎡以上の住戸に ●その他の地域は「(総戸数－29戸)×5分の1＋1戸」以上を50㎡以上の住戸に
目黒区	条例	3階建て以上で40㎡未満の住戸が10戸以上の集合住宅	25㎡	40㎡未満の住戸が30戸超の場合、「(40㎡未満住戸－29戸)×2分の1」以上を40㎡以上かつ平均55㎡以上となる住戸に

※1：対象となる階数については、各区によって地階を含む場合と含まない場合あり。
※2：15戸未満の部分についての規定。個人事業主の賃貸住宅の場合別途規定あり。同じくファミリータイプの設置条件も別途規定あり。
※3：中央区全体の約8割にかかるエリアで指定。※4：別途地区計画による規制あり。

その他、敷地内の緑化や建物の色彩・デザイン、必要な駐車・駐輪台数、あるいはがけ地に関する条例など、自治体ごとに様々な取り決めがありますので、土地活用を検討する場合にはしっかりと役所で調査をする必要があります。また、緩和に関する要件も各自治体で定められていることがあります。それらは、実施予算や、実効性の可否に直結しますので、建築士等、専門家の協力を得ながら進めていくと良いでしょう。

建築基準法の改正と防火規制

令和元年（2019年）6月25日施行で建築基準法の改正が行われ、従前の耐火構造・準耐火構造に加え、「延焼防止性能の高い建築物」を防火構造のひとつとして認めることにより、建築設計の自由度が高まりました。次はその改正内容です。

【防火地域・準防火地域における建蔽率の緩和】

従前の緩和規定（建蔽率80%の用途地域かつ防火地域内にある耐火建築物は建蔽率100%、建蔽率80%以外の用途地域で防火地域内にある耐火建築物または特定行政庁が指定する角地の場合、建蔽率10%追加、両方を満たすと20%追加）に加え、次のいずれかに該当する場合にも「建蔽率10%追加」の緩和要件があらたに定められました。

- 建蔽率80%以外の用途地域でかつ防火地域内にある耐火建築物
- 準防火地域内にある耐火建築物
- 準防火地域内にある準耐火建築物

緩和要件は、規制要件と同様に土地の価値や建築プランニングに影響を与えますので法令・条令の変化に注意を払う必要があります。

▶建築基準法の改正と防火規制

令和元年（2019年）6月25日施行　建築基準法改正

【従来からの規定】	【追加された規定】
・建蔽率80%の用途地域かつ防火地域内にある ・耐火建築物 ▶建蔽率100%	・建蔽率80%以外の用途地域かつ防火地域内にある ・耐火建築物 ▶建蔽率プラス10%
・建蔽率80%以外の用途地域かる防火地域内にある ・耐火建築物または特定行政庁が指定する ▶建蔽率プラス10%（両方満たすとプラス20%）	・準防火地域内にある ・耐火建築物または準耐火建築物 ▶建蔽率プラス10%

■２つの道路に接する時の“建ぺい率”の緩和

たとえば、東京都の場合、23 区それぞれが特定行政庁となりますが、角地や二方向道路関する措置も各区ごとに規定されています。

例：練馬区建築基準法施行規則（建ぺい率の緩和）第 21 条　法第 53 条第 3 項第 2 号の規定

共通して必要な要件

(1)　それぞれの道路に接する長さは 2 m 以上。

(2)　道路に接する長さは敷地の外周長さの 3 分の 1 以上。

角度に関する要件

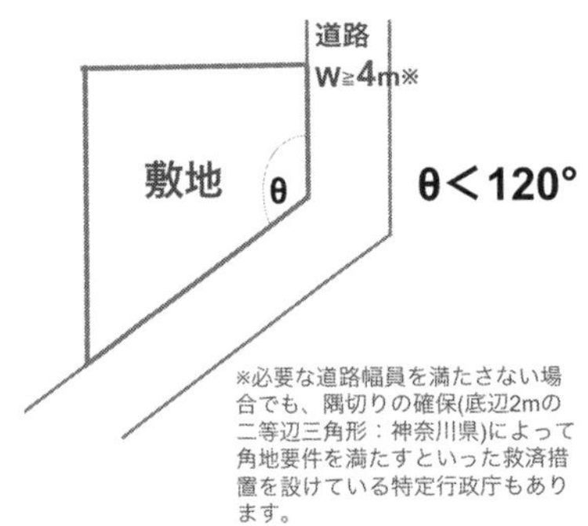

■角度に関する要件
2つの道路(法第42条第2項の規定による道路で、同項の規定により道路境界線とみなされる線と道との間の当該敷地の部分を道路として築造しないものを除く。)が隅角120度未満で交わる角敷地

二方向接道関する要件

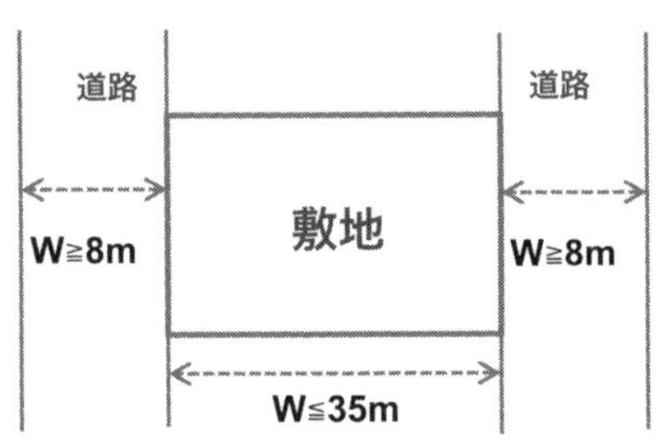

■二方向接道に関する要件
幅員がそれぞれ8メートル以上の道路の間にある敷地で、道路境界線相互の間隔が35メートルを超えないもの

道路に準ずる公園等の要件

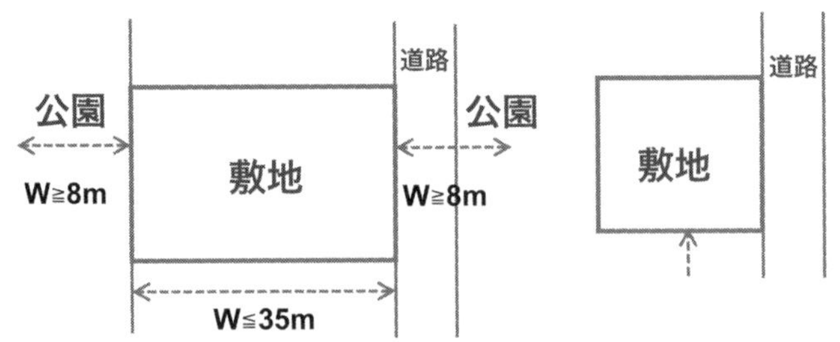

■道路に準ずる公園等に関する要件
公園等に接する敷地またはその前面道路の反対側に公園等がある敷地

5. 投資的条件から見た土地活用 ～ホントにちゃんと儲かるの？

▶投資として成り立つかの判断

【土地活用概論】では、市場価格 8,000 万円の土地を、

⑴借地権の底地として貸した場合

⑵駐車場として貸した場合

⑶コンビニを建てて貸した場合

⑷アパート・マンションを建てて貸した場合

４つのケースで土地活用を比較しました。

市場価格8,000万円の土地を…

借地権の底地	月極駐車場	コンビニ用地	アパマン建築
年間キャッシュフローは？			
127万円	68万円	740万円	500万円

「融資を受けて手取り収入を最大化したい」とか、「いや、収入はそこそこでいいからなるべくローンを組みたくない」とか、「それは、金額によるよ」とか、人それぞれですが、その判断をするには定量的なモノサシを持つことが必要です。

例えば、「いくらのキャッシュフローが得られるか」という判断であれば以下のようになります。

▶キャッシュフローの比較

1）借地権の底地として貸した場合

仮に、「固定資産税年税額35万円×4.0倍＝地代相場」とすれば、地代収入は年間140万円で固定資産税を引いた利益は年間105万円（①）。20年ごとに更新料が更地価格の5％（仮）であれば、年額にして22万円（②）。合計で平均すると、①＋②＝年間127万円（10.6万円／月）の収入となります

2）駐車場として貸した場合

仮に駐車台数24台×6,000円＝144,000円（年間駐車料金173万）。更地の場合は減額措置が受けられないので固定資産税は年額105万円。稼働率100％の場合で、年間68万円（5.7万円／月）の収入となります。

3）コンビニを建てて貸した場合

仮にコンビニ建築4,000万円（リースバック方式コンビニ本部負担）で年間家賃1,080万円（ただし売上予想次第）。固定資産税140万円・建築協力金返済200万円を差引くと年間740万（61.7万円／月）の収入となります。

4）アパマンを建てて貸した場合

仮に、延べ床面積240坪で建築費1億9,200万円（建築費80万／坪）の全額を年利2％30年返済で借入れし、査定賃料@0.6万円／坪・90%借上げ・運営費12%と仮定すれば、年間借上賃料1,550万円・運営費200万円・返済850万円→年間500万円（41.7万円／月）の収入となります。

キャッシュフローだけを見れば、コンビニ＞アパマン＞底地＞駐車場となります。

ただし、コンビニであれば立地的な制限もありますし、撤退リスクもあります。アパマンであれば空室リスクや建物修繕のコストも無視できません。底地は事情が変わって現金化したいといった時の流動性を著しく損ないます。

こういったリスクを受け入れるか、また選択するかどうかは得られるリターンとのバランスによって決まります。そして投資分析による定量化がその判断の助けてくれます。

投資を分析的に捉えるための考え方をいくつかご紹介しましょう。（詳しくは、私の著書「誰も書かなかった不動産投資の出口戦略・組合せ戦略　詳細解説版」（住宅新報出版）でご紹介しています）

▶「投資基礎」(Eq)

すでに所有している土地の有効活用をする場合、駐車場であれば舗装費用、アパマンであれば建築費用などが投資額とも思えますが、実際はその土地を活用しないで売却し、その現金で別の投資を行うという選択肢もあるわけですから、その土地を売って手数料や税金を払った場合に手元に残るであろう現金は、その場所に再投資しているという考え方をします。この再投資されている金額を「投資基礎」と呼びます。

また、土地活用を行うことにより相続税などの節税効果があるのならば、その分は投資のコストから差し引くことができます。つまり、「投資基礎＋建築費用等＋経費－（節税額）＝総投資額」ということです。先ほどの例の8,000万円の土地であれば投資基礎は、売却経費300万円（売価の４％弱）、譲渡税1,483万円（取得原価＝売価の５％、長期譲渡税率20.315%、自宅利用なしで、3,000万円控除は適用外と仮定）、ローン残高ゼロと仮定すれば、投資基礎は6,217万円となります。

投資基礎　Eq

土地の市場価格	8,000万円
－売却した場合の経費（約4%）	300万円
－売却した場合の税金	1,483万円※
－現在のローン残高	0万円
＝売却手取り額（投資基礎）	6,217万円

※取得原価＝売価×5%　譲渡所得税率20.315%　3,000万円控除適用外 で計算

▶実際その投資から、いくらの利益が生じているのか（FCR）

年間家賃収入がいくらと見込めても、稼働状況が悪ければその分収入は減りますし、固定資産税や維持管理のためのコストがかかれば、さらに実収入は目減りします。こういった要素を踏まえて、その投資が生み出す正味の収入（営業純利益＝NOI）を知る必要があります。

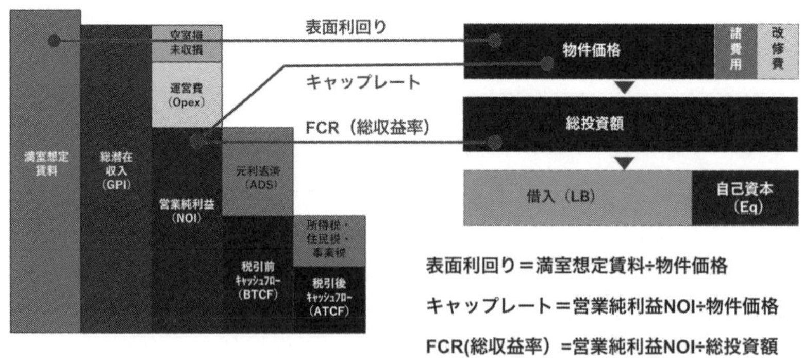

計算方法は、「満室想定賃料±賃料差異（相場賃料との差）－空室損および未収損－運営費＝営業純利益（NOI）」。営業純利益（NOI）と前項で取り上げた「総投資額」を比較することによって、この投資の実際の投資利回りを知ることができます。

「営業純利益÷総投資額＝総収益率（FCR）」という計算式を当てはめれば、相続税の節税効果を考えに入れない場合の先程の４つの選択肢は、次の通りです。

⑴底地……………………………127 万円（NOI）÷ 6,217 万円＝ 2.04％

⑵駐車場(稼働率100％として)…68 万円(NOI) ÷ 6,217 万円＝ 1.09％

⑶コンビニ……………940 万円÷（6,217 万円 +4,000 万円）＝ 9.20％

⑷アパマン……1,350 万円÷（6,217 万円＋１億 9,200 万円）＝ 5.31％

▶自分の出したお金は、どの位の効率でお金を稼いでいるのか（CCR）

土地活用に伴う建築費を全額現金で出すこともありますが、借入により資金調達することも少なくありません。その場合、次のような計算で「自分の出した投資基礎を含めた自己資本・自己資金がどの位のお金を生むのか」ということがわかります。

⑴総投資額－ローン借入＝自己資本（Eq）

⑵営業純利益（NOI）－ローン返済（ADS）＝税引前キャッシュフロー（BTCF）

⑶税引前キャッシュフロー（BTCF）÷自己資本（Eq）＝自己資本利益率（CCR）

※所得税の節税効果も含めたより正確な判断をするために、実際は所得税・住民税・事業税を BTCF から差し引いた税引後キャッシュフロー（ATCF）を使ってさらに投資分析を行います。

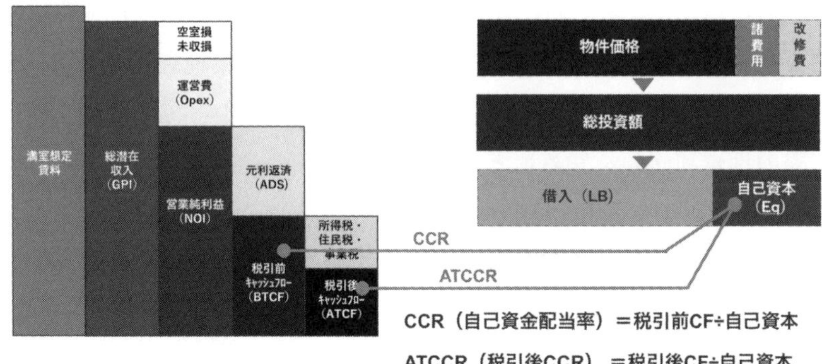

先程の４つの選択肢に当てはめると、

(1)底地……………………………127 万円（NOI）÷ 6,217 万円＝ 2.04％

(2)駐車場（稼働率 100％として）…68 万円（NOI）÷ 6,217 万円＝ 1.09％

(3)コンビニ……………（940 万円－ 200 万円）÷ 6,217 万円＝ 11.90％

(4)アパマン…………（1,350 万円－ 740 万円）÷ 6,217 万円＝ 9.81％

▶損益分岐点は何パーセント稼働？（BE％）

一方、その投資の安全性をはかる方法もあります。例えば、アパマンや駐車場が何割の稼働を下回ると赤字になるか、あるいは空きが出た場合に何か月以内に次の借手が見つからないと赤字になるかという損益分岐点（BE％）は、「（運営費＋元利返済）÷総潜在収入※× 100」という計算で把握することができます。これも、４つの選択肢に当てはめると、

(1)底地…………………………（ 35 万円＋ 0 円）÷ 140 万円＝ 25.00％

(2)駐車場……………………（105 万円＋ 0 円）÷ 173 万円＝ 60.69％

(3)コンビニ…………（140 万円＋ 200 万円）÷ 1,080 万円＝ 31.48％

(4)アパマン…………（200 万円＋ 740 万円）÷ 1,728 万円＝ 54.39％

当然、損益分岐点（BE％）は低ければ低いほど安全性が高まります。

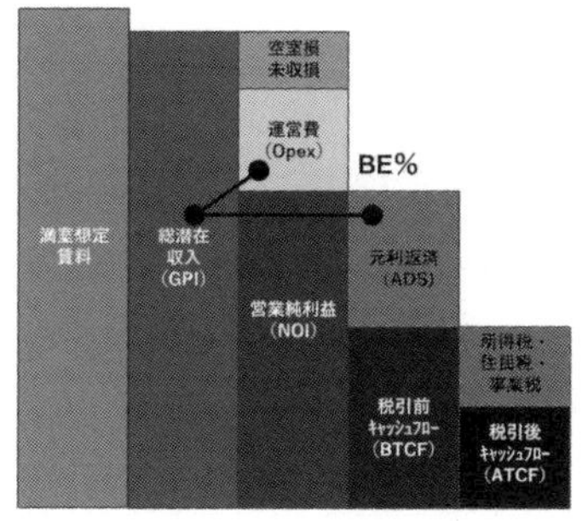

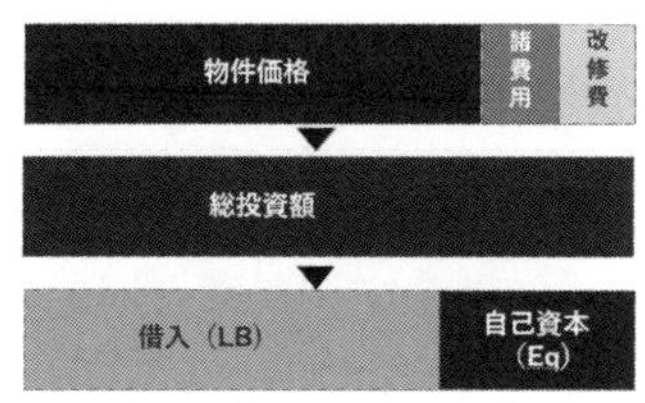

BE%（損益分岐点）
＝（運営費＋元利返済）÷総潜在収入GPI

入居の有無にかかわらず支出される運営費と元利返済が潜在総収入に対してどの位の割合か・・・つまり「空室・未回収にどれだけ耐えられるか」。70%以下が理想的だがエリア次第。さらに投資家が求める損益分岐点（BE%2）は希望利益も加算する。

ほかにも、投資の効率や安全率を測る指標はいくつかあります

※総潜在収入＝満室想定賃料±賃料差異（相場賃料との差）

▶投資の全期間を通じた判断（IRR）

土地活用をする場合に、その活用を始めたあとの長期間にわたる運営や、最終的な出口（売却や解体）のことを考えるひとは少数派だと思います。

土地活用＝投資を行った場合、

①自己資本の投資

②キャッシュフロー収入の受け取り

③税金の支払い

④大小の修繕の発生・支払

⑤立退き・解体、あるいは売却して税金とローン残を返して現金を受け取る

…という歴史を刻んでいきます。

投資家として、保有期間中および売却時に得られるキャッシュフローの総額が、最初に投資した自己資本（Eq）と同額以上でないとその投資をする意味がありませんし、それは未来に入ってくるお金で

あるがゆえ、複利運用や不確実性、インフレなどの要素との比較なども必要です。投資の全期間を通じた判断をするためには、「投資の全期間を通じて入ってきた各タイミングのお金の合計が、現在の価値（NPV）に直して投資額と同額になるのは、何パーセントの利回り（割引率）か」というIRR（内部収益率）の計算をします。

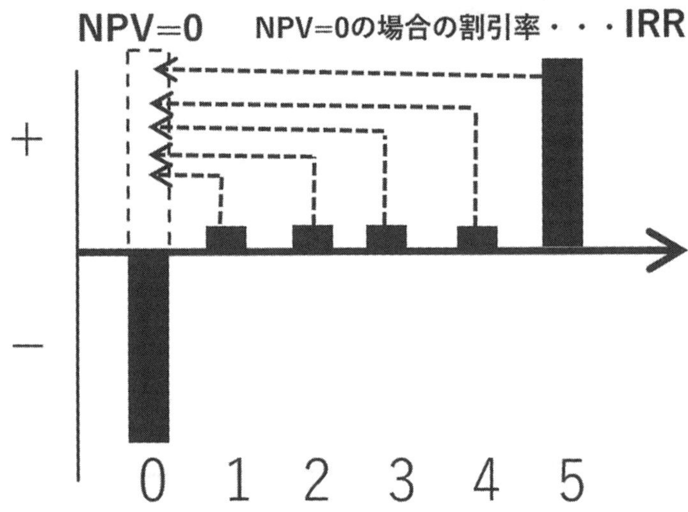

▶**本当に必要なのは…**

内部収益率（IRR）のほかにも、投資期間中に発生したキャッシュフローの再投資も反映させた修正内部収益率（MIRR）や、投資額・投資期間を揃えて最終的に得られる資本の増加で複数の投資を比較する資本蓄積法など、投資分析には様々な手法が確立されています。

でも、本当に重要なのは投資＝土地活用をされる皆さんが、「何をしたいか」「なぜするか」という目標と目的に尽きます。ここでご紹介したように、一般的にはキャッシュフローや資本拡大が目標・目的になる場合が多いと言えますが、なるべく借金はしたくないとか、相続財産の分割でもめたくないといった要素が優先されることも珍しくはありません。また、その優先順位はキャッシュフローの金額や、借入金額の規模によって変わることもあるわけで、だからこそ、複数の選択肢を定量化して比較・提案するための指標としての投資分析が必要であるということを念頭に、知識の拡充を図っていただければと思います。

6. 土地活用の選択肢を検討する～いろいろあって迷います

そもそも、なぜ土地活用なのか？というテーマから始まり、市場的条件・物理的条件・法律的条件・投資的条件とポイントを見てきましたが、ここではそういった視点を持って様々な土地活用の選択肢を検討してみましょう。

【比較のポイント】

- **投資基礎に対するATCCR**
- **融資条件（特に年数とLTV）**
- **IRRに影響を与える売却出口**
- **キャッシュフローのタイミング**
- **オペレーションコスト**

▶駐車場・コインパーキング

更地にして、舗装・区割りをすればすぐに事業がスタートできる駐車場は、最も取り組みやすい土地活用のひとつです。さらに、時間貸しのコインパーキングにすれば売り上げ単価もアップします。ここで大切なのは、他の土地活用と同様、投資基礎（その土地を売却した場合手元に残る現金）に対していくらのキャッシュフローが得られるかという視点です。物理的条件の項でも触れましたが、意外と土地面積に対して駐車台数は取れません。また、地域によっては一日駐車で上限500円という場所もあります。あるいは、更地で軽減措置が受けられない駐車場は、土地の固定資産税が最大6倍になります（正確に言うと、住宅が建てられている敷地は固定資産税3分の1、都市計画税3分の2に減額、さらに200㎡以下の部分（小規模宅地）については同6分の1、3分の1という減額措置。つまり、住宅を解体して更地や駐車場にするとこの減額措置が受けられなくなるということです)。一時的な土地利用であれば立退き等が容易な駐車場は魅力的ですが、中長期的な経営ということであれば、他の土地利用方法と比較して判断すると良いでしょう。ちなみに、駐車場として立体的な土地利用をしようと機械式パーキングを選択する場合、機械メンテナンスなどの運営費が発生することに注意してください。

▶トランクルーム・倉庫

コンテナなどの設置をすれば済むため初期費用が抑えられるこの選択肢で気を付けるのは、まず需要の有無です。マイナビ賃貸調べ(2017年）ではトランクルームを利用した、もしくは利用したいという回答はわずか7.2%でした。トランクルーム・倉庫の魅力は、

①区画を細分化できるので単価が高くとれる

②採光基準がないので建築等の制限が緩い

③初期投資額が小さい

④デッドスペースを利用すれば建物内のレンタブル比を上げることができる

といった点。一方、留意すべき点としてあげられるのは、

①２階以上にすると荷物用エレベーターが必要

②書籍・書類・家財は常温・常湿、磁気テープ・美術品は定温・定

湿など保管するものによって求められるクオリティが違う
③薬品や危険物など不法に置かれるリスクがある
といったことでしょうか。

また、投資判断は駐車場同様、コストとリターンで考えるべきでしょう。

▶太陽光発電

他の利用方法が困難な立地であっても、日照さえあれば収入をもたらしてくれる太陽光発電。政府補助金や設備の一括償却などの恩恵で一気に土地活用方法としての市民権を得ました。すごくは儲からないが空室の心配をすることなく、定期的に安定収入が得られるのが魅力です。

ただし、2014年秋以降再生可能エネルギーの買取に各電力会社が一転消極的になり人気に陰りが見えています。問題は、発電パネルの維持管理コストと最終的な解体廃棄処分のコスト、そして突風被害などのリスクです。これらもキャッシュフローに反映させながら投資分析をすると、意外と低い利回りになるケースが多いでしょう。

▶賃貸アパート

木造や軽量鉄骨造といった比較的軽量小規模な構造の共同住宅や重層も含めた長屋住宅は、土地活用ではポピュラーな選択肢といえます。重量鉄骨造や鉄筋コンクリート造に比べると、堅牢性や断熱性、防音性などに劣りますが、工法や仕様によってその差を限りなく小さくすることも可能です。逆に、建物のメンテナンスコストや減価償却期間の短さ（＝毎年多く落とせる）、複数戸の隔壁を取り払いひとつの住戸とするといった間取り変更などの改修や解体の容易さといった部分でマンションよりも優れた部分も持っています。ただし、マンションもアパートもポピュラーな選択肢ゆえに競合も多く、専有面積、間取りプラン、仕様、賃料設定などが市場にマッチしているか、あるいは投資として成り立つのかどうかといった分析を他の選択肢同様きちんとおこなったうえで判断をするべきです。

▶賃貸マンション

逆にマンションは堅牢性が高く、より長期にわたった投資に向いているといえます。アパートに比べると賃料も比較的高く、入居者付けでも有利な場合が多いでしょう。また、法定耐用年数を基準とする金融機関が多いということから融資面でも返済期間が長期に設定できる（＝年間返済額が下がりキャッシュフローが多くなる）という点で有利になります。売却出口を取る場合も、買手の融資が長めにとれることから販売上も有利です。ただし、エレベーター点検や建物の固定資産税、屋上防水、給排水管といった部分の運営費やメンテナンスコストはアパートに比べるとかなり負担割合が大きくなりますので、賃料単価がある程度高くとれる地域でないと、維持が困難になる恐れがあります。これもアパートと同様に市場分析、投資分析をしっかり行って判断をすべきです。また、

建物の重量が大きいマンション建築は、地盤改良や基礎工事、杭工事で意外とコストがかかる場合が多いので、事業計画を行う上ではそのあたりも調査したうえで取り掛る必要があります。

こちらは杭工事が始まったばかりの木造３階建てアパートの建築現場です。

写真手前の地面にブルーのテープで目印が打たれていますが（黒丸で囲んだ部分）、この位置に鋼管杭（写真右に並べられているパイプ）を順に打設していきます。

建物が沈下しないように、建物の重さを支持できる堅さの地盤に到達するまで杭を打つわけですが、比較的軽量な木造建物と、重いRC/重鉄の建物では必要な地盤の堅さや、杭のサイズ・工法が変わってきます。（建物の自重＋積載荷重は２階建ての場合、木造で600kg/㎡ですが、RCは3,200kg/㎡あります）

アパート・マンション等の建築で、予算や工期を大きく狂わせる要因の代表的なものを３つあげるとすれば、

⑴地盤

もともとの所有地でない限り、基本的には土地が自分のものになってから地盤調査をすることになります。地盤改良が必要になったり、埋設物が出てきたりすることも（既存建物を解体したら、数十年前その建物を建てるために解体した建物のガラが大量に埋まっていたなんていうこともありました）。

⑵埋設管

道路内に埋設されている水道管の口径が細く、共同住宅（＝一気にその場所で水道を利用する世帯数が増えます）の建築に際し、別途何十メートルも道路を掘削して自費で引き直す場合もあります。

⑶近隣の反対

それまで顔見知りの持家世帯で構成されていたところへ、新たに単身世帯がドッと増えることを望まないコミュニティーもあります。

色々と難癖をつけて反対運動を展開され、工事や募集活動がストップするケースも。重機や車両の搬出入、前面道路の掘削、道路上に町内会によって設置されたゴミ集積場の使用などに対する妨害・排斥などは比較的多くみられるトラブルですが、高級住宅地に建てられたシングル向けのアパートに隣接した住民が、刺激的な文言ののぼり幡や看板をずらっとフェンスに立てて、さらに不動産会社が現地案内するときには、近隣住民数人が営業マンと入居候補者を取り囲み、営業妨害をするという事例なども実際にあります。

年間何十棟も現場をもつ建売業者であれば、ある程度の確率でそういった事象が発生してもサンクコストとして飲み込むことができますが、個人となるとなかなかの過剰な負担になります。

利回り７％前後の物件が売りに出ているエリアで「土地＋建物＝８％」という仕上がりで取掛ったものの、結局６％以下になってしまいまして……という相談も少なからずあります。

「建売は業者の利益が乗っているのでは？」という指摘をされる方もいらっしゃいますが、

①年間の発注量が多いので建築コストは個人がやるよりも安い＝その分で吸収される

②再販受託で短期に２度仲介売り上げが発生するので不動産会社からの土地情報提供が最優先される

③銀行が事業資金として融資してくれる期間内に売却・資金回収をしないといけないので、想定利益を割り込んだり、原価割れをしたとしても市場で流通する妥当性のある価格に収れんする

といった点も考えると、建売物件の方が自分で土地を仕込むよりもよほど安くあがるケースも珍しくありません。

▶戸建賃貸住宅

入居者アンケート調査（21C住環境研究会）では一般的なアパート・マンションと同程度の支持率の戸建賃貸ですが、供給量は圧倒的に少なく需給バランスは貸手市場です（総務省統計局）。空室損が少ないうえに、共用部分がないことから清掃や水光熱費といった運営費も抑えられるのが魅力です。ただし、供給量が少ない一因は、世帯あたりで使う土地面積が大きいということが原因でもあるので、投資分析的に見ると土地価格に対して賃料が低い場所だと「投資効率が低下する」ともいえます。

セオリーとしては地価が高い場所は「上に伸ばす（高層化）」、地価

が低い場所は「横に広げる（低層化）」という理解をされると良いでしょう。その他、賃貸住宅を借りるファミリー世帯の多くが、子供は多くて２人、その４割が小学校低学年以下（21C 住環境研究会）なので、あまり大きな間取りのものはニーズにマッチしないということに留意してください。また、大きな間取りの戸建を民泊やシェアハウスで運用する場合は、募集・受付・室内清掃・シーツ交換・共用部備品管理などオペレーションに関するコストや労働力が必要になりますのでこの点も注意が必要です。

▶店舗・オフィス・医療施設・介護施設

土地活用のための建築は居住系に限ったわけではなく、商業店舗やオフィスも選択肢に含まれます。駅から遠くても、街道沿いの交通量が激しい場所であれば、地価ではなく売上予想によって賃料が決まるコンビニでもいいでしょうし、人通りの多い場所であれば、飲食店や小売店がいいかもしれません。内装を行わないスケルトン貸や建築協力金などの初期費用に関する資金的なメリット、運営や管理も居住系物件に比べてコストが安く済むケースが多いと思います。懸念材料は、撤退された場合に次のテナントをつけるための非居住系物件を得意とする商業用不動産系の仲介業者が地域によっては少なかったり、売却出口を取るときに買手の融資が受けづらかったり、といったところでしょうか。また、１階が商業テナント、２階以上が居住系テナントという企画の場合、飲食系であればゴキブリなどの害虫や臭い、コンビニであれば夜中のたむろ行為など少なからず居住系テナントに悪影響を与える可能性があります。

そして、民泊・シェアハウス以外にもホテル・高齢者施設・シェアオフィスにあるコインランドリーといったいわゆるオペレーショナルアセットとして分類される用途での運営には、事業者をテナントとして入れるのでない限りは、それぞれに事業としてのコストや手間がかかるということを踏まえた検討が必要です。

ここで取り上げた以外にも、保育園や高齢者施設、ペット霊園に家庭菜園など土地活用方法には本当に沢山の選択肢があります。そして、忘れられがちですが「その土地は活用しないで売却し、それで得た資金を元に別の土地を取得してそちらを活用する」とか、あるいはそれこそ「何もせずに一切触らない」ということが最良の選択肢である場合もあることです。

いずれにしても、どれかを、そして何かを土地活用の選択肢として選ぶ場合には定量的なモノサシが必要です。そのためにも様々な投資指標や分析手法が用意されていますので、ぜひそういった引出しを増やしていただくか、あるいはそういった引出しを持ったパートナーを味方にするかといったことをすると、きっと思わぬ失敗や、機会損失を避けることができるはずです。

7. 空室対策

▶不動産投資における5P

土地活用・不動産投資として、なんらかの賃貸事業を開始すると最初のリースアップにしろ、運営中のテナントの入替えにしろ、空室対策が重要な施策のひとつとなります。

マーケティングにおける「4P 理論」（1961 年ジェローム・マッカーシー）を念頭に問題点を整理することは、有効な対策を明確にするうえで役立ちます。

Place（立地）、Product（物件の魅力）、Price（賃料）、Promotion（販促活動）。

さらにもうひとつの「P」Partner（パートナー）を加えて「5P」として表現される場合もあります。

これを不動産投資に置き換えると以下のようになります。

不動産投資における５Ｐ

１．	Place	立地
２．	Product	物件の魅力
３．	Price	賃料・賃貸条件
４．	Promotion	広告募集活動
５．	Partner	パートナー

▶Place　立地

不動産投資においては立地こそが、まず最重要の要素となります。

賃貸は場所、あるいは空間を時間・期間で貸す商売ですから、ある意味あたりまえかもしれません。

駅から近い、学校や工場・病院などから近いといった交通便のほかに、環境的な要因もあります。別荘気分を味わいたい人が対象の物件であれば、海が見えるとか山が見えるというのは良い条件でしょう。ガレージハウスやバイカーズマンションであれば、広い幹線道路や高速道路のインターから近いということが良い条件かもしれません。

小さな子供のいるファミリー世帯がターゲットであれば人気のある学校、児童公園、小児科医院、安全な環境が必要です。高齢者用の物件であればデイケアセンターや散歩のできる小径、総合病院、静けさという条件が立地として好まれるかもしれません。物件の購入を検討するとき、あるいは所有している土地のうえに何かを建築して運用しようと考えるときには、その物件の立地条件はどこが優れているのか、どこがウィークポイントなのかを分析し、それを魅力と考えてくれる入居者がその市場にいるかということをまず考えるべきです。

▶Product　物件

物件自体がもつ魅力です。これをさらに「４つのＳ」、清潔感・設備仕様・最有効利用・サティスファクション（満足感）として整理してみましょう。

① 清潔感

賃貸住宅を借りようと思って現地に行く場合、将来の入居者は最初の 30 秒で借りるか借りないかの判断をします。クモの巣だらけだったり、チラシがポストからあふれ出していたり、ゴミが乱雑に捨てられていたり、雑草が伸び放題になっていたりすれば、第一印象で対象からはずされることでしょう。

ドアを開けて室内に入った途端、害虫の死骸にでも出くわした日には、せっかく物件案内をしてくれたリーシング担当者に恥をかかせることにもなります。また、空室期間が半月程度だったとしても、季節によっては畳にカビが発生したり、排水管のトラップに溜まっている封水が蒸発・乾燥してしまい、下水本管から嫌な臭いや害虫が室内に侵入してしまうことなどよくあります。

まずは清潔に保つことが最重要課題です。定期的に清掃をすることはもちろん、ゴミ捨て場や駐輪場、ポスト周りや掲示板の整理整頓をすることです。

薄汚れてしまった外壁やさびの浮き出た階段・手すりなどを塗装しなおすことも清潔感を保つ良い方法です。

② 設備仕様

入居者がどんな設備や仕様を求めているかという嗜好については、首都圏の賃貸管理業者で構成される「21C 住環境研究会」とリクルート社 http://www.recruit-sumai.co.jp/ が合同で行う「首都圏賃貸市場における入居者ニーズと意識調査」や週刊全国賃貸住宅新聞　http://www.zenchin.com/　が毎年、賃貸仲介会社・賃貸管理会社へ行ったアンケート結果を発表する「人気設備ランキング」でその傾向を知ることができます。

例えば2018-2019年におこなわれた「第８回首都圏賃貸市場における入居者ニーズと意識調査」の中の「どちらの間取りを好むか？」というアンケート調査ではこんな回答が得られました。

A：バス・トイレ別のワンルーム　4.5帖……66.8％
B：３点ユニットバスのワンルーム 6.0帖……22.5％

A：洋室６帖＋LDK10.5帖………61.8％
B：洋室 4.5帖＋LDK12帖………26.1％

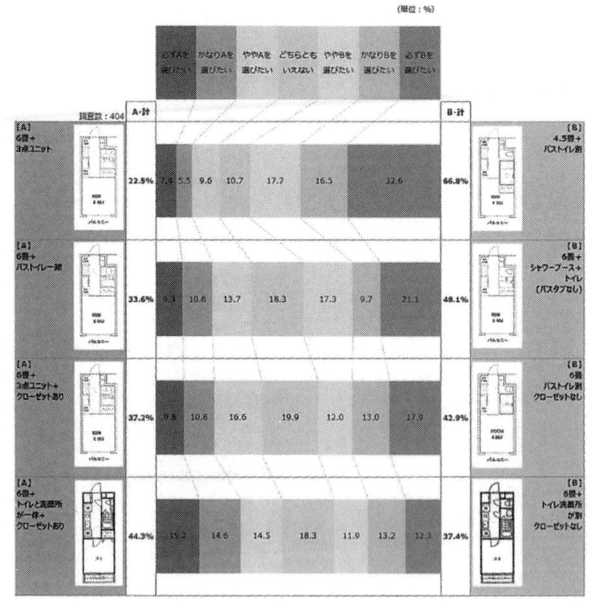

Ａ：和室が一部屋ある２DK……24.0％

Ｂ：全部洋室の２DK……………60.6％

そのほか、エアコン・ガスコンロ・IH コンロ・光ファイバー・ディンプルキー・TV モニタフォン・オートロック・シャワートイレ・床暖房・ペット可など、それぞれのニーズの多さ少なさ、あるいは賃料にどのくらい反映するかといったことが網羅されています。

週刊全国賃貸住宅新聞の人気設備ランキングでは、「この設備があれば周辺相場より家賃が高くても決まる」というポジティブ側面、そして「この設備がなければ決まらない」というネガティブ側面につき、単身者向き・ファミリー向きそれぞれの順位と、前年からの変動について取り上げられています。

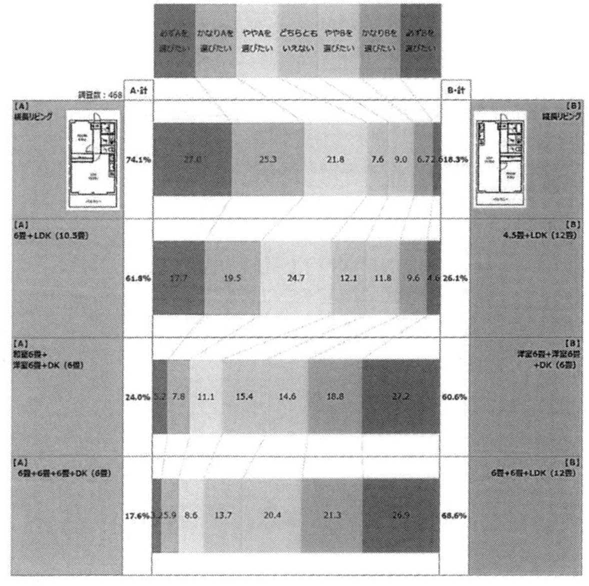

設計段階で配慮しておかなければいけないものや、高額なもの、あるいは、わずかなコストで採用できるものなどありますが、リーシングの現場からの率直な意見はとても参考になります。

③最有効利用

その市場にマッチングした用途になっているかということです。

例えば単身者が求める間取りとファミリー層が求める間取りや面積は違います。高所得者層と低所得者層でも求めるグレードや仕様は違ってきます。

あるいは店舗・事務所などの商業テナント系で企画する場合もコンビニ、診療所、携帯ショップ、学習塾とそれぞれ最適な広さがあります。広すぎても狭すぎても入居者をつけづらくなりますからどんなニーズに合致するのかを調査・検討することです。

(1) 2020.10.19 全国賃貸住宅新聞 第1433号

週刊 全国賃貸住宅新聞

2020年10・19 No.1433

2020 人気設備ランキング

《単身者向け物件》この設備があれば周辺相場より家賃が高くても決まる

順位	変動	設備
1	➡	インターネット無料
2	➡	エントランスのオートロック
3	➡	宅配ボックス
4	➡	浴室換気乾燥機
5	➡	ホームセキュリティ
6	➡	独立洗面台
7	➡	24時間利用可能ゴミ置き場
8	↗(前回12位)	システムキッチン
9	↗(前回15位)	TVモニター付きインターフォン
10	↗(前回16位)	エレベータ
11	➡	防犯カメラ
12	↘(前回8位)	ガレージ
13	↘(前回8位)	ウォークインクローゼット
14	↘(前回13位)	洗浄機能付き便座
15	↘(前回14位)	IoT機器

《ファミリー向け物件》この設備があれば周辺相場より家賃が高くても決まる

順位	変動	設備
1	➡	インターネット無料
2	↗(前回6位)	宅配ボックス
3	➡	エントランスのオートロック
4	↘(前回2位)	追い焚き機能
5	➡	システムキッチン
6	↘(前回4位)	ホームセキュリティ
7	➡	浴室換気乾燥機
8	↗(前回13位)	防犯カメラ
9	↗(前回10位)	ウォークインクローゼット
10	↘(前回8位)	24時間利用可能ゴミ置き場
11	↗(前回12位)	エレベータ
12	↘(前回11位)	床暖房
13	↗(前回16位)	TVモニター付きインターフォン
14	初	遮音性の高い窓
15	↘(前回9位)	ガレージ

ファミリー向け「宅配ボックス」躍進

≪単身者向け物件≫
この設備があれば周辺相場より
家賃が高くても決まる

順位	変動	設備
1	➡	インターネット無料
2	➡	エントランスのオートロック
3	➡	宅配ボックス
4	➡	浴室換気乾燥機
5	➡	ホームセキュリティ
6	➡	独立洗面台
7	➡	24時間利用可能ゴミ置き場
8	↗（前回12位）	システムキッチン
9	↗（前回15位）	TVモニター付きインターフォン
10	↗（前回16位）	エレベータ
11	➡	防犯カメラ
12	↘（前回８位）	ガレージ
13	↘（前回８位）	ウォークインクローゼット
14	↘（前回13位）	洗浄機能付き便座
15	↘（前回14位）	IoT機器

≪ファミリー向け物件≫
この設備があれば周辺相場より
家賃が高くても決まる

順位	変動	設備
1	➡	インターネット無料
2	↗（前回６位）	宅配ボックス
3	➡	エントランスのオートロック
4	↘（前回２位）	追い焚き機能
5	➡	システムキッチン
6	↘（前回４位）	ホームセキュリティ
7	➡	浴室換気乾燥機
8	↗（前回13位）	防犯カメラ
9	↗（前回10位）	ウォークインクローゼット
10	↘（前回８位）	24時間利用可能ゴミ置き場
11	↗（前回12位）	エレベータ
12	↘（前回11位）	床暖房
13	↗（前回16位）	TVモニター付きインターフォン
14	初	遮音性の高い窓
15	↘（前回９位）	ガレージ

≪単身者向け物件≫
この設備がなければ決まらない

順位	変動	設備
1	➡	室内洗濯機置き場
2	➡	TVモニター付きインターフォン
3	➡	インターネット無料
4	➡	独立洗面台
5	➡	洗浄機能付き便座
同6	➡	エントランスのオートロック
同6	➡	備え付け照明
8	➡	宅配ボックス
9	↗（前回11位）	ガスコンロ(二口･三口)
10	↗（前回16位）	浴室換気乾燥機
11	↘（前回９位）	暖房便座
12	➡	エレベータ
13	↗（前回15位）	システムキッチン
14	↘（前回12位）	室内洗濯物干し
15	↗（前回18位）	防犯カメラ

≪ファミリー向け物件≫
この設備がなければ決まらない

順位	変動	設備
1	➡	室内洗濯機置き場
2	➡	独立洗面台
3	➡	追い焚き機能
4	➡	TVモニター付きインターフォン
5	➡	洗浄機能付き便座
6	➡	インターネット無料
7	➡	システムキッチン
8	➡	ガスコンロ(二口･三口)
9	➡	エントランスのオートロック
10	↗（前回11位）	備え付け照明
11	↗（前回12位）	宅配ボックス
12	↘（前回10位）	エレベータ
13	↗（前回15位）	浴室換気乾燥機
14	↗（前回20位）	ウォークインクローゼット
15	↘（前回14位）	BS・CSアンテナ

全国賃貸住宅新聞 2020年10月19日No.1433

④サティスファクション（満足感）

次ページのグラフ（データ提供：アットホーム社・分析：タス社）は、2011年4月から2014年1月にかけての東京23区における面積別更新確率と同募集期間の推移を示しています。更新確率の値が低いということは、テナントが退出する可能性が高く、空室や募集費用が発生するリスクが高いことを、更新確率が高い場合はその逆であることを示しています。また、募集期間が長ければ長いほど稼働空室率は悪化することを示します。

- 20㎡以上：更新確率45%、募集期間約2.8カ月
- 20㎡未満：更新確率35%、募集期間約3.0カ月

……と、いうことが上記グラフより読み取れますが、ここから稼働空室率を算出するとすれば下記のようになります。

【20㎡以上の賃貸住宅の稼働空室率】

1－更新確率45%＝解約率55%

1÷55%＝平均居住年数1.82年（＝21.8か月）

1－21.8カ月÷（21.8カ月＋募集期間2.8カ月）×100＝稼働空室率…11.38%

【20㎡未満の賃貸住宅の稼働空室率】

1－更新確率35%＝解約率65%

1÷65%＝平均居住年数1.54年（18.5カ月）

1－18.5カ月÷（18.5カ月＋募集期間3.0カ月）×100＝稼働空室率…13.95%

ごく短期間で退出してしまう入居者がいる一方で、長期にわたって住んでくれる人もいます。そして、退出した部屋が印象に残りますの

図―4 東京23区の面積別更新確率推移

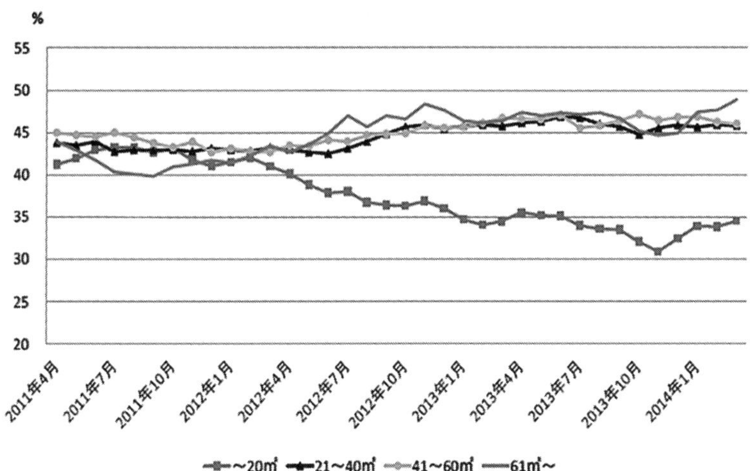

（出所）データ提供：アットホーム株式会社、分析：株式会社タス

図―5 東京23区 面積別募集期間推移

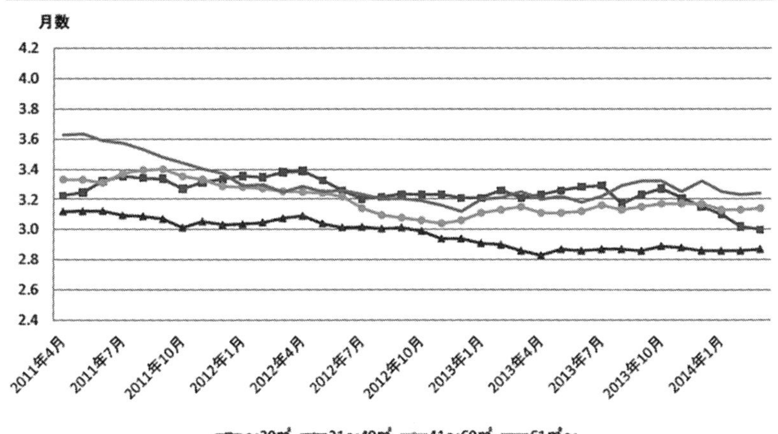

（出所）データ提供：アットホーム株式会社、分析：株式会社タス

で、実感としては頻繁に入れ替っているように感じる場合が多いと思いますが、数字で把握することが大切です。そして、空室期間をいかに短くするかということと同様に、どれだけ長く入居者に住んでもらうかが重要であることに気づいていただけることでしょう。

賃貸住宅が慢性的に不足していたことにより「入居者の入れ替えは礼金を取るチャンス」とばかりに、退出を歓迎する大家さんが多かった高度成長期から時は移り、多くの地域で供給過剰と需要の減少に悩んでいる現在では不動産投資にとって大きな課題ともいえます。

空室の問題とは別に、入居者の退出に伴うコスト負担についても考えてみましょう。

まずは原状回復工事がかかります。原状回復に関するガイドライン（東京ルール）が2020年の改正民法により法制化され、今や退出時の原状回復工事費用を入居者から徴収するのはかなり困難になっています。特に、長年にわたり住んでくれていた部屋については、設備も含めかなりの部分が経年変化・通常損耗の範囲に該当して、故意の損傷の場合でさえも大家の負担になる可能性が高くなりました。

さらに、仲介業者に対する客付け手数料や広告料、あるいはインセンティブなどが必要でしょう。多くの地域では広告料（AD）として賃料の数か月分を支払うことが常態化しています。

入居者に満足感を与え、なるべく長く住んでもらうということを「テナントリテンション（入居者保持）」と呼びますが、賃貸不動産を運営するうえでとても大事な考え方です。

入居者に満足感を与えるヒントやチャンスはいろいろなところにあります。

例えば、IREM（米国不動産管理協会）では入居者からのクレームを「サービスリクエスト」と呼びますが、クレーム＝「入居者が何かのサービスを求めている」と捉えると、視点が変わり、“入居者に満足感を与えることができる機会”となります。

騒音がひどいのか、空調が不備なのか、水漏れが起こっているのか……相手が予想する、あるいは相手が求める以上のスピードとクオリティで対処がおこなわれたとき入居者は満足感を感じます。

また、設備の老朽化などにより同様のトラブルが他の部屋でも遠からず発生することが予見できるのであれば先行して予防的メンテナンスをおこなうことも､他の入居者からの支持を得る方法となるでしょう。

入居者に対してなにか不満な点はないかというアンケート調査をおこなうことも良い取組みです。特に物件を購入して引渡しを受けたばかりの時期は､「新しいオーナーは入居者の皆さんに対してより多くの満足感を与える用意がある」という姿勢を知ってもらうためにも良いタイミングです。

恐れるべきは、不満を胸にいだいたまま無言で去っていく入居者です。「そんな小さな問題ならば、いってくれたらすぐに改善したのに！」…あとからそれを知っても後の祭り。よくよく入居者の声に耳を傾けることです。

なお、アンケートの内容によっては予算・その他の要因でそのリクエストに応じられない場合があり、逆に満足感を大きく損なってしまう場合もあります。アンケートの注意事項、言い回しなどそのあたりを誤解されないようにする必要があります。

入居者から退出予告を受け取ったときも賃貸経営を見直すひとつのタイミングです。

退出していく入居者から教えてもらいたいことは「なぜ出て行くのか」「どんな不満があったか」。出て行くことが決まってオーナーとのしがらみが無くなる入居者は、歯に衣着せぬ貴重な意見をくれる場合が多いです。

それは第二第三の退出者を出さない予防策を知ることになりますし、場合によっては一度は決めた退出を防ぐことができたりもします。

入居者は自分をありがたいお客様だと感じてくれているのか、間借りさせてやっていると感じているのか、どのように自分たちを捉えているのかに敏感です。

自分が買った14世帯の半分が空室、廊下や敷地内にはゴミが打ち捨てられスラム化していたアパートは、昔ながらの不動産会社を経営する高齢の女性社長がもともとのオーナーでした。

その所有が私に替わり、大規模なリフォームを行なったうえで清掃や洗浄を頻繁にいれるようにしたところ、管理会社から嬉しい話を聞きました。

入居者の一人が敷地の前の道路を自主的に掃除していたのを見かけたそうです。荒れ放題になっていたアパートの住人に自分たちの住まいという意識が芽生えてきたんだと思います。感動しました。

最後に米国のとあるアパートメントで行なわれたテナントリテンションの事例をご紹介しておきましょう。

その賃貸マンションでは最初は空室を埋めるための募集計画のひとつとして以下のような入居者サービスを付加したそうです。

- この物件に入居すると月に1回メイドが派遣されて室内の掃除をしてくれます。
- この物件に入居すると月に1回自家用車をプロの手で洗車してもらえます。

- この物件に入居すると最初に６時間プロによる家具のレイアウトコンサルを受けられます。
- この物件に入居すると３ヶ月ごとに映画・舞台などのペアチケットがもらえます。

空室が埋まったのはもちろん、こんなサービスがついている賃貸住宅はほかにはなく、一度このサービスを受けてしまうとそれがない生活には戻れなくなってしまうという理由で既存の入居者の退出が一気に減少したそうです。

そしてもうひとつ。

入居者への質問として、こういうアンケートを実施するとも言っていました。

１）この物件は10点満点で何点ですか？

２）どうやったら10点になりますか？

３）ここに２年は住み続けると約束してもらえますか？

４）こうやったら２年は住むという条件は？

米国人らしいストレートな質問ですが、良い質問だと思います。

▶Price　賃料

家賃と入居条件です。単純に募集家賃を下げるというのもひとつの方法ですが、出口戦略を考えた場合、賃料の値下げはイコール不動産価値の下落ということになりますので出来るだけ避けたいところです。

家賃以外の部分で検討できるとすれば、例えば敷金・礼金などの初期費用を安くしたり無料にするという方法が考えられます。また、一定期間賃料が発生しないフリーレントも賃貸条件としてはインセンティブが働くと思います。

仮に月額賃料50,000円の部屋に入居者が４年居住すると想定した場合、「フリーレント２ヶ月」とすれば50,000円×（12ヶ月×４年－２ヶ月）＝230万円。これを実際に入居者が使用する月数（48か月）で平均すると50,000円の家賃は実質約47,900円と同等であるということになります。

「Ｉ（NOI）／Ｒ（キャップレート）＝Ｖ（価値）」の直接還元式に当てはめると、これをフリーレントではなく“賃料値下げ”で対応したときには年間の営業純利益（ＮＯＩ）は約25,000円低下し、仮にキャップレートが５％だったとすると25,000円÷５％＝50万円の価値の下落を生じます。どの方法が一番有効か、競合する物件はどういった選択肢をとっているのか情報を集め、検討するといいでしょう。

▶Promotion　広告募集活動

ネットなどを使い自分自身で入居者募集をするにしても賃貸の仲介会社や管理会社を利用して募集するにしても「広告募集活動」が必要になります。４つのＰの中では最後にあげられますが、ある意味他のＰがどんなに良くてもそれが広く告知されアピールされていなければ意味がないともいえます。ポイントは①問い合わせと内見を増やすこと。そして②成約率を上げること。この２点です。それぞれポイントを見て行きましょう。

①問い合わせと内見を増やす

(1) USP

まずはその物件の魅力はなにか、強調すべき長所の決定と短所を別の視点から捉えて長所に転じる、あるいは解決を図るといった作業を行います。マーケティング用語でいうところの、USP（Unique Selling Proposition）です。USPは“絞り込んだ顧客に対して”“競合優位を生み出す強力なメッセージ”と定義されています。

立地や設備や入居条件。メリットとデメリットは表裏一体ですから、その物件はどこが魅力なのか？そして、誰にとって魅力なのか？ということをよくよく考えてみてください。必ずその物件ならではのいい点があるはずです。それを魅力と感じるターゲットがいるはずです。それが、ここで暮らしたい、この物件を借りたいと思わせられるかの入口の部分です。

⑵コンセプトとテーマ

次に物件のコンセプトとテーマを決めます。数ある賃貸物件の中に埋没しないよう、この物件ならではの売り出し方が必要です。大型バイクを持っている人・ガーデニングが好きな人・ゆっくりお風呂に浸かるのが好きな人・かわいらしいデザインが好きな人・重厚な雰囲気が好きな人。その物件を借りる人はどんな人なのかイメージすることです。

⑶広告の作成

そして広告や看板、パンフレットやホームページの作成、ポータルサイトへの登録などを行ないます。広告には乗せるべき情報が沢山あります。それは不動産広告として必要条件となっている（社）不動産公正取引協議会 http://www.rftc.jp/ で定められた広告に載せるべき基本情報を網羅することが最低条件になりますが、あくまでも必要条件であっても十分条件ではありません。

物件の内部・外観、周辺環境の写真やわかりやすい地図、入居に関する魅力的な条件、間取り図面上に書き込める数々の特長などもあればアピールしたいところです。

それから、複数の部屋が空いていて同時に募集をかけるとき、一枚にすべての部屋を入れるか一部屋ごとに図面を作るかという選択で悩むことがありますが、全体は全体として表示したうえで、部屋ごとに広告を作成した方が良いと思います。「こんなに空いている部屋が多いのは何か理由があるのでは？」とか「空室が多いから値引き交渉ができるのでは？」と勘繰られてしまうことを避ける意味もありますが、部屋ごとにアピールポイントやターゲットが違う場合が多いというのが理由です。(空室が残り少なくなってきたら、全体の成約状況を大きく扱うと良いでしょう)。

例えば１階部分はセキュリティや日照、湿気等の問題で２階以上の階よりもリーシングで苦労する場合が多いですが、階段の昇降が困難なお年寄りや、走り回って階下に迷惑を掛けそうな小さな子供のいる家庭などでは逆にプラスポイントになります。

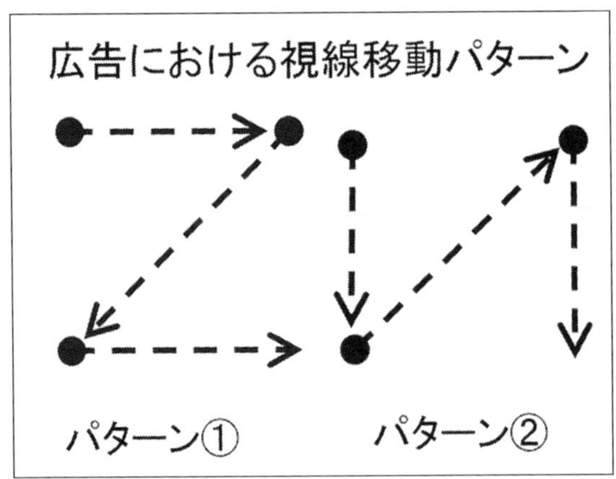

また､広告を見る場合の法則として多くの人が最初に全体の「左上」から目を落とす癖があります。そこから「Ｚ」形か「逆Ｎ」形に視線が移動しますので一番アピールしたいポイント、例をあげれば見た目のいい物件であれば写真、立地が魅力であれば駅名や徒歩表示、間取りが魅力であれば間取り図やタイプ名を「左上」に持って来るべきです。

そして次にアピールしたいポイントは「右上」ないしは「左下」という順番になります。

これは紙の媒体でもそうですし、ＨＰの構成などでも同じことが言えます。

更に忘れてはいけないのは「行動を取らせる呼びかけ」です。

広告を見て興味を持ったが、どうやって申し込めばいいのか、どこにどういう方法で問い合わせればいいのかが記載されていなかったりわかりづらかったりする広告は意外に多いです。もったいないですね。

⑷内見の対応

内見の件数を増やすポイントとして「鍵の現地対応」も検討する必要があります。

いざ､物件を見たいというときに鍵を届けるまでに何十分も寒い中・暑い中・雨の中待たなければいけなかったり、遠く離れたオーナーの家や管理会社に鍵を借りに行ってまた返しに行かなければならないというのは、入居者を案内する不動産会社の担当者にとってはかなりの手間ですから、最初から内見のルートからはずされてしまうことが少なからずあります。似たような競合物件が付近に多ければなおさらでしょう。

ただし、不用意に現地に鍵を置いておくと複製を作られたり、持っていかれたり、場合によっては不法侵入や詐欺犯罪に利用されるといった恐れがありますので、ダイヤル式のキーボックスを設置したうえで開錠番号を頻繁に変えたり、内見希望者の名刺等をＦＡＸしてもらったり、スマホでランダムな暗証コードが送れるスマートキーにしたりと、内見者を特定する工夫が必要です。

②成約率を上げる

問い合わせが来て、現地の内見をしてもらった入居者候補へは、次にクロージングを行い入居申し込みをもらう必要があります。もちろん案内してくれる不動産業者に対するインセンティブや広告料をはずむというのもひとつの方法です。特に、需給関係が崩れて物件が有り余っている借手市場では、オーナーから紹介フィーが出ない物件は顧客に紹介すらしてもらえません。

でも、それがすべてではありませんし、それ以外にするべきことも沢山あります。

例えば前述の「清潔感を保つ」というのも、内見してくれた人から入居申し込みをもらうための重要なポイントです。

また、営業マンごとの能力差も当然ありますので、誰が現地案内をしても決まりやすいように､魅力のアピールや､不安の払しょくといった営業的な部分を平準化する必要があります。

そのために、入居のしおりや近隣マップを玄関先に用意したり、アピールポイントを記載したPOPを部屋の要所に貼り付けたり、メジャー・間取り図面といった小道具を設置したりという対策をしておくわけです。

駅からの距離はどのくらいか、夜道は危なくないか、近道はないか、近所のスーパーは何時まで営業しているか、病院は、コンビニは、保育園は。

あるいは風呂の追い炊きはできるのか、コンセントの容量は……。様々な疑問がわいたときの質問にすべて答えられる営業マンは少ないと思います。疑問に思えるであろう事柄、不安を抱くであろう心配事項についても、前もって先回りすることで多くの問題を解決することができます。

自宅の敷地内に物件があって、すべての内見に立会い、たっぷりとその物件の魅力をアピールする大家さんもいますが、これは諸刃の剣になりかねません。

良い方に転べばいいのですが、あまりにも熱心に勧められると大抵の場合はひきますし、過干渉な大家さんだなぁという印象をもたれるとそこに住むことを躊躇することが多いでしょう。若い女性を預ける親御さんは安心するかもしれませんが、独身男性なら干渉を望まない人も少なくありません。

▶Partner　パートナー

最後に、もうひとつの「P」……Partner（誰と組むか）です。入居者付けに強いリーシング業者の力を借りることも大切ですし、物件の管理にとどまらず、稼働率を上げたり、早期に客付けしたり、賃料が下がらないような工夫をしたりする提案をしてくれる本来の意味でのPM（プロパティマネージャー）と組むことによって、「4P」から相乗効果が生まれます。また、清掃業者、工事施工業者、金融機関、税理士、弁護士など不動産投資という事業を行う上ではパートナーシップを組むべき相手は沢山いますし、どれも重要です。

とりわけ、物件の資産価値と運営力を高めることをミッションとするCPM（認定不動産経営管理士）と、期間・規模・特徴の異なる複数の投資の選択肢のなかから最も優れたものをロジカルに選び出すことをミッションとするCCIM（認定不動産投資顧問）は、国を問わず投資家の目標・目的を達成する上で、不動産投資における最も優れたパートナーとして位置づけられています。

第 2 章
不動産投資の基礎知識

1. 不動産投資手法の分類

2. マクロ分析と投資判断

1. 不動産投資手法の分類

不動産投資手法は投資家がフォーカスする要素によって様々な選択肢がとられます。

- 利回り
- 投資規模
- 担保評価
- キャッシュフロー
- 売却益
- 流動性
- 節税

ここでは、投資家によってよく採用される代表的な投資手法について見ていきたいと思います。

▶高利回り物件をセルフリフォームで作り出す手法

スラム化した物件を激安で購入し、DIYでコストを抑えたセルフリフォームを行うことによって高利回り物件を作り出す手法です。この場合の最も重要なポイントは「なるべく安く＝高利回りで買う」という点。それは立地条件や再建築不可・借地・事件もの・スラム化といった「流動性や運営に少なからず問題を抱えた物件」であったり、競売や強烈な指値であったりします。

「利は元にあり」ですから安く仕入れるということ自体はある意味正しい考えといえます。

また、激安な仕入れができればローンを組まなくても投資を始めることができるかもしれません。銀行がそもそも担保として見てくれない＝ローンが借りられない物件という場合も多いのがこの手法ですが、逆に借金に依存しない投資を構築することも可能です。

この投資手法を選択する場合の懸念材料は、

⑴物件自体の利回りに依存するので物件取得のハードルが高い。

⑵立地条件が悪く空室率が高い地域での投資を選択することになる可能性が高い。

⑶賃料水準が低い場合が多く、空室対策のための設備投資など資本改善費用、建物性能の維持に必要な修繕費、固定資産税や賃貸管理費といった物件の運営に必要な費用といったコストの収入に対する比率が高くなる傾向にある。

⑷投資規模が小さく、思ったほどキャッシュフローが得られない。

⑸流動性が低く売却が思うようにいかない場合は出口戦略がとりづらい。また、キャピタルロスを生じる可能性が高い。

⑹一般的に融資を受けづらく（あるいは受けられず）、投資に対する自己資金の拠出割合が大きくなるため、投資の金額的な選択肢が制限される。政策金融公庫などで借入ができる場合でも融資期間が10年程度と短くなる場合が多く、レバレッジが効きづらい。

という点です。

利回りはリスクとトレードオフの関係にありますので、「物件の利回りに依存する」ということは、賃貸・売買ともに需要が消失した市場などで、運営中の賃料水準・稼働率、売却出口における価格・流動性といった要素で投資のパフォーマンスを著しく損なう可能性が高くなるともいえます。

不動産取引での価格を決めるのには「取引事例」と「収益還元法」がありますが、投資用の不動産の場合は後者、つまり“その物件が生みだす収益÷その物件で求められる利回り”によって価格が決められるという方法が基本になっていますから、激安で買える物件は、激安なりの理由が少なからずあると考えられるわけで、その理由が容易に解決できるものではない場合、「売りたいときにも激安でなければ売れない」物件である可能性が高いということでもあります。

収益還元法について、もう少し詳しく触れてみましょう。

収益還元法には「直接還元（DC）法」と「ディスカウントキャッシュフロー（DCF）法」、2つの方法があります。

「直接還元（DC）法」は、営業純利益（NOI＝満室想定賃料から空室損や滞納、運営費などを差し引いた正味の収入）をキャップレート（R＝資本化率。無リスク金利＋リスクプレミアム－NOI成長率）で除して物件の価値を算出する、いわばその瞬間を切り取った価値の算出方法です。

「ディスカウントキャッシュフロー（DCF）法」は、最初の投資資金、保有中のキャッシュフロー、そして売却時に手元に入る手取り金、それぞれを「貨幣の時間的価値（TVM）」に基づいて割引く、いわば投資期間全体を俯瞰して物件の価値を算出するための分析方法です。

しかし、一般的に「利回り」として認識されている「表面利回り」はあくまでも単純に物件価格と満室時の想定賃料の関係（＝満室想定での年間家賃収入÷物件価格×100）にしかすぎません。ここには、空室発生による損失や運営上の経費、売却に伴う損失や利益などが反映されていませんから、収益還元法として利用するには大きな瑕疵があります。

逆に言えば、多くの投資家が表面利回りで投資判断をしている市場において本来の価値算定ができるのであれば、実際よりも価値の低いものを高値で掴む恐れも少なくなりますし、市場価格よりも価値の高いものを、競合なしで取得することも可能になります。

NOI（営業純利益）

満室賃料（賃料差異調整後）・・・GPI
－）空室損・未収損
＋）雑収入
＝）実効総収入・・・・・・・・・・・・・・・・ EGI
－）運営費・・・・・・・・・・・・・・・・・・・・ OPEX
＝）営業純利益・・・・・・・・・・・・・・・・NOI ※
－）元利返済・・・・・・・・・・・・・・・・・・ ADS
＝）税引前キャッシュフロー・・・・・・・BTCF
－）所得税・・・・・・・・・・・・・・・・・・・・Tax
＝）税引後キャッシュフロー・・・・・・・ATCF

$$\frac{\text{満室賃料}}{\text{物件価格}} = \text{表面利回り}$$

$$\frac{\text{営業純利益}}{\text{物件価格}} = \text{キャップレート}$$

DC法（ゴードン成長モデル）

$$V\,(\text{価格}) = \frac{NOI\ (\text{家賃収入}-\text{空室損}-\text{運営費})}{rf+rp-g\ (\text{無リスク金利}+\text{リスクプレミアム}-\text{NOI成長率})}$$

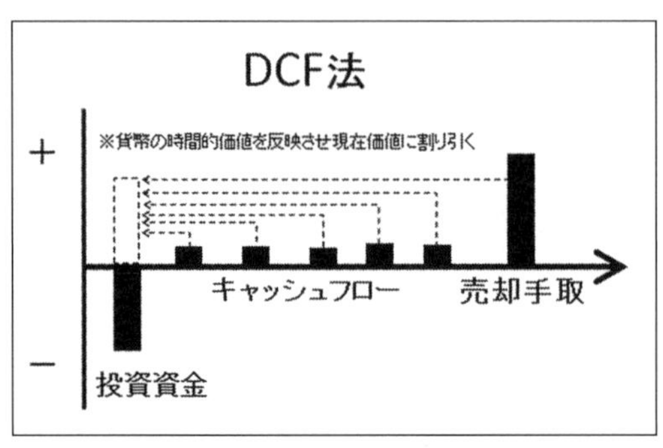

DCF法とDC法、あるいは表面利回りにおいてさえ、空室や運営上の、あるいは値下がりによる売却損（キャピタルロス）の発生リスクが高いと思われる物件であればそれだけ求める利回りは大きくなりますから当然価値は下がります。

例えば年間の営業純利益（＝NOI：家賃から空室損・運営費を差し引いた正味の収入）が100万円の物件で期待利回りが５％であれば物件価格は、100万円÷５％＝2,000万円ですが、まったく同じ家賃でも期待利回りが10％にあがってしまえば物件価格は100万円÷10％＝1,000万円に下がってしまうという意味です。

大都会の中心部と過疎化した集落それぞれ異なった立地条件の二つの物件で立地以外の条件がまったく同等の物件を買おうと思った時、市場での流通価格は同じではありえないはずです。当然、前者は価格が高く（＝利回りが低く）なり後者は安く（＝利回りが高く）なると考えられます。

隣り合った物件で、一方は維持管理状態がよく常時満室、他方はスラム化していて半分以上空室、あるいは一方は角地等接道要件が優れ、他方は不適合接道で再建築不可という場合も両者には価格に大きな隔たりが生じるでしょう。

どちらにしても、よりリスクが高い物件は、より高い利回り（＝低い価格）でなければ買手が現れませんし、よりリスクが低い物件は、より低い利回り（＝高い価格）でも買いたいという人が現れるということです。

一方、人口が増加している地域であったり、将来人気が出そうな地域であったりすれば売却益がでる可能性もありますから、「本来ならば10％の利回りが欲しいが、将来値上がりしそうだからもう少し低い利回り（＝もう少し高い物件価格）でも買おうか」と、それを織り込んで買う人も多くなります。

また、逆に今後値下がりしそうな地域や物件であればそれを織り込んで求める利回りはより高くなる傾向があります。

物件自体の高利回りを狙うこの手法の場合、後者（今後値下がりしそうな地域）が選択される場合が多いので、高利回りで購入したつもりが実は想像していたほどの結果をもたらしてくれなかったということが多々あります。「利回りが十分に高ければ、保有期間中も十分な賃料が入るので、タダ同然で購入した物件がタダになってしまってもそんなに痛くない」という意見もあるでしょう。しかしながら、空室損や運営費・修繕費の過大な負担で保有期間中は持ち出しが発生し、キャッシュフローがマイナスで推移、いざ売却する場合は買い手が付かず購入時に拠出した資金の回収もままならないというケースも少なからず見受けられます。

「不動産＝資産（財産）」という観点でみれば、入居者が家賃を払ってくれて物件がいつか自分のものになるので財産形成において有効であるという見方もありますが、すべての不動産が資産であるとはいえず、むしろ負債となってしまう不動産の方が多いかもしれません。

財産であるためには、期間の長短はあれどもいつでも現金にできる換金性が必要ですが、売るに売れない不動産は全国津々浦々に存在します。どんなに安くしても買い手が付かないのです。これを「低流動性」あるいは「流動性リスクが高い」と表現したりします。

それは「そもそもの需要がない」というのが最も多い理由になりますが、ほかにも「物件自体の利用価値がない」、「利用コストや保有コストが高すぎる」などもその原因になります。他人地を利用しないと通行も建築もできない土地などは、その他人地を所有している方以外にはあまり価値はないかもしれません。

100万円で買える土地があっても上下水道や電気・ガスなどのインフラ整備や擁壁などの修復に1,000万円かかるのならば購入を見合わせるかもしれません。

造成費用が坪（3.3㎡）あたり30万円かかるのに造成後の仕上がりで坪単価20万円でしか売れない崖地などはいい例かもしれません。

平成バブル期に、人気スキー場周辺に大量供給された大規模リゾートマンションの中古市場価格はすでに、数十万円で売りに出ているものも少なくありません。中には売価1円という物件も（実際は滞納管理費の支払い義務を引き継ぐことになりますので、その分が購入価格に上乗せということですが）。豪華な共用施設が仇になり固定資産税も含めると年間70～80万円の維持費がかかるというのがネックになります。

解体費が更地価格を超える田舎の築古アパートで、無料を超えてマイナス価格（売主から買主に、物件引取の対価を支払う）の取引というのも増えています。

空室率・稼働率の側面でみると高利回り物件がある地域の場合、賃貸需要が弱含みになりますから思ったように稼動しないという悩みをもつ可能性が高くなります。

ローン返済がなければ、破綻云々という事態にはならないと思いますが、それでも固定資産税や光熱費などローン返済以外にも物件を保有していることによって生じる運営費等の支払いは持ち出しになります。

せっかくの超高利回り（と思っていた）物件も、いざ運営を始めてみてそうではなかったことに気づくということも十分にありえます。

また､多くの高利回り物件で直面するのは､家賃水準の低さから「運営費・修繕費の負担割合が高い」という問題です。

例えばいずれも家賃５万円の

①都心の 15㎡のマンション

②地方都市の 40㎡のアパート

③田舎の集落にある 80㎡の戸建

を比較した場合、一世帯あたりの固定資産税は恐らくそれぞれ

①３万円

②６万円

③８万円

といった金額になると思います。

同様に、入居者が入れ替わるときの原状回復工事費用は

①7万円

②15万円

③40万円

といったところでしょう。

「自分で作業することによってローコストでできる」という意見もありますが、実際はそこに自分の労働の対価や、DIYをすることによる工事期間の長期化を反映させないと正しい投資判断とはいえません。

10万円の労務費を節約しても、同じ時間と手間を使って労働収入を30万円稼げる人であれば個人が1年間に得られる収入全体として考えた場合には相対的に収入を減少させることになります。週末自分で作業することによって工事期間が数週間伸びるのであれば、その間に得られたであろう賃料収入に対する機会損失が生じます。

さらに、労働力投入を前提として考えた場合、そこには自分の手を煩わせなければいけないということから投資エリアに対する物理的な制限が発生してしまいます。

よしんば、それが投資として向くようなエリアであればまだしも、そうでない場合は、わざわざリフォーム工事費用の圧縮というただひとつの要素が立地選定という重要度の高い投資選択に影響を与えるという本末転倒の判断基準をもつことになってしまいます。

もちろん、自分の目の届くところでということはある意味安心感を与えてくれますが、それは信頼できるパートナーを見つけることによって問題は解決できる場合が多いでしょう。

修繕やリフォームのコストは「材料」と「工事費」で構成されていますから、適正な金額と仕様を把握できていて、それなりの利益を確保させてあげれば喜んでパートナーになってくれる協力者は出てきます。その場合、適正な工事内容を理解するための経験値アップを目的とした労働力投入は意味を持ちます。

▶ハイレバレッジな投資

～フルローンを受けやすい物件の取得でレバレッジを大きく効かせ、キャッシュフローを得る手法～

路線価等をもとにした積算評価と、実際の市場価格の差異を利用して、物件価格の満額あるいは諸費用も含めた融資を受け、少ない自己資金で大きなキャッシュフローを得るという手法です。この手法では投資利回りとローンの負担率の差を利用したレバレッジ(テコの原理)を使うため、物件自体の利回りに依存する必要性は相対的に下がります。従って、買える物件の選択肢は広がりますし、融資利用が前提になりますので大きく投資規模を拡大することが可能になります。

この投資のポイントは「フルローン（またはオーバーローン）」と「レバレッジ」です。

物件価格全額の借入を「フルローン」、諸費用や改修費も含めた分まであわせて借りるのを「オーバーローン」といいます。物件価格に対する借入額の割合を投資分析用語ではLTV（Loan to Value）と表現します。計算式はLB（Loan Balance＝借入残高）÷V（Value＝物件の価値）。

「自己資金を温存できるフルローンは投資拡大の要諦である」「いやいやフルローンはキケンだ」と様々な意見が飛び交っていますが、本当のところはどうなのでしょうか。また、金融機関はなぜフルローンを出す（場合がある）のでしょうか。

この問題はB/S（貸借対照表）とP/L（損益計算書）の視点で捉え

るとわかりやすいでしょう。

■ B/S（貸借対照表）的な視点

不動産の価格には、1．実勢価格（時価）、2．公示価格（公示地価）、3．基準地価（都道府県基準地標準価格）、4．相続税評価額（相続税路線価）、5．固定資産税評価額とそれぞれ異なった視点や尺度の土地の価値評価があり、「一物五価」などと呼ばれています。

6．収益還元価格を加えると「一物六価」と言っても良いと思います（収益還元価格は広義には1．実勢価格に含まれるかもしれませんが）。

そして、相対取引である不動産の売買においては、

- 早急に現金化したいという売り急ぎ
- トラブルを抱えた入居者や隣人
- 建物や敷地に関する問題
- 地域的な問題

といった理由から、実勢価格や評価額とはかけ離れた（安い）金額で物件の売買が成立することがあります。

市場の相場価格が1億円のものをなんらかの理由で2割安い8,000万円で購入できたというケースであれば金融機関から見ればフルローンで8,000万円の融資をしても、2割の頭金が入っているのと同じ状態といえます。

逆に、

- 所有地の隣でありそれを取得することによって大幅に既存の不動産の価値があがる
- 企業等で事業展開においてどうしてもその立地でないと困る

- 早急に物件が欲しいという焦りからの買い急ぎ
- 他諸事情

ということで、実勢価格や評価額とはかけ離れた高い金額で売買されることもあります。

市場の相場価格が8,000万円のものをなんらかの理由から1億円で購入したのであれば、頭金を2,000万円入れたとしても、8,000万円の融資は金融機関から見ればフルローンと変わらない状態といえます。

金融機関が融資を行う場合、「いくらまで出すか」という評価は、諸取引事例を元にした実勢価格や、相続税路線価にいくつかの補正をかけた独自の担保評価であったりします。

売買価格の何割という融資基準の金融機関も当然ありますが、それでも評価と併用しながら、売買価格との乖離があれば、低い方を採用するということが多いでしょう。

なぜかというと、金融機関から見たLTVは、万一債務者がローン返済を滞ったとき、融資したお金を回収できるかどうかということを担保する意味合いが大きいからです。

土地建物で1億円の評価が出るが、利回りで考えると相場は5,000万円でしか売れない物件というケースでは、物件価格相当のみならず購入諸費用（仮に500万円）や改修費（仮に500万円）まで融資しても評価割れは起こしません（5,000万円＋500万円＋500万円＝6,000万円……評価に対するLTV＝60％）。

こういったケースにあてはまる物件は、下記の2つの条件を満たすものである場合が多いといえます。

1．物件規模のわりに売買価格が安い＝①家賃が安く②利回りが高い
2．売買価格のわりに物件規模が大きい＝①土地が広く②建物が大きく新しい

1．の条件は、収益物件の価値を決定する直接還元（DC）法に基づけば、「V（物件価格）＝I（営業純利益 NOI）／R（期待利回り）」ですからI＝営業純利益が少なくて、Rが高い。つまりRの構成要素であるr＝リスクプレミアムが、立地条件や他の要因で高いとみなされ、g＝NOI の成長率が低い、あるいはマイナスとみなされる物件ということを意味します。

2．の条件は、地価が安くとも敷地面積が広ければそれなりの評価額は出ますし、RC 造など単価が高く面積規模の大きいもの、また比較的築年数の新しいものであれば評価が出やすいといえます。特に建物評価は地域差が出ませんから、担保評価を押し上げる大きな要因になります。例として挙げれば、賃料単価が安く、高利回りでないと買い手が付かない「立地条件の劣る RC 物件」などはこれにあてはまる場合が多いと思います。

こういった物件では、物件を維持管理する、あるいは空室を解消するためにかけるコスト負担が賃料収入に対して過大になりがちですし、特に設備の故障や配管・外装系の緊急的な出費があった時に、十分な資金余力がないと経営に行き詰ることが考えられます。

こういった物件を自己資金がなくて、フルローンやオーバーローン

を選択した投資家が取り組んだ場合、十分なキャッシュフローが蓄積できない状態で破綻するケースは珍しくありません。

その場合、この融資を出した金融機関はどういう対応をするでしょうか？基本的な流れは、抵当権を実行して物件を差押え、競売に付して貸付残高を回収ということになります。ここで直面するのは、融資した6,000万円を回収しようと思っても、いくら評価が１億円あろうとも市場で取引される価格が5,000万円であれば、やはり回収できる金額は5,000万円にしかならないという事実です。

あたりまえの話のようですが、これで多くの融資を不良債権化してしまった金融機関はいくつもあります。

そこでこの反省を踏まえ、金融機関は「実際に売買された価格」あるいは「金融機関の規定による評価額」どちらか低い方を拠り所にすることが多くなりました。万一貸付金の回収を行うことになった場合、より融資する側にとって安全度の高い方法を取るようになったということです。

これを悪用して、金融機関に提出する売買契約書の写しに記載された売買価格を実際の価格よりも高い金額に書き換えたり、契約書を融資申請のためだけに別に作ったり、覚書や合意書で差額の返還を約したりして、フルローンやオーバーローンを引き出すという不正行為を行なっていた投資家や仲介業者が続々と明らかになり問題となっている事は皆様ご存知の通りです。

これについては、これを行った投資家は法的には「有印私文書偽造罪（刑法159条１項）」「有印私文書行使罪（刑法161条１項）」と、これを行わせた仲介業者は「有印私文書偽造罪の教唆」および「有印私文書偽造罪の共謀共同正犯」になります（いずれも3カ月以上5年以下の懲役)。また、金融機関に対する「詐欺罪（刑法246条：10年以下の懲役)」にもあたりますので、発覚した場合を考えると、かなりのリスクを負うことになります。

「より融資する側にとって安全度の高い方法」に話を戻しましょう。

例えば、5,000万円の物件に6,000万円（＝LTV120％）の融資を行う場合、現預金で2,000万円持っている投資家に対する貸付であれば、総資産7,000万円(不動産5,000万円＋現預金2,000万円)に対して6,000万円の融資なので、総資産に対しての融資額は6,000万円÷7,000万円＝約86％ということになります。

物件価格5,000万円＋現預金2,000万円＝総資産7,000万円（あ）
融資額　6,000万円（い）……（い）÷（あ）＝約86％

2,000万円分の担保余力のあるほかの物件を持っている場合も同様です。

評価4,000万円の物件で、ローン残高が2,000万円の場合、総資産は5,000万円＋4,000万円＝9,000万円、負債は6,000万円＋2,000万円＝8,000万円。全体のLTVは8,000÷9,000万円＝約89％という計算になります。

物件価格5,000万円＋他の物件4,000万円＝総資産9,000万円㈫
融資額　6,000万円＋融資残高2,000万円＝負債総額8,000万円㈬
……㈬÷㈫＝約89％

「自己資金がなくてフルローンを組むのと、自己資金はあるが出さずにフルローンを組むというのでは意味合いが違うし、取り組みやすさが違う」というのはここから来ています。

また、金融機関によっては数年後のLTVが何パーセント以下になっていればOKという審査の仕方をするところもあります。例えば、5,000万円の物件に5,000万円の融資を受けようとすればLTV=100%ですが、仮にこの融資の金利が2%であれば融資期間ごとの５年後の残債は以下のようになります（物件価値は変わらずと仮定）。

融資期間30年　43,602,181円　（LTV ＝ 87.2%）
融資期間25年　41,892,498円　（LTV=83.8%）
融資期間20年　39,306,643円　（LTV=78.6%）
融資期間15年　34,968,185円　（LTV=69.9%）
融資期間10年　26,247,921円　（LTV ＝ 52.5%）

５年後のLTV90%を求める金融機関であれば30年返済で構いませんし、80%を求めるところであれば20年返済を求められるはずです。

ただし、融資期間が短くなればなるほど返済額は多くなりますから、その分投資から生じるキャッシュフローを圧縮することになります。

融資期間30年　43,602,181円　（LTV ＝ 87.2%）年間返済2,217,716円
融資期間25年　41,892,498円　（LTV=83.8%）年間返済2,543,126円
融資期間20年　39,306,643円　（LTV=78.6%）年間返済3,035,300円

融資期間 15 年　　34,968,185 円 （LTV=69.9%）年間返済 3,861,052 円

融資期間 10 年　　26,247,921 円 （LTV = 52.5%）年間返済 5,520,807 円

従って、フルローンを受けて投資をしようとする場合、残債の減少と、キャッシュフローの減少という二つの相反する条件を受け入れバランスを取る必要があるわけです。

■ P/L（損益計算書）的な視点

フルローンやオーバーローンといった、物件価格に対して融資額が相対的に多くなる場合、その返済が物件から生じる営業純利益（NOI）に対して過大にならないかということに注意する必要があります。

営業純利益（NOI）は満室時賃料から賃料が相場よりも高いとか安いとかいった賃料差異を調整して、さらに空室損失や滞納損失を差引き、物件を運営していくうえで必要な様々な運営コストを差し引いた正味の収入を意味します。なぜ、営業純利益（NOI）で見なければいけないのでしょうか。

フルローン・オーバーローンをテーマとして取り上げる場合、多くの方が「高利回り物件」を条件として挙げますが、その高利回りのほとんどが「表面利回り（＝満室想定賃料÷物件価格）」を前提としているからです。B/S 的な視点で触れた一見高利回りに見える投資も高い空室率と、高い運営費負担率であれば表面利回りと NOI 利回りの間に大きな差を生じさせます。

「安く（＝高利回りで）買えれば、フルローンでもお金は残る」。確かにその通りですが、その安く買えたら……のレベルが想像している

ものとはかけ離れる可能性が高いということです。また、ローン返済額は先述の通り融資期間によって大きく変わりますので、融資期間が長いか短いかといった条件でキャッシュフローの残り方に差が出るということはいうまでもありません。

そして、金融機関の融資規定の大きな柱として「万が一融資が焦げ付いた時に回収できるかどうか」という意味合いをもつ「LTV の規定」と、もうひとつ「そもそも、焦げ付かないような財務状況にしておく」ための返済比率の基準が設けられていますので、これをクリアすることができるかどうかということにも注意を配る必要があります。

例えば、

- 物件価格 5,000 万円（郊外エリアにある賃料単価@約３万円 / 戸・月、全 28 戸のワンルームマンション）
- 表面利回り 20％（満室賃料 1,000 万円 / 年）
- 空室率 30％（常時空室が８～９戸：実効総収入 700 万円）
- 運営費比率 30％（年間運営費 300 万円）

であれば、年間の営業純利益（NOI）は 400 万円です。（NOI 利回り８％）

物件価格の全額 5,000 万円と不動産取得税も含めた購入諸費用 500 万円の合計 5,500 万円を年利２％で借りた場合、25 年返済であれば年間返済は約 280 万円ですから、営業純利益（NOI）400 万円－年間返済約 280 万円＝税引前キャッシュフロー（BTCF）約 120 万円が確保できます。

建物価格 4,000 万円・築 30 年であれば減価償却期間は 23 年（＝ 47 年－ 30 年＋ 30 年× 0.2）なので年間約 174 万円、青色申告特別控除が65万円、初年度の金利負担が108万円ですからNOI400万円からこれらを差し引いた約53万円が課税所得です（同居の親族に専従者給与を支払う場合はこれからさらに差し引くことができます）、53万円の課税所得に対して税率30％の投資家であれば、約16万円の所得税・住民税を支払うことになりますので、税引後のキャッシュフロー（ATCF）は120万円－16万円＝104万円ということになります。

もしも、このオーバーローンを組むことができた投資家が現預金で２割の頭金と諸費用相当額にあたる1,500万円を持っていた場合、その現預金をどう運用するのかということをポートフォリオ全体で検討する必要があります。

例えば、上記の例で投資家がその1,500万円を年利0.2％の定期預金で運用しているのであれば（銀行預金も投資のひとつです）、年間の受け取り利息は30,000円（税引後24,000円）ですから、この投資家の受け取る年間の税引後キャッシュフローは104万円（不動産）＋2.4万円（預金）＝106.4万円ということになります。投資額1,500万円に対してのリターンが年間106.4万円であれば、自己資金の利回り（CCR＝ATCF÷投資資金）は7.09％。

表面利回り20％の投資であっても想像していたよりも少なく感じるかもしれません。

1,500万円の現預金を引き出して、上記投資に自己資金として引き当てれば、ローン借入額は5,500万円から4,000万円に引き下げられ、年間返済額は約280万円から約203万円になって税引前キャッシュフローはNOI 400万円－年間返済額203万円＝197万円。

先ほどと同様の計算をすると（金利支払いは108万円→79万円になって29万円減りますので税金は約9万円アップします）25万円の税金を支払った後の税引後キャッシュフローは年間172万円となり、自己資金の利回りは11.46%と1.6倍以上改善します。

また、営業純利益（NOI）と年間返済額（ADS）との差を投資の安全度として図るDCR（= NOI ÷ ADS）という指標がありますが、当然ながら借入の割合が大きくなれば大きくなるほどこの指標は危険側に変化します。

融資期間25年

借入額5,500万円の場合は、NOI(400万円) ÷ ADS(280万円) = 1.43

借入額4,000万円の場合は、NOI(400万円) ÷ ADS(203万円) = 1.97

融資年数が短くなった場合の比較も参考まで。

融資期間20年

借入額5,500万円の場合は、NOI(400万円) ÷ ADS(334万円) = 1.20

借入額4,000万円の場合は、NOI(400万円) ÷ ADS(243万円) = 1.65

融資期間15年

借入額5,500万円の場合は、NOI(400万円) ÷ ADS(425万円) = 0.94

借入額4,000万円の場合は、NOI(400万円) ÷ ADS(309万円) = 1.29

融資期間10年

借入額5,500万円の場合は、NOI(400万円) ÷ ADS(607万円) = 0.65

借入額4,000万円の場合は、NOI(400万円) ÷ ADS(442万円) = 0.90

融資期間15年だと5,500万円の借入では税引前でもキャッシュフローが赤字、10年だと4,000万円の借入であっても赤字ということがわかります。

また、実際の分析は、税引後のキャッシュフローで行うべきであり、減価償却や元本・利息の負担割の変化から、収支上は黒字でも、キャッシュフローが赤字という状態になるタイミング（デッドクロス）などをあらかじめ知ることもできます。

これらの数字は、もともとの利回りや空室損、運営費比率、そして借り入れ条件などによって内容が変わってきます。

フルローンが危険かどうか、あるいはフルローンを引き出すのが自分の目標・目的を鑑みて良いことなのかどうかということは、数値化した投資判断によって明らかになります。

また、フルローンが引き出せるかどうかは投資を構成する要素の一つにしか過ぎません。

現預金を見せ金にして投資を拡大していくのか、全体のキャッシュフローを求めるのか投資方針はひとそれぞれですが、こういった視点をもってフルローン・オーバーローンと付き合っていくことをお勧めします。

■金融機関の評価の出し方（土地）

積算評価の出し方は、独自の評価フォームが用意されていたり、鑑定士の評価を使ったり、ＴＡＳマップなどの汎用評価ソフトを利用したりと、各銀行それぞれですが、共通するのは、土地に関しては相続税路線価を元にして個別の土地条件ごとに 10 項目前後にわたって補正をかけていくというスタイルです。路線価は国税庁のＨＰから全国市町村のものを閲覧できます。（http://www.rosenka.nta.go.jp/）その道路に接している標準的な区画の土地は㎡あたりいくらの金額かという表現で、例えば「150 D」となっていれば㎡あたり 150 千円の評価で借地権割合は 60％ということを表します。

ちなみに路線価は公示価格の 80％程度とされていますし、取得税や登録免許税、固定資産税の計算をするときに基準となる課税標準額はこれも路線価が公表されていますが公示価格の 70％程度とされています。

路線価はすべての道路についているわけではなく、市街化調整区域や地価の非常に低い地域などでは「倍率地域」として固定資産税課税標準額の何倍という取り決めになっているエリアもあります。

課税標準額が㎡あたり 10 千円で、倍率 1.1 であれば 11 千円ということです。

補正は

①接道間口が広いか狭いか

②袋地ではないか、袋地であればその通路の長さや幅、そして有効面積はどのくらいか

③地形は長方形か正方形か変形か（ちなみに最も評価が高いのは１：２の長方形）

④道路との高低差が大きすぎないかあるいは道路より低い位置になっていないか

⑤規模は大きすぎないか小さすぎないか（200㎡程度が標準）

⑥騒音や臭気などを発生する嫌悪施設が近隣にないかどうか

⑦私道などで道路の持分を持っていないため使用承諾を得て使っているか（使用承諾がとれなければそもそも融資不可の場合がほとんど）

⑧高圧電線の上空架設や他人の通行に関する地役権が設定されていないかどうか

⑨道路が敷地のどちら側にあるか、東西南北・角地・複数（ちなみに北道路が標準）。

⑩道路自体の幅（４ｍが標準）。

⑪法地（のりち＝土地のうち斜面の部分）・崖・セットバック（道路幅が４ｍ未満の場合、道路の中心から２ｍまでの部分は建築基準法上敷地として計算できない）などの面積と利用の可否

⑫路線価があるのか倍率地域なのか……

こういった項目について詳細に検討されます。

ざっくりと見た場合、特にくせのない標準的な土地であれば路線価の1.2倍程度、良い条件の土地なら1.3倍、悪い条件の土地であれば1.1倍といった感じになる場合が多いようです。

しかし、ここまで触れた評価の話はあくまでも金融機関の内部評価にしかすぎません。

一般的に、実際に市場で売買される場合にはこれ以上の差が付きます。

北側道路面の標準的な宅地が坪（3.3㎡）単価120万円だったとして東南角地が130万円ということはないでしょう。もっと高いはずです。逆に変形敷地で道路から下がっているような、あるいは車が入らないような敷地であれば110万円ということもないでしょう。もっと安いはずです。あるいは、立地条件や敷地形状、規模が過大・過少な

どのマイナス要因によっても変わります。また、路線価と実勢価格のギャップは都心部になるほどが大きくなる傾向があります。路線価が実勢価格の7割とか6割とかいったケースは珍しくありませんし、地方都市の郊外などでは路線価をかなり下回る価格でないと売れないということもあります。ひとことでいうと、市場価値の高い物件は（その市場価値がそのまま銀行の担保評価には反映されにくいため）評価が出づらく、市場価値の低い物件ほど（その価値の低さが銀行の担保評価に反映されにくいので）評価が出やすいといったギャップがあるということです。

■ **金融機関の評価の出し方（建物）**

建物の評価はどのように出されるのでしょうか。

建物は、それを新たに建て直した場合いくらかかるかという「再調達価格」をまず計算します。そしてそれぞれの、耐用年数＝減価償却期間に応じて建築後経過年数で減価していくという評価の仕方になります。

ちなみに、ある銀行の場合再調達価格と償却期間は以下の通りとなっています。

木造150,285円／㎡（22年）・軽量鉄骨と重量鉄骨はどちらも171,606円／㎡（19年と27年）・鉄筋コンクリート造173,924円／㎡（47年）。

鉄筋コンクリートの建物が木造の16％増しの単価で建てられると思いませんし、軽量鉄骨のアパートと重量鉄骨のマンションが同じ単価であるはずもありません。ここにも実際の市場との差異が生じる要素が隠されています。

■担保と市場価格のギャップ

こういったギャップを考えた場合に金融機関の評価が売買価格を上回る可能性が高いのは二つのケースです。

⑴古い木造アパートなどで、駅の近くにあるが土地の形が変形していたり接面道路が階段だったり車がはいらなかったりするが、やけに土地が広い物件。

　建物が古く小さいと、家賃収入はそんなに取れないので収益還元法でみると価格は安くなります。また、取引事例法で見た場合もそういったネガティブポイントは敬遠されますから市場価格は大抵安くなります。

⑵不便な立地にあり、空室率が高くあるいは地域性から将来の価格下落の可能性が目に見えて高い地域にあるため、ネット収入が低くキャップレートが高い、つまり市場価格がとても安いのに、土地が広く（街道に面していたりするとほとんどの場合、路線価が付いていますのでより評価は出やすいです)、建物が鉄筋コンクリート（RC）造で比較的新しい物件。

特に後者は、建物構造と築年数の関係でローンも長めに借りることができますのでレバレッジ（てこ）を効かせやすくなります。

レバレッジとはローン借り入れを利用して物件の利回り以上の自己資金利回りを生み出す仕組みです（詳しくは後述)。ただし、レバレッジの効かせ方にも限度があります。予想していた以上に空室が出たり、運営費が高かったり、修繕に費用がかかったりするとその大きなインパクトは負の方向に働き、投資家を襲いますので注意が必要です。特にフルローンが出やすいRC系の地方大型物件は、この負担がかなり大きくなる傾向があります。

■景気の影響

景況感の良し悪しによっても担保評価に対する金融機関の貸し付け割合も変化します。景況感が良ければ貸し付け割合は高くなりますし、悪ければ低くなります。これは金融機関のリスクプレミアムの上下によって決定されますので、当然の話です。

景気動向は、アパートローンの貸付で投資を行う金融機関に限らず、市場を形成する投資家の投資判断にも同様の影響を及ぼしますので、金融機関が融資に積極的＝ローンがつきやすいときには市場の投資家の買い圧力も強まり物件価格は上昇（利回りが下がる）、消極的＝ローンがつきにくいときには物件価格が下落（利回りが上がる）という動きを発生させます。

実際に金融機関が融資に積極的になり、金利・融資期間・貸付額など良い条件の融資が使えるようになれば、より物件取得が容易になり、さらにレバレッジも効かせやすくなりますから、より低い利回り（＝高い価格）で取得してもキャッシュフローは十分にでるようになり、価格上昇局面が続くことになります。

逆に、金融機関が融資に消極的になり、融資条件が厳しくなれば、物件取得は困難になり価格下落局面を迎えることになります。

「金利も安いし、ローンも出やすいからチャンスだと思うんだけど、物件が高くて……」

「物件が安くなってチャンスだと思うんだけれども、ローンがつかなくって……」という嘆きはある意味、無いものねだりともいえます。

景気拡大局面では物件価格はあがり、投資利回りは下がりますが、融資条件が良くなりますからイールドギャップ（ＦＣＲ（＝ＮＯＩ÷総投資額× 100……その投資の正味の投資利回り）とＫ％（＝年間返済額÷借入額× 100……借入に対する元利返済負担割合）の差、あるいはＩＲＲ（＝内部収益率）と借入金利の差）はそれなりに確保できるようになりますが、その差（スプレッド）は比較的小さなものになります。そのかわり、融資姿勢は積極的になりますので、より多くの借入れをしてより大きな投資をすることによって十分なキャッシュフローを生み出すという方向で投資を組み立てることになります。また、景気拡大局面の中で物件の取得・売却を行う場合、比較的短期の保有でキャピタルゲインによる利益を得ることも可能でしょう。

逆に物件価格が下がる（利回りが高くなる）一方、融資が付きづらい景気後退局面では、金融機関のリスクプレミアムを下げる動きをとればその問題は解決しますから、⑴自己資金を増やす、⑵自己資金の物件価格に対する割合を上げるために購入予算を下げる、⑶共同担保を差し入れる・・・といった方法が有効な対策になります。融資は確かに付きづらくなりますが、イールドギャップは大きくなりますから、相対的に借入れの金額が好況時と比較して少なくなっても結果的には同じキャッシュフローを得ることができるようになります。

一例を挙げると、120 万円のキャッシュフローを自己資金 1,000 万円で達成するために（つまり CCR = 12% ということ）行う投資は、仮に FCR（営業純利益（NOI）÷総投資額）が景気拡大期で５％、景気後退期で７％、同様に K%（年間返済額÷借入額）が４％と５％とした場合、景気拡大期には総投資額は 8,000 万円（購入経費率が７％

と仮定すれば物件価格は7,480万円）、景気後退期には3,500万円（同様に物件価格3,270万円）になり、２倍以上の差が出ます。

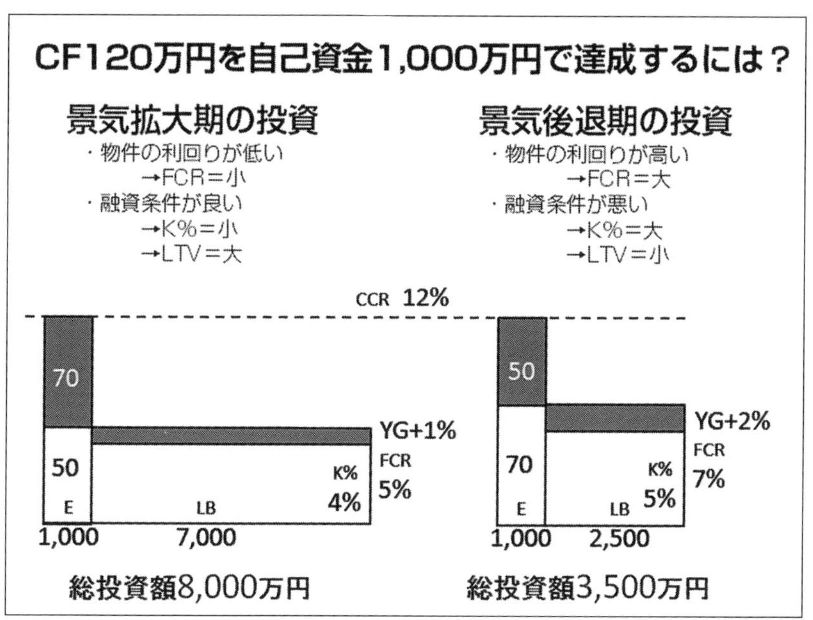

計算式は、

「自己資金（E）× FCR +（YG = FCR − K%）× 借入額（LB）= キャッシュフロー（CF）」

景気拡大期の投資

1000万円（E）× 5％（FCR）+ YG 1％ × 7,000万円 = 120万円（CF）

景気後退期の投資

1000万円（E）× 7％（FCR）+ YG 2％ × 2,500万円 = 120万円（CF）

投資規模を逆算したい場合は、借入額（LB）がわかればいいので、

「必要な借入額（LB）＝（求めるCF − E × FCR）÷ YG」

景気拡大期の投資

（120 万円（CF）－ 1000 万円（E）× 5％（FCR））÷ YG 1％ ＝ 7,000 万円（LB）

景気後退期の投資

（120 万円（CF）－ 1000 万円（E）× 7％（FCR））÷ YG 2％ ＝ 2,500 万円（LB）

となり、それぞれ必要な借入額（LB）に自己資金（E）の 1,000 万円を加えた金額（8,000 万円及び 3,500 万円）が総投資額になります。

また、物件価格を逆算する場合は、購入時の経費率で割り戻すと計算できます。

仮に、都内の木造アパートであれば購入時の経費率は物件価格に対しておよそ7％前後と考えられますので、総投資額 8,000 万円であれば、8,000 万円 ÷ 107% ＝ 7,477 万円 ≒ 7,500 万円前後の物件、3,500 万円であれば3,271万円 ≒ 3,300万円前後の物件ということになります。

購入時の経費率は、物件を購入するときに必要となる経費、すなわち、

1．仲介手数料
2．登記費用（登録免許税・司法書士手数料）
3．ローン諸費用（事務手数料・保証料）
4．不動産取得税
5．印紙税（売買契約書・金銭消費貸借契約書）
6．火災保険料・地震保険料（物件購入時一括加入の場合）
7．その他

などが、物件価格に対して何パーセント位かという比率ですが、地域

によってあるいは物件(RCか木造かなど)によって大きく変わります。

例えば、建物の所有権移転登記に関する登録免許税、あるいは不動産取得税などは物件の高い安いではなく、課税評価額に対して課税されますので、5億円の都内の一棟マンションも、5,000万円の地方の一棟マンションも、構造・規模・築年数が同じであれば、建物にはまったく同じ登録免許税・不動産取得税が課税されます。

従って、物件価格に対する購入経費の割合には大きな差が出るということはご理解いただけると思います。

ちなみに、首都圏の市街地にある木造アパートで7%前後、RCマンションで8%前後、区分マンションで9%前後という目安でいると良いでしょう。

地方の区分で、売値が数十万円といったものであれば購入経費が物件価格を上回る（経費率100%超）場合もありますので、ターゲットとしている地域があるのであれば、そのエリアでの経費率を調べておくと良いと思いますし、具体的な物件を検討するときには同様に詳細の経費を計算しておいてください。(不動産業者に依頼する場合は、特に支払い時期が引渡から半年以上遅れてくる不動産取得税が計上されていない場合が多いので注意が必要です)

「景気のいいときには7,500万円の物件が買えたのに、景気が悪くなって3,300万円の物件しか買えなくなってしまった……」と嘆く必要はなさそうです。

また、「融資が付きやすいんだけど、いかんせん物件価格が高くて(利回りが低くて）……」と悲観する必要もなさそうです。

1．高利回り物件の取得で、キャッシュフローを得る手法

2．フルローンを受けやすい物件の取得でレバレッジを大きく効かせ、キャッシュフローを得る手法

どちらも考え方としては間違っているわけではありませんし、どちらの手法でも投資の目的を達成し、成功することは可能です。

ただし、不動産投資は「投資をスタートした段階」、あるいは「数年運用した程度」では成功したかどうかの判断がきわめて難しい投資であるということを知る必要はあります。

表面上の利回りがいくら良くても、評価がいくら出ても、どれだけローンを引けても、どんなにキャッシュフローが出ても、ただそれだけで判断するのは片手落ちだということです。

物件を取得して、月々のローンを返して、利益を得て、税金を払って、維持管理を行って、売却して、残債を返して、最後にまた税金を払って……。

その投資全体を見渡して、どんなリターンが得られ、どんなリスクを負担するのか。それは、自分の意向や希望に沿ったものなのか、許容範囲内のものなのかということを理解したうえで、皆さんそれぞれのリスク志向・投資志向に基づいて判断すべきだということを知っていただきたいのです。

▶IRR（内部収益率）から見た投資

投資を考えた場合、キャッシュフローのタイミングがどこになるか？取得・保有・売却の全期間を通じてどういった投資になるのか？という理解は、キャッシュフローの正負を表した図を作成するとより深まるはずです。

当初に投資する自己資本（Eq）はマイナス側、キャッシュフローや売却時の手取りはプラス側。保有時に大規模修繕などでその年の

キャッシュフロー以上の出費が発生してしまった時にはその差額をマイナス側にということで作成してみると、標準的な投資は次のような姿になります。

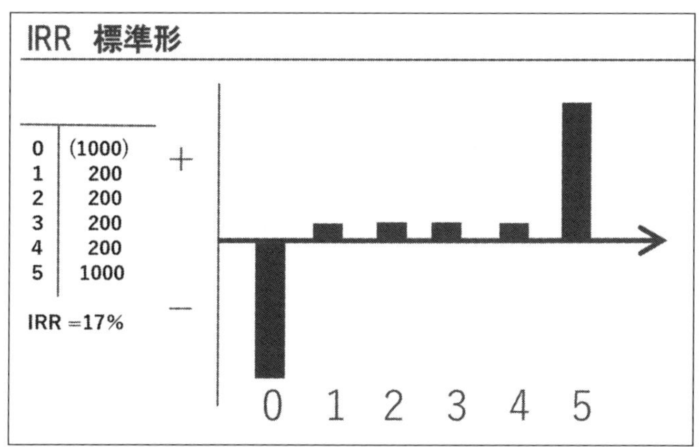

このケースでは最初に1000万円の自己資本を投入し、5年間毎年200万円のキャッシュフローが発生し（CCR = 20%）、最終年でもある5年目に売却から800万円の手取りキャッシュを得た（つまり、5年目のキャッシュフローは200万円 + 800万円 = 1000万円）という姿を現しています。保有期間と売却それぞれのキャッシュフローの合計1800万円が最初に投入した1000万円と同等の価値になる（正味現在価値NPV = 0）ための割引率、つまりIRR（内部収益率）は17%ということになります。

▶融資期間　長期　短期

では、融資期間の長短によってこの投資はどんな姿になるのかを見てみましょう。

融資期間が長くなることによるキャッシュフローに対する影響は、

⑴返済額が減ることによって保有キャッシュフローが増加する

⑵毎年の元本返済額が減ることによって、売却時のローン残高があまり減らず売却キャッシュフローが減少する

という２点です。これを踏まえると次のような姿になります。IRR(内部収益率）は17%で変わらないということに着目してください。

融資期間が短くなることによる影響は、先ほどとは逆で

⑴返済額が増えることによって保有キャッシュフローが減少する

⑵毎年の元本返済額が増えることによって、売却時のローン残高が大きく減り売却キャッシュフローが増加する

ということで、その姿は次の図のようになります。ここでもIRR（内部収益率）は変わらないということに着目してください。

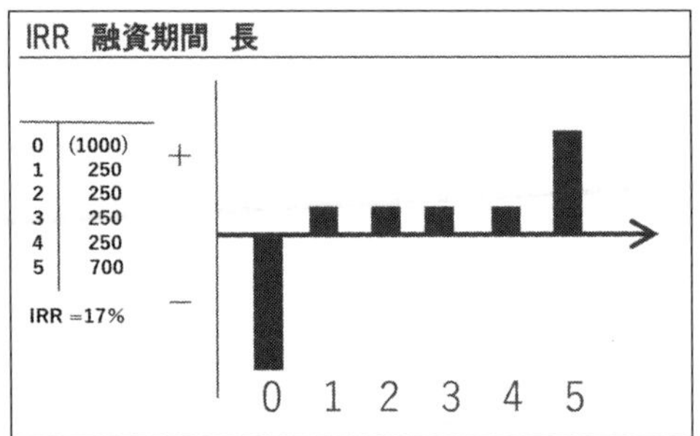

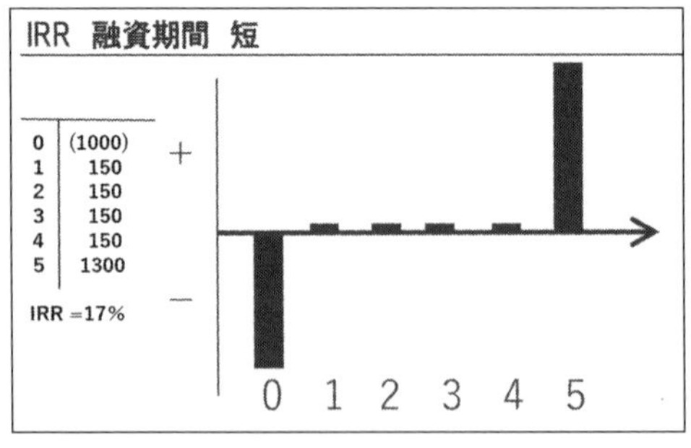

ただし、融資期間の長い場合に早い段階で得ることのできるキャッシュフローは再投資の機会がありますし、融資期間が短い場合の営業純利益に対しての返済額の多さは投資の安全度を下げたり、金融機関の収支規定を満たさない可能性が高いので現実的にはより投資資本を増やして融資額を下げるといった対応が必要になるということに留意してください。

▶バリュアド/アービトラージ

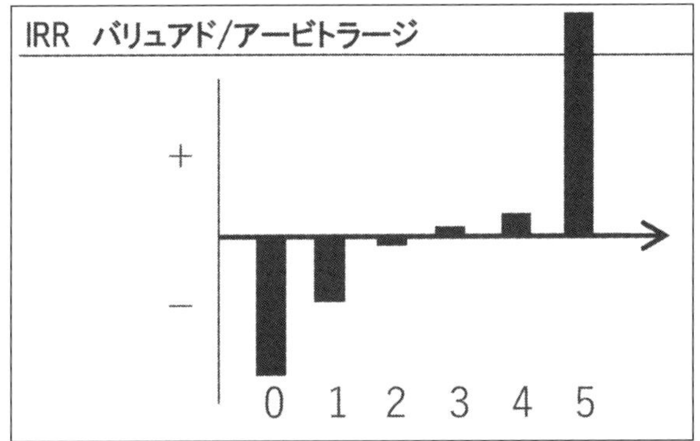

バリューアド投資は、メンテナンスが繰り延べられていたり社会的欲求性能を満たしておらず、陳腐化した物件に手を加えることによって、賃料水準・稼働率を回復し、物件の価値を上げる手法です。アービトラージ投資は、例えば賃貸中のファミリータイプ区分マンションを利回りによって価格が決定される投資市場で取得し、立退き後に簡単なリフォームを行ったうえで取引相場で価格決定される実需市場で売却といった市場のゆがみを利用した投資手法です。

いずれにしても、取得後に資本改善・立退き交渉など時間のかかる作業が必要になり、特に立退き関連の交渉は、定期借家契約でないかぎり、賃借人保護の傾向の強い我が国の法律では難易度が高くなりますので、売却出口に辿り着くまでのコスト負担や期間の問題が大きくなります。従って、投資家が精神的・財務的にどの程度受け入れ可能かという受忍限度によって取組みの可否が決定します。そして、IRRで見た場合最終の売却出口のキャッシュフローに大きく依存する投資となることがわかります。

▶地方高利回り×フルローン

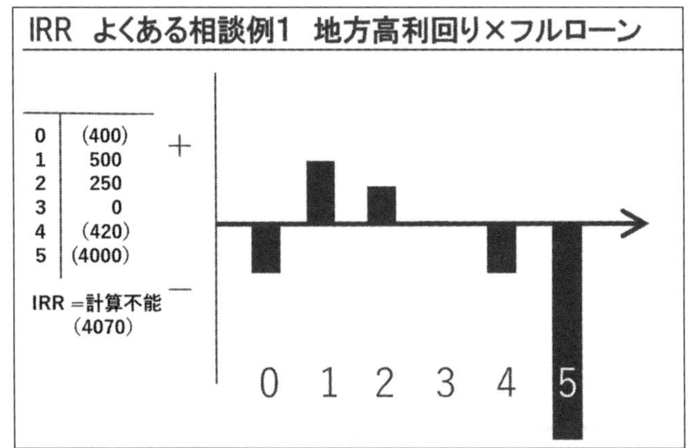

地方高利回り×フルローン投資は、金融機関の担保評価方法と、市場の価格決定要因のギャップを利用した投資です。担保評価は特に法定耐用年数内のRC系の建物の場合、かなり大きく出ることになりますが、賃料水準が低く、賃貸市場も売買市場も弱含みな地域においては市場で取引される利回りも高くなりがちなことから、市場価格が評価額を大きく下回ることも珍しくありません。

この投資では、少ない自己資金で大きな物件を入手することも可能となりますが、他方、建物および土地の規模の大きさに対する賃料水準（賃料単価）の低さは、物件の維持管理に必要なコストの捻出という観点においては著しく不利な状態を受け入れざるを得ないということになります。また、賃貸市場・売買市場が弱含みの地域ということは、売却出口を取るうえで致命的な流動性の低さに直面することを避けられません。従って、この投資手法は取得に関してはハードルが低い一方、「短期での問題を解決したのち、中長期での問題が顕在化する前に出口をとる」といった施策をとらない限り、その後の継続保有・売却ともに手詰まりとなる可能性が高い手法と考えられます。

▶都心新築区分×フルローン

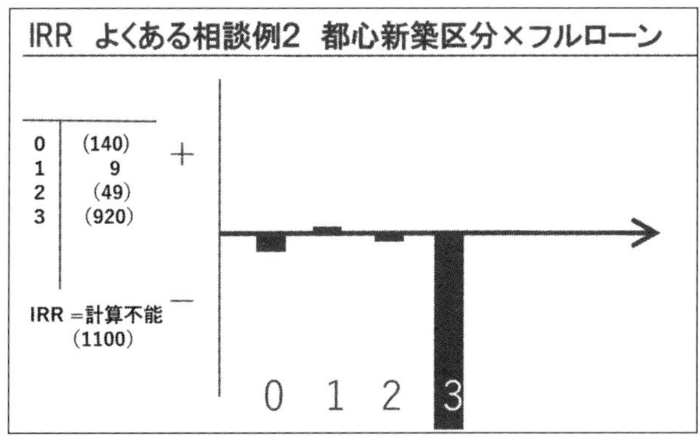

新築デベロッパーが分譲する新築区分マンションの投資です。提携ローンが充実しているために、少額の自己資金から着手できるうえ、サブリース契約による一括借り上げで家賃も保証されており、また多くの物件が好立地にあり、新築・ハイグレードということから、人気の高い投資となっています。

ただし、利回り自体はかなり低く、借入をおこなって投資をする場合にはFCR（営業純利益÷総投資額）がK%（年間返済額÷借入額）を下回り、いわゆる逆レバの状態になる場合がほとんどです。従って、かなりの自己資金を入れないことにはキャッシュフローはマイナスになり持ち出しということになりますが、それを「生命保険代わりになります」といったトークで納得させるというのが一般的です（であれば、同額の掛け捨て生命保険と比較すべきですが）。提携ローンや借上げ保証、新築プレミアムによって設定された低い利回りは、売却出口を取るときに顕在化します。この差が大きければ大きいほど、その時に生じるキャピタルロスは大きくなりますので、立地条件の良さゆえの大幅な価格上昇という特殊な状況がない限りはIRRで見た投資判断は「投資不適格・計算不能」となる場合がほとんどです。

▶エクセルを使ったIRR（内部収益率）の計算方法

IRR（内部収益率）を使った投資判断は、このように取得・運営・売却といった一連の投資の流れの中で生じる様々な要因を踏まえたうえでの判断を提供してくれます。

1．取得に必要な自己資本 （頭金および取得諸費用。自己所有地にフルローンで建築といった土地活用を行う場合は、土地を売却した場合に得られるであろう手取り金＝「投資基礎」をこれに充てます）
2．保有期間中、各年次のキャッシュフロー（見込家賃収入から空室損・未収損・運営費・ローン返済・所得税等を差引いた手取り額）
3．売却によって手元に残る現金（売却想定額から売却経費・ローン残債・譲渡所得税を差引いたもの）

以上の数字が算出できれば、IRRはエクセルシートを使うことによって簡単に計算することができます。

1．取得時、保有時、売却時のキャッシュフローを年度順にセルに入力
2．セルの空欄を指定したのち、“関数の挿入”をクリック

エクセルを使ったIRRの計算の仕方

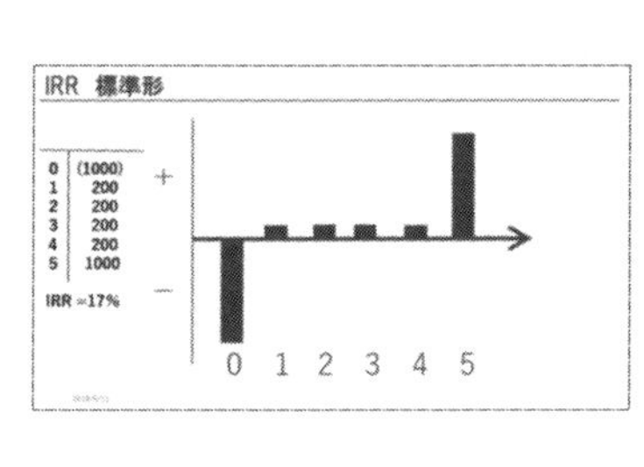

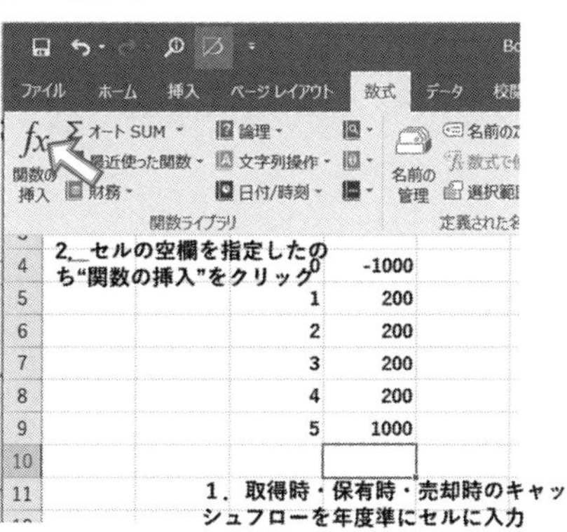

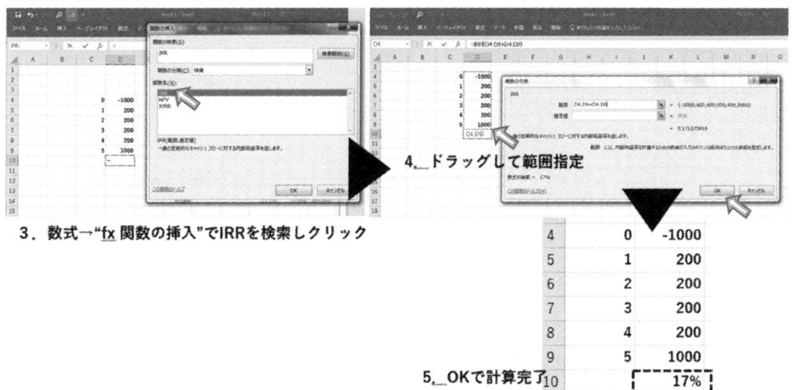

3．数式→“fx 関数の挿入”で IRR を検索しクリック

4．セルをドラッグして範囲を指定

5．OK で計算完了

また、IRR 内部収益率は、保有期間中に得られたキャッシュフローを計算によって得られた投資全体の IRR で運用したと計算されてしまいますので、これをより現実的な数値に換算したいということであれば、得られたキャッシュフローを再投資した場合の現実的な利回り

（危険利率）と、キャッシュフローがマイナスになった時に充当するであろう再投資しない自己資本の預け入れ金利（安全利率）を想定し、同様にMIRR（修正内部収益率）の関数を使用することによって計算することができます。

2. マクロ分析と投資判断

財務的な分析によって投資判断をするためには、賃料相場、空室率、売却出口のキャップレートなどの要素が不可欠です。そこで、地域や近隣、そして物件自体の競争力などの市場分析を行うことになりますが、そのベースとして市場がどのように変化するかというマクロ分析が必要になります。

▶フィッシャー・ウィルソンモデル

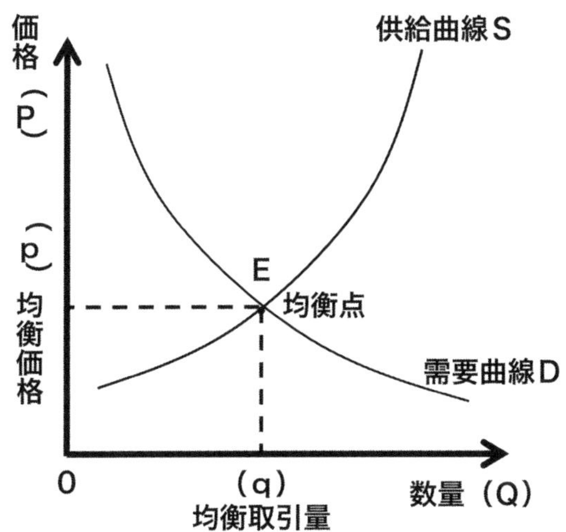

需要供給曲線は、需要と供給のバランスと価格決定の関係性を表したものです。一般的な製造業と違って、不動産（建築）の場合は、賃貸床として供給されるまでは「用地取得→許可→造成→インフラ整備→着工→検査→竣工」というステップを踏みますので、２～３階建ての小規模なアパートでも半年程度、大規模なマンションやビルで２～

6年程度かかります。

需要が見込めてから、用地を取得してもタイミングが合わない可能性がありますから、そのあたりの票読みが課題になるわけです。

そういった不動産ならではの特徴を踏まえた市場モデルのひとつとして、フィッシャー・ハドソン・ウィルソン・モデルがあります。

フィッシャー・ハドソン・ウィルソン・モデル

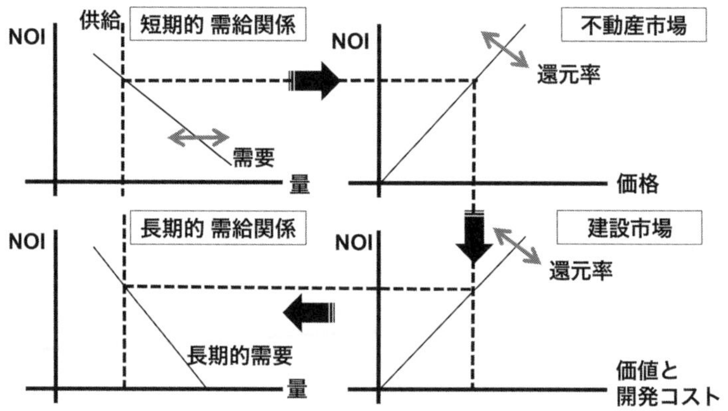

左上の象限「短期的 需要／供給関係」はまさに需要供給曲線のハナシで、需要が増加（＝斜線が右にスライド）すると直立した破線（供給）との交点が上に移動しますので、賃料が上昇しNOI（営業純利益）が増加するということになります。

右上の象限は、直接還元法（DC法）による価格決定の仕組みを表します。

「V（価格）＝I（営業純利益）÷R（還元率≒期待利回り）」

つまり、分子である営業純利益が増加すれば物件価格は上昇するし、あるいは営業純利益が変わらなくても、分母である期待利回りが下がれば（＝より低い利回りで買いたい人が市場に増えれば）やはり価格は上昇するというわけです。

逆に、需要が減れば賃料低下→価格低下ということになります。

居住系に限らず賃貸不動産の需要は人口の増減に大きな影響を受けます。

日本全体では人口減少トレンドにあったとしても、マクロでは東京といくつかの県、ミクロでは駅や商業施設・公共施設の近隣か郊外かによっても人口増加・減少がみられるはずです。

そして、右下の象限は建設市場。

「価値と開発コスト」とありますが、何を表しているかというと「開発には一定のコストがかかる」という前提で考えると、物件価格の低下が続いて「開発コスト＞物件価格」となるのであれば“誰も好き好んで新規供給しない”という当たり前の判断をする……ということです。

最後の左下の象限「長期的　供給／需要関係」では、新規開発・建築による供給が減少した場合、老朽化による解体などで一定量減少していく賃貸床在庫に対する引当ができずに市場全体の供給が減少して第１象限の需給ギャップを解消・バランスしていく……という考え方です。

また、大規模修繕による物件の維持管理にもコストがかかりますから、賃貸需要が少なく賃料がとれない市場であれば新規の開発がされないと同時に「解体・撤去」という選択をする投資家もより多くなるでしょう。

ワンルーム規制がある地域であれば、入居者ターゲットにマッチングした比較的リーズナブルな賃料設定ができる狭めの間取りの物件は大量供給できないので、正の需給ギャップが大きめになる可能性が高いとか、建築費の上昇は、長期の市場トレンドにとっては決して悪くはないとか、このモデルから得られるヒントは沢山あります。

▶ウィートンの不動産市場四象限モデル

フィッシャー・ハドソン・ウィルソン・モデルと同様に市場に影響を与える要素の相関関係を説明するものとして、ウィートンの不動産市場四象限モデルがあります。

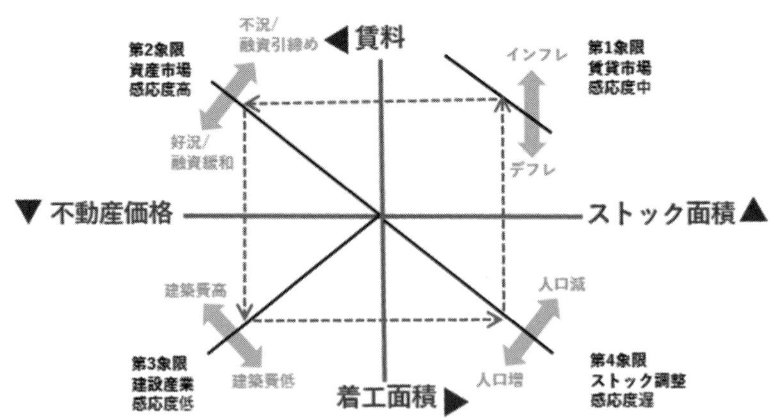

ストックや着工面積といった要素は、市場全体を捉えることもできますし、シングル・コンパクトファミリー・ファミリーといった間取り・面積帯ごと、戸建・長屋・共同住宅といった建て方ごとに分析範囲を狭めることもできますし、前モデルも同様です。

第１象限　賃貸市場（感応度：中）

市場におけるストック(在庫)面積と賃料の関係を表します。ストックが増加すれば空室率が上昇し賃料低下を招きます。ストックが減少すれば、賃料の上昇をもたらしますし、ストックが増加すれば賃料の下落が生じます。そして、インフレ／デフレは貨幣価値に影響を与えますので、ストックが一定の場合でも、インフレ／デフレはそれぞれ賃料の上昇／下落という結果を与えます。これを、モデル図では斜線の上下でその変化を表現しています。

第２象限　資産市場（感応度：高）

賃料の増減が、資産（物件）価値に影響を与えるということを表します。斜線は資本化率（キャップレート）。直接還元法（DC 法）によれば、Ｖ（物件価値）＝Ｉ（営業純利益 NOI）／Ｒ（キャップレート）ですから、分子である賃料が上昇（それに伴って営業純利益も上昇）すると、解であるＶは上昇、賃料が下落すればＶは下落ということになります。そして、四象限の中心を起点とする斜線が表すのは、Ｒ（キャップレート）。斜線が反時計回り方向へ押し下げられ、分母であるＲが小さくなることによって、賃料が一定であったとしても資産（物件）価値は上昇しますし、逆に斜線が時計回り方向へ押し上げられ、分母であるＲが大きくなることによって資産（物件）価値が下落します。キャップレートの構成要素は、「ｒｆ（安全利率）＋ｒｐ（リスクプレミアム）－ｇ（NOI 成長率）」（ゴードン成長モデル）なので、第１象限でインフレを原因とした賃料上昇が発生した場合、それが好景気といったｒｐを減少させる事象によるものであれば、双方の象限に価格上昇バイアスを加えることになります。また、デフレ・景気後退という局面であれば、これもやはり価格下落バイアスを双方に加えることとなります。さらに、金融機関の融資引締め / 緩和といった要素もキャップレートに大きな影響を与えます。

そして、キャップレートは市場のリスクを敏感に捉えますので、第２象限は最も早く変化する象限となります。金融機関の引き締め / 緩和が、キャップレートに与える影響を、融資掛け目（LTV）と、金利、融資年数（K%）の視点から見る手法として、「モーゲージ・エクイティ分析」があります。

要求する自己資本利回り（CCR）が一定の場合、融資引締めがおこなわれると、求めるキャップレートは上昇します。

仮に要求 CCR（＝キャッシュフロー÷自己資本）10%、K%（＝年間返済額÷借入額）４% で LTV（＝融資額÷物件価格）90% だった市場で、融資引締めが行われ、LTV80% となった場合のキャップレートの変化は以下のようになります。

【引締め前】

1- LTV90%	×	要求 CCR10%	= 1.0%	(あ)
LTV90%	×	K%4%	= 3.6%	(い)

(あ)＋(い)＝ **4.6%**

【引締め後】

1- LTV80%	×	要求 CCR10%	= 2.0%	(う)
LTV80%	×	K%4%	= 3.2%	(え)

(う)＋(え)＝ **5.2%**

同様の計算を行うと、LTV は変化せずに金利が上昇して K% が大きくなった場合も、やはりキャップレートは上昇するということはご理解いただけると思います（LTV90% で K% が５％となった場合のキャップレートの変化は 4.6% → 5.5%）。

第３象限　建設産業（感応度：低）

不動産価格の上昇は、市場で取引される販売価格と開発コストの差、つまり開発者が得られる利益を増加させるので、着工面積を増加させます。一方、着工面積の増加は資材や人件費といった開発・建築コストの上昇を招くことから、徐々に開発者の利益を圧縮していくことになります。第２象限において価格上昇をもたらす第１象限のインフレも第３象限では、供給サイドの抑制要因になります。また、第１象限のデフレは第２象限における価格下落に伴う第３象限での供給減少を回復させる要因になります。建築産業は、着工後数カ月から数年間に及ぶ工事期間を終えた時点で開発利益が見込めるかどうかによって着工の判断が下されることから、その感応度は第２・第１象限に比べると低くなります。

第４象限　ストック調整（感応度：遅）

着工面積の増減は、ストック面積と正の相関性をもちます。ただし、例えば居住系物件であれば人口あるいは世帯数の増減が着工面積の増減を上回る場合は相関性が崩れます。また、ストック面積には着工面積のほかに解体・除去面積の要素が加わりますので、着工が再開発なのか新規開発なのか、あるいは、建物の長寿命化といったことも影響を与えます。ストック調整は、四象限のなかで最も時間軸が長く感応度が遅い象限となります。

このように、ウィートンの不動産市場四象限モデルは、

第１象限：賃貸市場（ストックにより賃料が決定され、インフレ／デフレの影響を受ける）

↓

第２象限：資産市場（賃料とキャップレートによって不動産価格が決定され、インフレ／デフレ、景況感、リスク、融資姿勢に影響を受ける）

↓

第３象限：建設産業（不動産価格によって着工面積が決定され、建築費に影響を受ける）

↓

第４象限：ストック調整（着工面積によってストック面積が決定され、人口の増減に影響を受ける）

という順番でループを構成し、そのループが大きくなったり、小さくなったりという変化を生じていく市場の姿をシンプルに理解するうえで優れたモデルといえます。

インフレあるいはデフレ化をもたらす政策、金融機関の取組み姿勢、地域の開発や衰退、経済に影響を及ぼすリスク、建材や人件費・人手不足といった建築関連の話題、人口動態など、一見直接不動産投資に関係しなさそうなニュースも四象限モデルに当てはめて考察を加えることは、不動産市場の大きな動きを捉えるうえで役に立つはずです。

▶景気循環と３つの投資戦略（外部・内部・財務）

景気の谷→回復→好況（拡張・拡大）→景気の山→後退→不況（収縮）→景気の谷といった景気循環のそれぞれの局面で「外部成長」「内部成長」「財務」それぞれの戦略をどう採用していくかについて、宮

城大学の田邊信之教授により研究がされています。

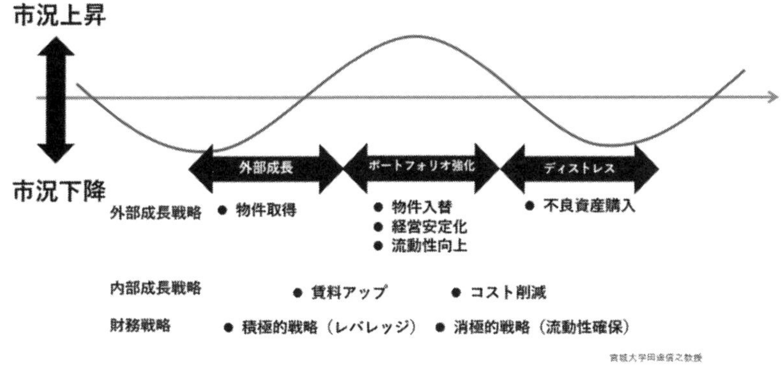

【景気回復局面の戦略：外部成長】

外部成長戦略：物件取得

内部成長戦略：賃料アップ

財務戦略：積極的戦略（レバレッジ）

【景気の山での戦略：ポートフォリオ強化】

外部成長戦略：物件入替え・経営安定化・流動性向上

内部成長戦略：賃料アップ・コスト削減

財務戦略：積極的戦略（レバレッジ）・消極的戦略（流動性確保）

【景気後退局面の戦略：ディストレス】

外部成長戦略：不良資産購入

内部成長戦略：コスト削減

財務戦略：消極的戦略（流動性確保）

いずれにしても、どの局面であっても打つべき手はあり、取り組むべきことも多いことが理解できます。

▶市場の下落予想時、見合わせるか積極的に投資するか

では、（それが的中するかどうかは別として）市場の下落予想がされる局面で、新規の投資を見合わせるか、積極的に投資するかという選択肢が与えられた場合、どのように判断をくだすことができるかということについて検証してみましょう。

結論からいうと、見合わせるという判断をした場合に現時点から将来の投資を開始するまでの期間に発生する機会損失、すなわち、

①キャッシュフロー

②キャッシュフローの再投資

③元本返済

と、「価格が下がるであろうという期待値」との比較。そして、価格が下がった時点で果たして、現時点と同程度以上の条件の融資を受けて購入できるかどうかの可能性を含めて検討することになります。

ここでは、現在１億円（表面利回り７％）の物件が、５年後に9,500万円、10年後に9,000万円に値下がりするという前提で、

１：今年投資を開始、

２：５年後に投資を開始、

という２つの投資の選択肢を比較してみます。他の設定条件は以下の通りです。

- 購入諸費用は物件価格の７％相当
- 自己資金はいずれの場合も1,700万円
- 融資条件は年利2.0%・返済期間35年・融資額は自己資金との差額分全額
- 空室損は５％
- 運営費は家賃収入の15%相当額

- 建物は新築木造とし、減価償却期間は 22 年
- 建物価格は物件価格の 4 割相当
- 譲渡所得税率は個人・長期譲渡とする
- 売却時期はいずれも同時期（選択肢 1 は 10 年後、選択肢 2 は 5 年後）
- 賃料・空室損・運営費等の変化と所得税は勘案しない

	設定条件（単位/万円）		※賃料・空室損・運営費等の変化と所得税を勘案していません	
			選択肢 1 今年投資を開始	選択肢 2 5 年後に投資を開始 ※投資開始まで4%で運用
1	物件価格	現在	10,000	—
		5年後	9,500	9,500
		10年後	9,000	9,000
2	購入諸費用		700	665
3	自己資金（Eq）		1,700	1,700
4	借入（LB）※2%35年	現在	9,000	—
		5年後	8,070	8,470
		10年後	7,030	7,590
	表面利回り		7.0%	7.4%
	総潜在収入（GPI）		700	700
−	空室損		5%	5%
−	運営費（OPEX）		15%	15%
=	営業純利益（NOI）		560	560
−	ローン返済（ADS）		360	339
=	税引前キャッシュフロー		200	221

選択肢 2（5 年後に投資を開始）の方が、500 万円安く物件を取得していることから、借入額も少なくキャッシュフローは 200 万円：221 万円と 1 割近く多く得ることができます。表面利回りも 7.0%：7.4% と改善されていますので、値下がりを待ったという判断は正しかったように見えます。財務分析をもう少しすすめてみましょう。

設定条件（単位/万円）	※賃料・空室損・運営費等の変化と所得税を勘案していません	
	選択肢１ 今年投資を開始	選択肢２ ５年後に投資を開始 ※投資開始まで4%で運用
K%＝ADS/LB	4.0%	4.0%
FCR＝NOI/(Eq＋LB)	5.2%	5.5%
CCR＝BTCF/Eq	12%	13%
減価償却（建物4割・22年）	182	173
10年後の簿価	8,182	8,636
10年後の売却価格	9,000	9,000
売却経費	315	315
譲渡益	503	49
譲渡税率	20.315%	20.315%
譲渡税	102	10
売却手取り	1,553	1,085

K%（ローンコンスタント）は、年利および融資期間の条件が変わらないことから同一となります。

また、物件価格の低い選択肢２は営業純利益が変わらないという前提から、FCR（総収益率）は当然高くなり（5.2%：5.5%）、借入額がより少なく融資返済後のキャッシュフローが厚くなることからCCR（自己資本利回り）も高くなります（12%：13%）。

キャッシュフローも、財務分析上の投資効率も選択肢２に軍配があがりそうですが、保有期間を終了して売却する出口の段階では投資開始時期が５年早いことから、売却時点でのローン残高が7,030万円：7,590万円と500万円以上の差が生じ、減価償却による簿価の減少が進むことから、譲渡所得税をより多く支払ったとしても、売却手取り1,553万円：1,085万円と選択肢１の優位性が表面化します。（下図）

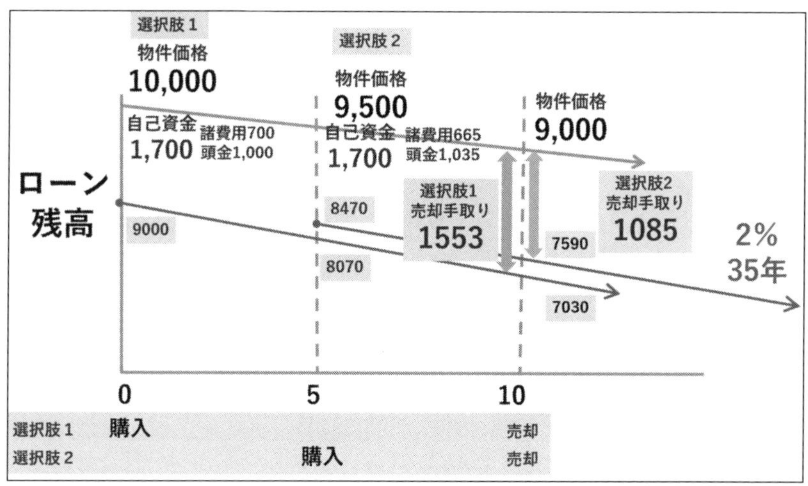

取得→保有→売却という期間中のキャッシュフローの流れを表にすると以下の通り。

	選択肢1 今年投資を開始	選択肢2 5年後に投資を開始 ※投資開始まで4%で運用
0	-1700	-1700
1	200	68
2	200	68
3	200	68
4	200	68
5	200	221
6	200	221
7	200	221
8	200	221
9	200	221
10	1,753	1,306
IRR	11%	6.0%
資本増加	1,853	984

選択肢２では､物件が下がるのを待ってから購入するわけですから、その間の待機期間に自己資金を不動産以外のいずれかで運用しているわけです。ここでは、その期間の運用利回りを年利４％と仮定しました（トマ・ピケティ「21 世紀の資本」より)。

IRR（内部収益率）は 11%：６％と２倍近い差で選択肢１が有利ということになります。また、投資した自己資本 1,700 万円が最終的にいくら増加したかという資本増加も＋ 1,853 万円：＋ 984 万円と、やはり２倍近い差で選択肢１が有利となります（厳密に言えば、各期のキャッシュフローを年４％の運用できるのであれば、キャッシュフローの再投資機会の多い選択肢１がさらに有利になります)。

ちなみに、5年後9000万、10年後8000万と更にストレスをかけても・・・

	選択肢１	選択肢２
0	-1700	-1700
1	200	68
2	200	68
3	200	68
4	200	68
5	200	243
6	200	243
7	200	243
8	200	243
9	200	243
10	984	950
IRR	8%	4.9%
資本増加	1,084	736

ちなみに、５年後の値下がりが 500 万円ではなく 1,000 万円、10 年後の値下がりが 1,000 万円ではなく 2.000 万円とさらにストレスをかけて、「値下がりを待つ」方が有利に見える状況で仮定した場合でも下記の表の通り、８％：4.9% と、やはり選択肢１が有利ということになります。

再投資運用：4%	選択肢1	選択肢2
0	-1700	-1700
1	0	0
2	0	0
3	0	0
4	0	0
5	0	0
6	0	0
7	0	0
8	0	0
9	0	0
10	3,185	2,662
MIRR	6.5%	4.6%
資本増加	1,485	962

さらに、期間中のキャッシュフローを4％で再投資した場合の資本増加は＋ 1,485 万円：＋ 962 万円となります。

▶融資締め付け時の物件取得方法

市場拡大局面では融資緩和をうけて（不動産の場合、融資緩和が市場拡大をもたらすともいえます）、レバレッジを効かせた積極的な投資戦略を打つことができますが、融資の締め付けが行われる市場収縮期において融資を使った投資拡大を行うことはより難易度が高くなります。ただし、金融機関の基本的なルールと規定を理解する事によって、その問題を解決できるケースがあります。

▶金融機関の基本的なルールと8つの規定

各金融機関ごとに融資に関する規定は異なりますが、基本的には、

⑴滞りなく返済が行われる

⑵万一返済が滞った場合にも債権を回収できる

という二つの条件に基づいて規定が定められています。

■ 1．収支規定

ローン返済の原資となるのは賃料収入ですが、実際はここから空室損と運営費を差し引く必要があります。この数値を一定の割合で差し引き、満室賃料の70～80%程度で収入を見込むという収支規定が多くみられます。また、都市部は甘めに、郊外は厳しめにといったようにエリアを分けて割合の調整を行ったり、物件からの収入ではなく債務者の給与所得等を返済原資としてみるためこういった規定を設けないという金融機関もあります。一方、返済額に関しては、一般的には金利上昇に対する耐性を融資判断に反映するために、実際に融資を行う金利ではなく、プラス数パーセントの負荷をかけた返済額が先ほどの調整済みの収入を下回るかどうかという見方をします。

さらに、収支規定は融資の対象となる物件単体で検討するだけでなく、現在借入しているすべての融資と、現在得ているすべての収入で総合的に収支を判断する金融機関もあります。

一定の割合で空室損と運営費を差引く方法は多くの金融機関で採用

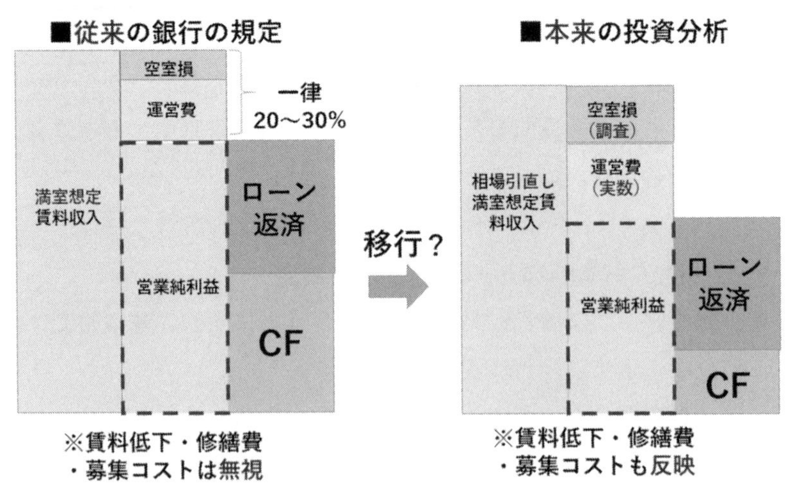

されていますが、単純であるがゆえに実態とかけ離れることも多く、滞納や破綻の原因ともなりうるということから、徐々に空室損は市場調査、運営費は実数積算というより実態値に近い方法を採用する金融機関も増えています。

金融機関から見た収支規定の側面を改善するには、２つの方法が考えられます。

⑴融資期間を長くする

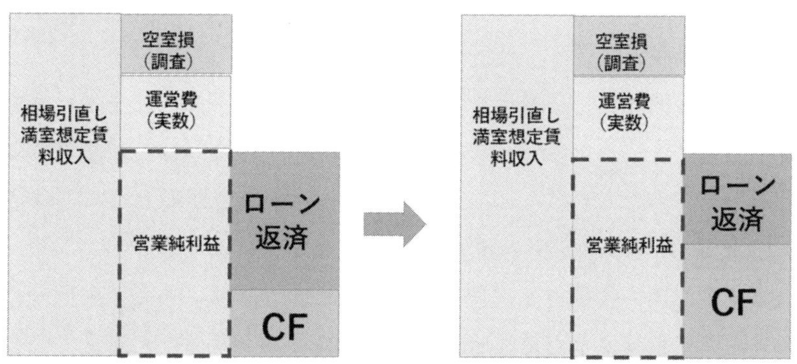

金利・融資額が同じでも融資期間が長くできれば、返済額が下がります。投資指標のひとつに「年間返済額÷借入額＝K%（ローン定数）」というものがあり、仮に１億円の融資を受けた場合、K% が５% であれば年間 500 万円、４% であれば年間 400 万円の返済ということになるのですが、例えば年利２% の場合の K% を融資期間ごとにみると、35 年 3.97%、30 年 4.43%、25 年 5.86%、20 年 6.07%、15 年 7.72%、10 年 11.04% と大きな開きが出ることをご理解いただけると思います。

融資期間は次の２つの要素によって決定されますが、金融機関ごとにどちらを採用するか異なりますし、どちらか厳しい方を採用するという金融機関の方が多数派です。

①構造と築年数

構造ごとの法定耐用年数(木造22年・軽量鉄骨造19年または27年・重量鉄骨造34年・RC造47年）を基準として、融資期間を決定します。中古物件の場合は、そこから築後経過年数が差引かれます。金融機関によっては、木造25～35年、RC55～60年といったように法定耐用年数に数年加えた基準を設けているところもありますし、劣化等級の有無を融資期間延長の条件としているところもあります。また、築年数が非常に古く土地値といえる場合などは逆にこの規定を適用せずに新築並みの融資期間となることもあります。

②完済時年齢

債務者が何歳までに融資を返済し終わるのかを基準とします。誕生日を基準とすることから、75歳完済の基準で50歳のひとが融資を受けるのであれば75歳－50歳－1年＝24年が融資期間となります。2020年現在、85歳完済の規定が最長となっていますが、長寿命化・定年延長に伴い今後さらに伸びる可能性があります。また、配偶者や子供が連帯債務者となる場合、その年齢を基準とすることもあり、相続対策で高齢の親が債務者となるといったケースでは、相続人が債務を引き継ぐという前提から、完済年齢の規定を適用しないのが一般的です。資産管理法人の場合は、個人と同様に代表者の年齢を基準とすることが多いですが、事業用資金として最長10年とか、役員（多くは配偶者・子供です）の年齢を基準にするとか、規定を別に設けていることもあります。

⑵自己資金を増やす（借入を減らす）

単純に自己資金を増やして借入を減らせば、返済額が減りますから収支規定をクリアする可能性が高くなります。

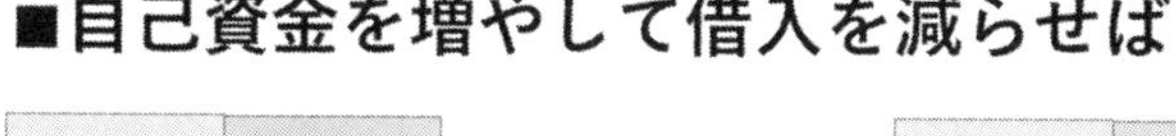

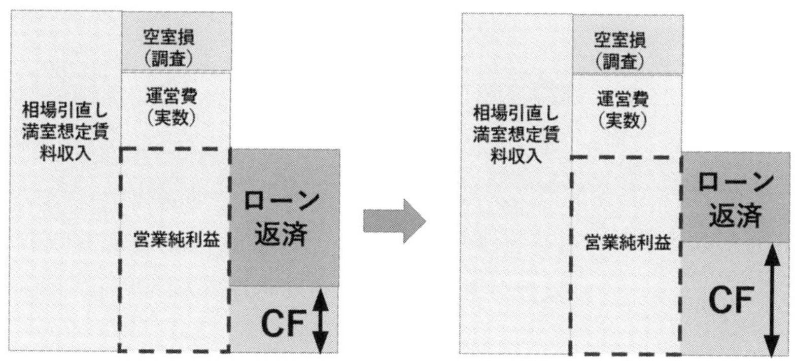

では、どうやって自己資金を増やすか？

①相対的に増やす、②実質的に増やす、③出口戦略と物件入替え、３つの視点でみてみましょう。

①相対的に増やす

頭金1,000万円で１億円の物件を購入しようとすれば、融資額は9,000万円ですから、融資額9,000万円÷物件価格１億円＝LTV90%ということになります。次項で取り上げる金融機関の担保規定とも共通しますが、購入予算を5,000万円にすれば、同じ頭金1,000万円でも物件価格に対する融資の割合（LTV）は80%となります。

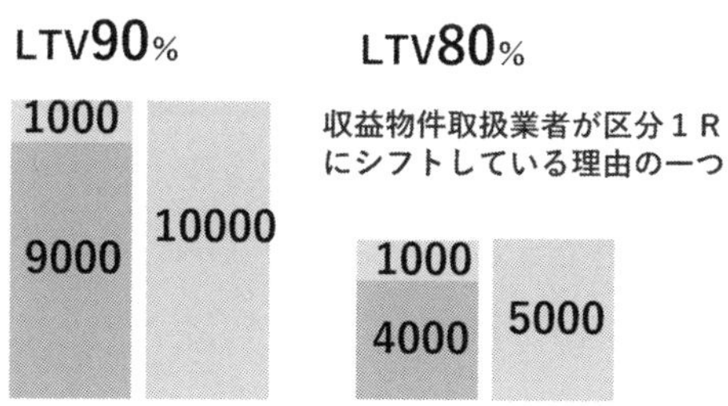

空室損･運営費を除いたネット利回り５%、借入額に対する年間ローン返済の割合（K%）で金利にストレスを掛けた数値が６%と仮定した場合、

１億円　×５% =収入 500 万円＜ 9,000 万円×６% = 540 万円……×

5,000 万円 ×５% =収入 250 万円＞ 4,000 万円×６% = 240 万円……○

となります。各金融機関が融資を引締め、LTV の規定を厳しくした 2018 年以降多くの収益物件取扱業者が一棟物件からより総額の小さな区分マンションに取扱い物件をシフトさせた理由のひとつにもなっています。

②実質的に増やす

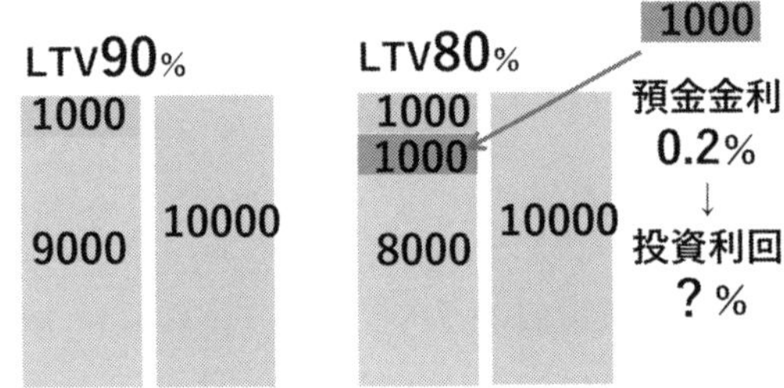

単純に自己資金を増やすということです。先ほどの例でみると

１億円 ×５% =収入 500 万円＜ 9,000 万円×６% = 540 万円………×

１億円 ×５% =収入 500 万円＞ 8,000 万円×６% = 480 万円………○

フルローンやオーバーローンに固執して、自己資金を出したくないという投資家も少なからずいますが、物件に投入する自己資金は物件自体の利回りで運用できるわけで、仮にその資金が預貯金（これも投資先の一つです）に回されている場合にはポートフォリオ全体で見ると、決して最適化されているわけではないということは、別の項目でもとりあげました。

場合によっては、マイホームも資産ポートフォリオの一部として見直すことによって自己資金の問題を解決できるケースもあります。

子供たちが巣立った後の夫婦世帯など、世帯構成の変化によって持て余している住まいがあるといった現状であれば、

・その場所・部屋数はいまでも必要か？

・売却したらいくらの現金が手元に残るか？

・それを自分で住む家と投資資金に分ける経済的合理性はあるか？

といった、検討を加えることもできます。

例えば、数十年前に購入した郊外の一戸建てを売却して手元に残る現金が4,000万円の場合、2,000万円を駅近くの生活利便性の良い場所に建つコンパクトな間取りの中古マンションの現金購入資金として充当し、残りの2,000万円を自己資金としてLTV80%、取得経費7％という投資を行うのであれば、

Eq2,000万円／((1-80%)＋7％)＝7,400万円

7,400万円の物件を購入することができます。仮に、表面利回り7％、空室損5％、運営費率15%であれば、営業純利益（NOI）は、

7,400万円×7％＝518万円

518万円-（5％＋15%）＝営業純利益414万円

一方、金利2％・融資期間35年で5,920万円（＝物件価格7,400万円＋諸費用520万円-自己資金2,000万円）を借入した場合の年間返済額は235万円。

営業純利益414万円－年間返済額235万円＝年間キャッシュフロー179万円を確保することができるということになります（融資期間が30年であれば返済額は263万円､25年であれば301万円。年間キャッシュフローはそれぞれ151万円、113万円)。

ちなみに、リバースモーゲージで年間179万円のキャッシュフロー

を得ようとするのであれば、売却価格の５～６割に相当する2,400万円を対象とした場合、2,400万円÷179万円＝13.4年が経過した時点で、2,400万円を弁済するか建物の明け渡しを求められるかの選択を迫られることになります。

③出口戦略と物件入替え

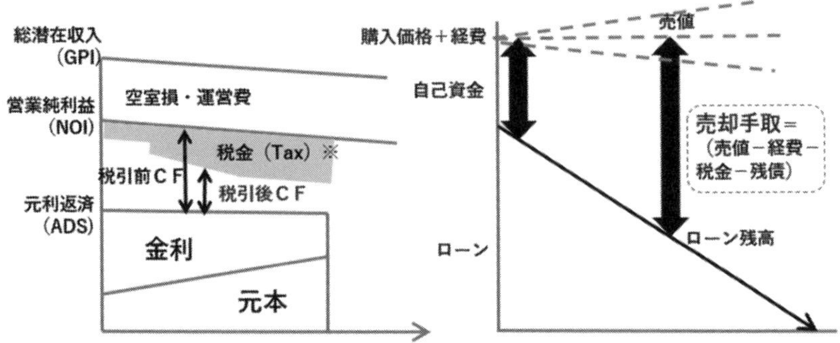

すでに保有している収益物件がある場合、取得後の時間の経過によって投資内部の効率が下がっている可能性があります。

賃料低下・経費化できる金利支払いの減少・償却期間の短い設備等の減価償却終了などに伴って、税引後キャッシュフローは一般的に漸減していきますが、一方借入元本の返済が進むことによって、売却可能価格から仲介手数料や印紙税といった売却経費と融資残高、譲渡所得税を差引いた売却手取り（＝投資基礎といいます）は逓増していく傾向にあります。

保有を継続した場合の税引後CF÷売却した場合の手取りキャッシュ＝投資内部の自己資本利回り（CCR）となりますので、より高いCCRを実現できる投資に入れ替えられるのであれば、売却出口をとって得た現金を再投資にまわすことが投資を最適化できる可能性があるということが言えます。

仮に、自己資金1,000万円で200万円のキャッシュフローを得るという投資（CCR20%ということですから、かなりLTVが高いと考えられます）が、時間の経過とともに売却手取り2,000万円、キャッシュフロー100万円となっているのであれば、投資内部のCCRは5％に低下していることになりますので、CCR15%（売却出口を取る物件の取得時にくらべてLTVは低いと考えられます）の投資に入れ替えた場合でも、キャッシュフローは自己資本2,000万円×CCR15%＝300万円と、LTVを下げたうえでキャッシュフローを増加させることが可能になります。

■2．担保規定

万一返済が滞った場合にも差押え・競売手続きを行うことによって債権回収できるようにしておくということから、担保規定が定められています。

前出の項目で、相続税路線価をもとに接道間口・（袋地の場合）通路部分の長さと有効宅地・地形・道路との高低差・規模の大小・嫌悪施設の有無・通行承諾の有無・地役権設定の有無・道路付の方位・道路の幅員・法地・がけ・セットバックといった要素で調整をおこなった土地評価と、金融機関独自の標準建築費を元にした再取得価格から経過年数による償却をおこなった建物評価によって担保評価を積算する金融機関が一般的であることをご紹介させていただきました。

担保規定をクリアするために考えられる方法として、

①購入予算を下げる

②自己資金を増やす

といった収支規定の項目で取り上げたものと同じことが考えられます

が、そのほかにも、③融資期間を短くする、④共同担保を差し入れる、⑤資産背景を考慮してもらう、⑥積算価格>市場価格となっている物件を取得する、などの方法があります。

③融資期間を短くする

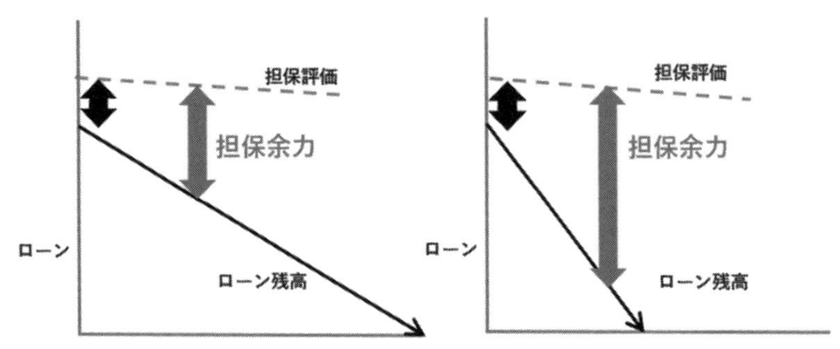

※但し、返済額は上がるので収支規定は不利

融資期間を短くすることでローン残高の減少速度は速くなります。LTV を高く（自己資金を少なく）したい場合など、金融機関が融資期間の短縮といった提案を行う場合もあります。

例えば、１億円の融資を年利２％で受けた場合、融資期間によって５年後の残債は以下のように、融資期間が短い方が少なくなります。

20 年返済　7,861 万 3,286 円

25 年返済　8,378 万 4,997 円

30 年返済　8,720 万 4,362 円

35 年返済　8,962 万 2,651 円

一方、年間返済額は下記のように融資期間が短いほど大きくなりキャッシュフローを圧迫しますので、収支規定上は不利になります。

20 年返済　607 万 600 円 / 年

25 年返済　508 万 6,252 円 / 年

30年返済　443万5,434円/年
35年返済　397万5,153円/年

④共同担保を差し入れる

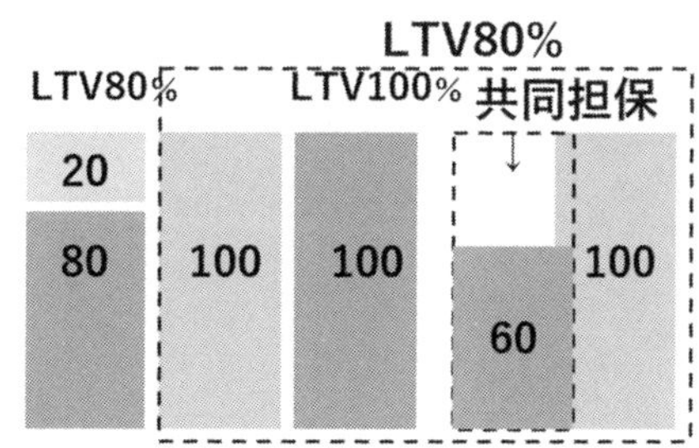

融資返済が進んだ等の理由で担保余力がある物件を保有している場合、これを共同担保として差し入れることによって担保規定をクリアする方法です。

担保評価100の物件に100の融資を受けたい場合のLTVは100%ですが、金融機関の担保規定がLTV80%という場合、融資額は100ではなく80ということになります。

別途、担保評価100に対し融資残高が60となっている物件があり、これを共同担保として差し入れるのであれば融資をする側からみた姿は、100 + 100 = 200の担保価値の物件に、100 + 60 = 160の融資を行うということから、融資額160 ÷ 担保評価200 = LTV80%と、担保に関する融資規定を解決することができます。

既存融資との関係で、後順位の抵当権として設定される場合もあれば、既存融資を含めた借換えを求められることもあります。また、共同担保に差し入れた物件を売却する場合には設定された抵当権を解除するために相応のローンの繰上げ返済を求められますが、解除のための繰上げ額に関して金融機関との間で繰上げ返済額の合意形成に難航するケースもみられます。

⑤資産背景を考慮してもらう

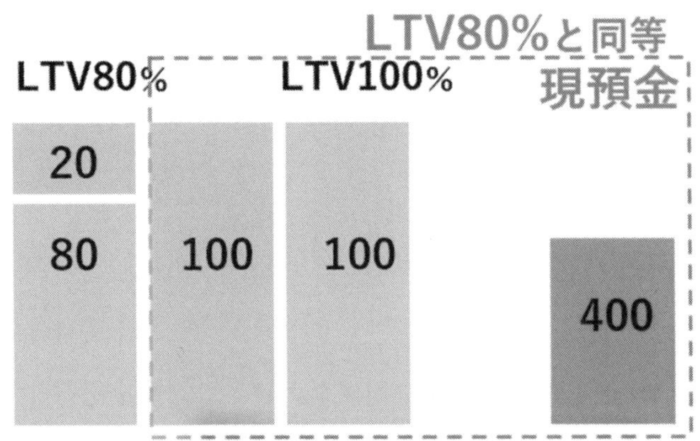

共同担保は抵当権の設定を前提としますが、金融資産や将来相続予定の不動産など資産背景をもとに共同担保差し入れと同様の判断をするケースもあります。地主や資産家の場合、特にこういったケースが多くみられますが、そうではないひとでも適用されることも少なくありません。資産背景としての現預金の目減りを防ぐために定期預金に預け入れ等の条件を付されることも過去には慣行として行われていましたが、現在は拘束預金にあたるとされ財務省通達により禁止されています。

⑥積算価格＞市場価格となっている物件を取得する

積算価格は前述のように、相続税路線価を元にした土地評価と再調達価格を元にした建物価格の合計によって決定されますが、基本的に収益物件の場合は市場における価格形成は積算ではなく、「収入」と「期

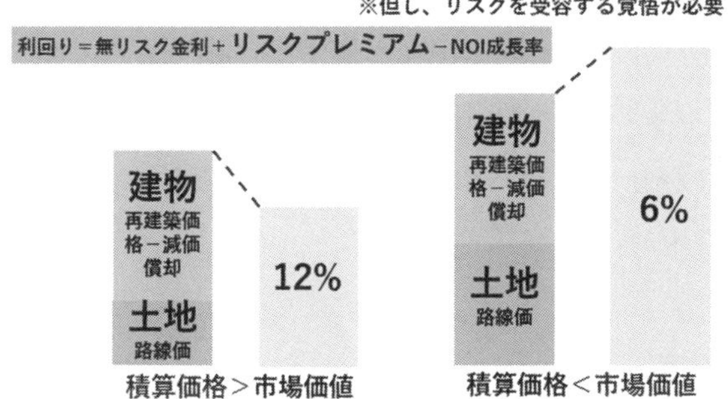

待利回り」という二つの要素で決定されます。同等の収入が見込まれる物件で、期待利回りが２倍になれば価格は２分の１になるわけですが、期待利回りの構成要素を「無リスク金利＋リスクプレミアム－営業純利益（NOI）成長率」（ゴードン成長モデル）とした場合、リスクの高い物件ほど期待利回りが高いということになります。

収益不動産におけるリスクは、

⑴立地上のリスク

⑵物件自体のリスク

⑶運営上のリスク

に集約されますが、一般的に地方・郊外になるほど⑴のリスクが大きくなる（期待利回りが大きくなる）といえます。また、そういった地域は人口流出や産業の後退などが見込まれることから、予想される将来的な賃料低下・稼働率低下に伴う営業純利益の減少（－ g）からさらに、期待利回りを押し上げる傾向にあります。

土地評価は当然、都心部よりも地方・郊外の方が低くなりますが、逆に面積は一般的に地方・郊外の物件の方が広くなるのであまり変わらない場合が多いと考えられます。また、建物評価についての地域差はありませんので、都心であるほど価格に対しての担保評価がでにくく、地方・郊外であるほど価格に対しての担保評価が出やすく、場合によっては売買価格を上回る担保評価が出る場合も珍しくありません。

従って、いわゆる担保評価が出る物件は地域としてのリスクを背負うことになりかねないという問題を抱えることになるということは、別項目で取り上げさせて頂きました。

■３．頭金規定

担保規定による融資は、ある時期において急激に地方・郊外での投資拡大を後押しすることとなりましたが、際限ない賃料低下・高空室率・賃料水準の低さからくる維持修繕コスト負担の重さといった特有の問題点が顕在化するとともに多くの破綻者を生み出しました。焦げ付いた債権を回収するために抵当権を実行し、差押え・競売といった段階に入った金融機関は、そこで「結局は市場で取引される価格は、担保評価とは関係ない」という事実、そして地方・郊外エリア特有の流動性の低さに直面したわけです。

この反省をもとに、担保規定とは別に、あるいは担保規定とどちらか厳しい方といったことで、実際の売買価格に対して頭金を何割入れることという頭金の規定を採用する金融機関が増えました。頭金の割合＝（１－LTV）ということになりますが、LTV（＝物件価格に対する貸付割合・掛目）と自己資金と購入に必要な経費の物件価格に対する割合がわかれば、購入可能額・予算を計算することができます。

自己資金／（(１－LTV）＋購入経費率）＝購入可能額・予算

また、LTVによってあるいは自己資金の額の差によって購入可能額・予算が大きく変わることをご理解いただけると思います。

わずかな頭金の差で買える金額が大きく変わる

$$V = \frac{Eq}{(1 - LTV) + 購入経費率}$$

☑自己資金200万円の差は ☑購入可能価格2860万円の差

LTV	購入経費率	800万	1000万 ✔	1200万 ✔
100% ✔		11,420万	14,280万 ✔	17,140万 ✔
95%		6,660万	8,330万	10,000万
90%		4,700万	5,880万	7,050万
85%	7%	3,630万	4,540万	5,450万
80%		2,960万	3,700万	4,440万
75%		2,500万	3,120万	3,750万
70%		2,160万	2,700万	3,240万

■4．流動資産規定

一部の金融機関では、頭金・諸費用といった投資に投入する自己資金のほかに一定水準以上の現預金があることを条件としています。物件取得後に発生する想定外のリスクに対する耐性という意味合いが強く、500万円、1,000万円、5,000万円と金融機関によってその金額はまちまちです。

■5．年収倍率規定

投資家の属性のうち職業の安定性や収入面を重視する一部の金融機関では、年収倍率規定が定められています。収支規定・担保規定とは別に、給与収入等の年収の10倍から20倍程度の枠を設け、その範囲を融資の上限とします。上限枠には住宅ローンや無担保ローンなど既存の借入も含まれることが多いので、この規定がある金融機関を利用する場合は、初期の段階で使う必要があります。

■6．標準生計費規定

アパートローンの返済原資は、あくまでも物件から生じるキャッシュフローということから、それを主たる収入として生活費に充当するということは生活上なんらかの予定外の出費が発生した場合に、返済が滞るリスクをもつという判断を金融機関はします。安定した収入があって、キャッシュフローをあてにしなくても生活できる人であるかどうかという条件ということですが、必要最低年収の基準は生活コストの低い地方では200万円というケースがある一方、500万円～1000万円程度の収入を求められる場合が多いようです。返済率やこれに似た計算方法で必要な収入を算出したり、子供がいる場合には、大学卒業までの教育費を計算に入れられる場合もあります。

また、安定した職業の筆頭として公務員･士業･上場会社のサラリーマン、ついで一般企業のサラリーマン、不安定な職業として自営業・フリーランスが挙げられます。法人についてはその内容次第となりますが、業績がよく資金力のある法人は地主・資産家同様金融機関から見た貸したい相手として別枠で最上位に挙げられる場合が多いです。

■7．居住地と所在地

融資を実行したあとから完済までのあいだ、金融機関は抵当権を設定した物件と債務者の管理をおこなう必要があります。金融機関の種類によって支店展開エリアや営業範囲に違いがあり、地域による制限を受けます。融資を希望する物件だけでなく、営業エリア外の物件を別途所有していることを理由に融資を断られることもあります。

営業エリアの広い順に整理すると下記のようになります。

広域対応：メガバンク・ノンバンク・政府系金融機関

地域対応：地銀・第２地銀

地元対応：信用金庫・信用組合

ただし、広域対応であっても投資の安全性の観点から融資対象地域を細かく規定しているメガバンクもありますし、地域経済の保護という政治的な配慮からメガバンクの進出がされていない地域もあります。

また、地域対応となる地銀・第２地銀についても、⑴地元以外に支店を出している ⑵地銀同士がフィナンシャルグループ化している ⑶地縁がある・取扱いエリアに法人事務所があるといったケースでは地域を超えた取扱いをする場合があります。

■８．融資期間

収支規定の項目でも触れた通り、構造・築年数および、完済時年齢によって融資期間が規定されています。

■９．債務償還年数

事業性融資における「その債務を完済するのにどの位の期間がかかるのか」という規定は不動産投資に関する融資においても例外ではありません。年数が短ければ安全ですし、長ければ“借り過ぎ”ということで注意が必要ということです。計算式は以下の通りです。

債務償還年数＝借入金÷（経常利益＋減価償却費－所得税・法人税・住民税）

一般的な融資では、債務償還年数と判定結果は

10年未満 …………………正常先

10年以上20年以下………要注意先

20年以上 …………………破綻懸念先

とされますが、不動産賃貸業など初期投資に多額の資金がかかり、一般事業に比べて長期的に安定しやすい事業については、過去の実績か

らして30年を目安に判断するのが一般的です。

▶地域の三極化とそれぞれの手法

Shrinking City　縮退都市

都市の規模が縮小する局面では・・・

担保規定の項目で取り上げたように、地方・郊外の物件は市場価格に対して担保評価が出やすく、都心部ほど担保評価が出にくいといえます。都市の縮退の局面では、均一な縮小ではなく、中心部への集中が起こりますが、担保評価の出やすさという利点は同時に、人口流出や産業の後退から予想される将来的な賃料低下・稼働率低下に伴う営業純利益の減少といったリスクを負うことを意味する……ということは、すでに取り上げました。

では、それぞれの地域ではどういった投資になりがちなのか？あるいはどういう投資手法になるのかを、

a　価格上昇・過剰流動性

b　価格横ばいまたは緩やかな下降

c　価格下落・流動性喪失

といった地域の三極化をもとにもう少し掘り下げてみたいと思います。

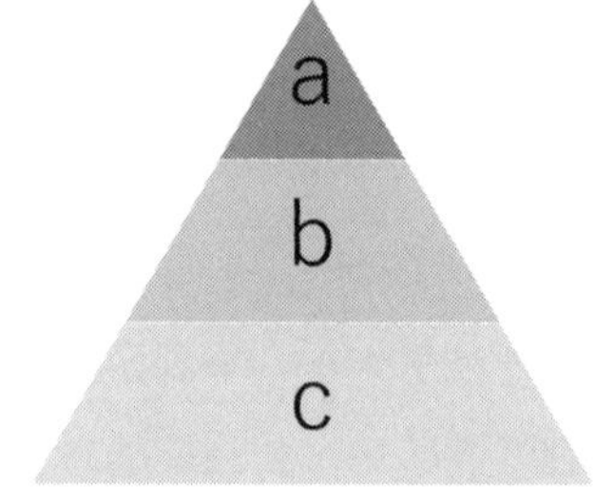

▶aクラスエリア　価格維持・上昇

このエリアでの投資の特徴は、

- 利回りは非常に低い
- ファンドのように金利のみ、あるいはわずかな元本返済（バルーン）でないと逆レバになる
- 自己資金を増やし、LTVを低くしないとキャッシュフローがマイナスになる
- インカムはあてにせずキャピタルを狙う投資

2018年に銀座エリアで行われた商業施設の取引の公開情報から類推される投資の姿は以下の通りとなります。

取得時期 2015年　▶売却時期 2018年

取得価格 523億円 ▶売却価格 650億円

NOI利回り　2.8%▶2.3%

NOI　　　15億円▶15億円

取得経費を売買価格の7%程度と仮定すると、総投資額は約560億円となります。ノンリコースローンはLTV50～60%程度の場合が多いので、ここでは300億円（LTV約57%）とし、年利1%の利払いのみとすれば年間3億円となります。

また、ファンドを組成する場合5%ルールの縛りがありますのでエクイティ投資家の出資額は26億円となります。不足の234億円をREITまたは私募債として投資家に購入してもらい、その配当が年4%とすれば9.4億円が配当金となります。従って、NOI（営業純利益）15億円－利払3億円－配当9.4億円＝エクイティ投資家の取り分2.6億円となり、出資額26億円に対する利回り（CCR）は10%。

また、売却価格650億円で経費および税金を差し引いた金額は600億円。ここから、金融機関へ借入元本の300億円とREITまたは私募

債として投資家に購入してもらった出資金234億円を償還した残りの66億円を売却出口の手取りキャッシュと計算すると内部収益率(IRR)は42%となります。

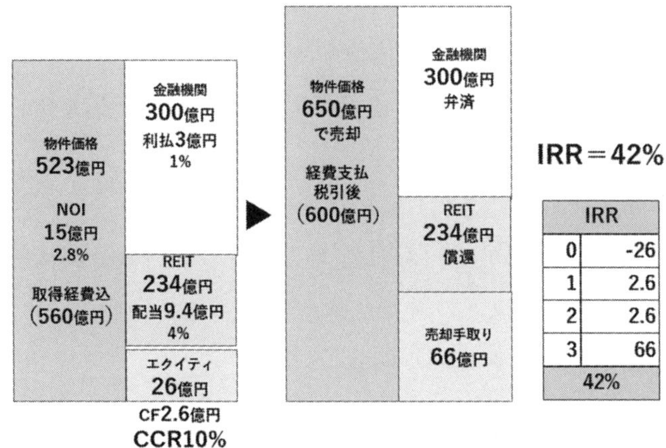

IRR	
0	-26
1	2.6
2	2.6
3	66
42%	

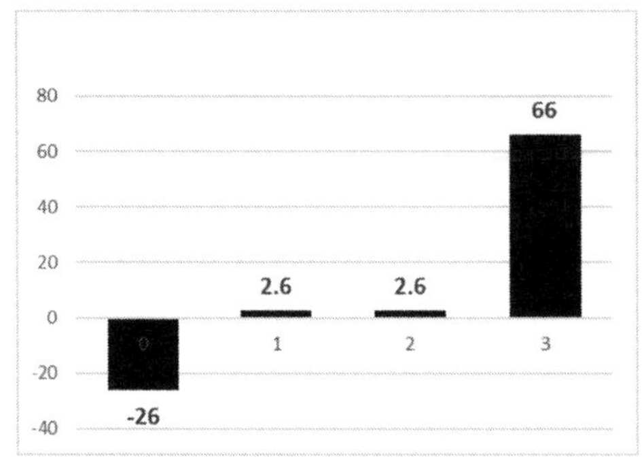

▶bクラスエリア　横ばい・緩やかな下落

このエリアでの投資の特徴は、

- 出口で価格低下するという前提で投資する
- 運営キャッシュフローと売却キャッシュフローの両建て

2018年から2020年頃に都内城東・城北エリアで行われた新築アパー

トの代表的な取引からみた投資の姿は以下の通りとなります。

取得時期 2020 年　▶売却想定時期 2030 年

取得価格 1 億 1,500 万円 ▶売却想定価格 9,990 万円

NOI 利回り　5.9%　▶　6.3%

表面利回り　7.3%　▶　8.1%

NOI　677 万円　▶　625 万円

取得経費を売買価格の 7 % 程度と仮定すると、総投資額は約 1 億 2,300 万円となります。年利 2.0%30 年返済 LTV100% の銀行を利用したケースで、年間元利返済は 510 万円となります。投資家の出資額は諸費用相当分の 800 万円です。

従って、NOI（営業純利益）677 万円－元利払い 510 万円＝投資家の取り分 167 万円となり、出資額 800 万円に対する利回り（CCR）は 21% となります。

また、売却価格 9,900 万円で経費および税金を差し引いた金額は 9,540 万円です。ここから、金融機関へ借入元本の 8,400 万円（10 年間で元本が 3,100 万円減少しています）を償還した残りの約 1,130 万円を売却出口の手取りキャッシュと計算すると内部収益率（IRR）は 20% となります。

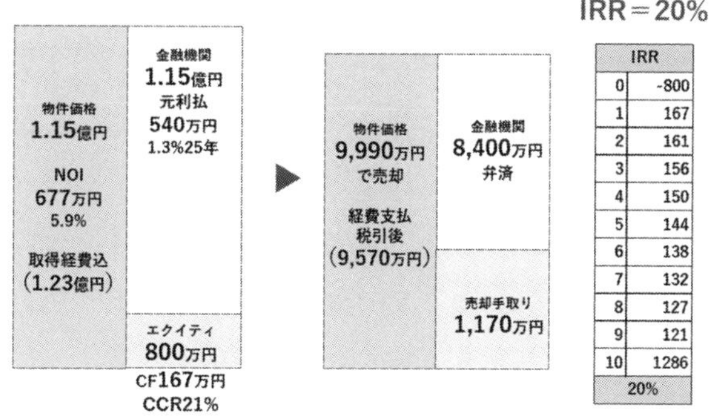

IRR	
0	-800
1	167
2	161
3	156
4	150
5	144
6	138
7	132
8	127
9	121
10	1286
20%	

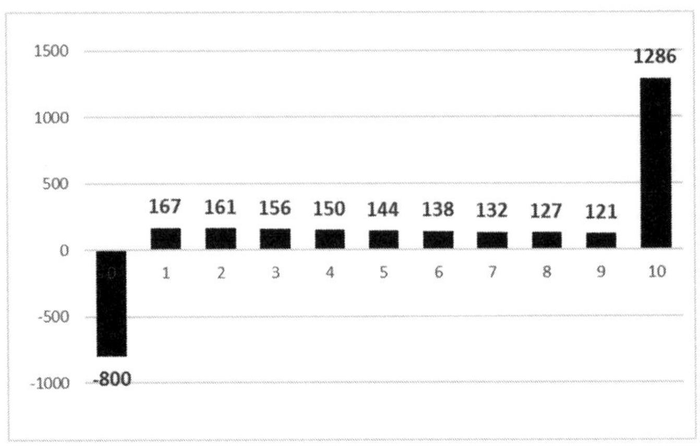

※ここでは所得税・住民税は計算に入れていません

▶cクラスエリア　下落・流動性喪失

このエリアでの投資の特徴は、

- 利回りは非常に高い
- かなり融資期間を短くしない限りはレバが効く
- 担保評価>物件価格になりやすい
- 売却出口が取りづらい
- 保有時の空室、運営費・修繕費の負担が重く継続保有が困難

2020年に相談のあった地方郊外中古RCマンション（2DK28戸）の分析結果からみた投資の姿は以下の通りとなります。

取得時期2020年　▶売却想定時期2030年

取得価格1億1,500万円▶売却想定価格5,700万円

NOI利回り　6.6%　▶　7.6%

表面利回り　12%　▶　18%

NOI　760万円　▶　460万円

取得経費を売買価格の7％程度と仮定すると、総投資額は約1億2,300万円となります。年利2.0%30年返済LTV100%の銀行を利用したケースで、年間元利返済は510万円となります。投資家の出資額は諸費用相当分の800万円です。

従って、NOI（営業純利益）760万円－元利払い510万円＝投資家の取り分250万円となり、出資額800万円に対する利回り（CCR）は31%となります。

また、売却価格5,700万円で経費および税金を差し引いた金額は5,470万円です。ここから、金融機関へ借入元本の8,400万円（10年間で元本が3,100万円減少しています）を償還した場合、約2,930万円が不足しますので現預金あるいは別途所有物件の売却資金を充当する必要があります。内部収益率（IRR）は計算不能となります。

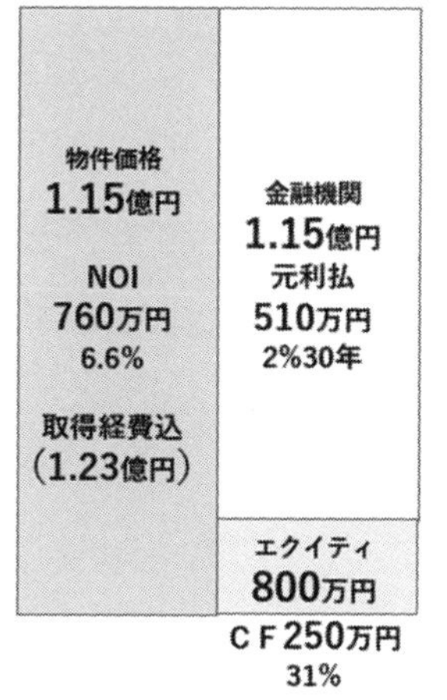

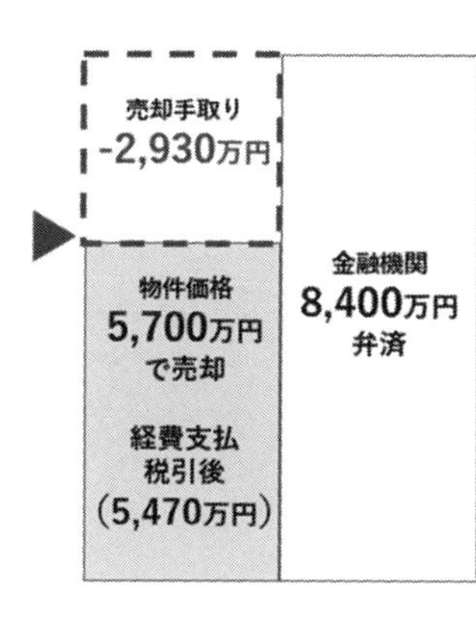

IRR＝計算不能

IRR	
0	-800
1	249
2	212
3	177
4	142
5	108
6	75
7	43
8	12
9	-18
10	-2976
#NUM!	

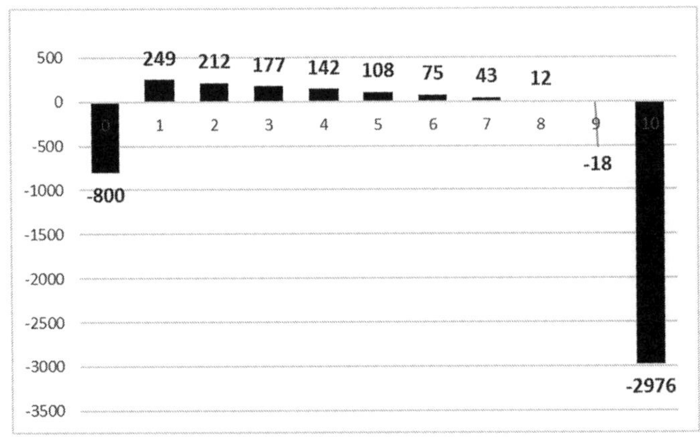

※ここでは所得税・住民税は計算に入れていません

第 3 章

不動産投資のメリット・デメリット

1. 不動産投資のメリット
2. 不動産投資のデメリット
3. これだけははずせない
   3つの重要ポイント

1. 不動産投資のメリット

不動産投資にもメリット・デメリットがありますので、ここで整理してみましょう。

▶売買を前提としない定期的な月収

株式投資には配当があり、外貨も含めた預貯金には金利が付きますが、ほとんどの投資は基本的に安く買って高く売るというのが利益の源泉です。

そのため、特に長期保有というスタンスの投資家でない限りは市場が開いているときにはいつでも最適なタイミングを逃さないために意識を集中させ続ける必要があります。

不動産投資の場合も買値を売値が上回ればキャピタルゲインが発生しますが、保有期間中のキャッシュフローは売買を伴わずに発生するのでそれを魅力と感じる投資家は多いのではないでしょうか。もちろん、売り買いのタイミングを見はからうことは大切ですが、一般的にそのサイクルは長いのでほかに仕事を持っている人や、ジェットコースター的なストレスを嫌う方には向いているかもしれません。また、短期的な不動産価格の値上がり・値下がりにキャッシュフローが影響を受けないというのも特長です。

当然、賃料低下や空室損、運営費、修繕費などの見込みを誤ったり、税金の仕組みによって不本意ながらキャッシュフローがマイナスになる場合があるのは言うまでもありません。

また、開発型案件（未造成の土地を買って数年にわたってインフラを整備し、建築物を建てたうえで開発物件として分譲）や、売却時のキャピタルゲインに主眼を置いたバリューアップ投資のようにあえてキャッシュフローが出ない投資を選択する場合もあります。

▶値上がり益が出る場合もある

不動産は一般的に価格の規模が大きいため、不動産市場が活況で全体的な価格上昇を生じた場合の値上がり益が相対的に大きくなるという傾向があります。一方、バブルやインフレで不動産価格が上昇してもその恩恵を受けられる人も意外と少ないというのも事実です。

それは所有不動産が自宅のみというケースが一般的なため、売って値上がり利益を享受しても次に買う物件も同じように値上がりしていることから、実際は利益の享受にならず、そのまま動けないということでもあります。つまり、不動産全体が値上がりする場合はその銘柄（物件）だけではなくその市場全体でほぼ同時に動きがでるということです。

あたりまえのことかもしれませんが、売らないことには最終的な利益も損失も確定しません。

もちろん、値上がりのチャンスを逃すなとばかりに、唯一の不動産である自宅を手放してそのあと値下がりしてから買い戻すということができればいいのですが、そういったタイミングの時には「売ってからまだ値上がりしたら買えなくなる」「インフレが進んだらせっかく手にした利益も大幅に目減りしてしまう」「待っていればもっと高く売れるのではないか」といった計算が脳裏に浮かび決断が下せないことが多いというのが普通の感覚でしょう。

その点、投資物件を含め複数の不動産を所有している場合はいくつかを売却して利益確定させ、その利益を保有し続ける物件に再投資したり、ローンの繰上げ返済にあてたりするとか、別の物件に再投資するとかいった作業をしやすいので選択肢が広がり、精神的なストレスも軽減されます。

▶値下がりしても追加担保・追加証拠金を求められない

土地神話やサブプライム問題を例に挙げるまでもなく、不動産も値下がりします。

ただし、値下がりした場合に、・ローン借入れをしている金融機関から値下がりしたことを原因にその物件を売却するよう求められたり、追加の担保や借り入れの一部・あるいは全部の返済を求められることがないという部分が不動産投資の特筆すべき特徴です。

不動産担保で借りていた融資の一括返済を求められるといういわゆる「貸し剥がし」が問題になることがありますが、これは建売業者や法人が１年単位の貸付として借入する事業資金を期末に継続させず打ち切るというものであり、一般的な不動産投資家が利用するアパートローンとはまったく違う種類のものといえます。従って、価格の収支が合っていれば物件価格の増減とは関係なく、そのまま粛々と不動産経営を続けていけばいいのです。

ただし、例外的にノンリコースローン（非遡及形ローン）でトリガー（引き金）条項が盛り込まれている場合には、値下がりに伴って強制的な売却、あるいは借入金の一括返済が求められることがあります。

通常のローン（遡及形ローン）は、万が一売却資金でローンを返せない場合、債務者のほかの財産に対しても金融機関の効力が及びますが、ノンリコースローンの場合は金融機関が融資した当該物件に効力の範囲が限られます。

つまり、融資期間中に不動産価値が貸付残高を下回ってしまった場合、金融機関は債権回収リスクを負うことになるということです。ノンリコースローンの物件価格に対する貸付割合が低い（いわゆる掛け目が厳しい）のもそのあたりが理由になっています。そこで定期的に担保物件の評価を行い一定基準の価格評価を下回ったらその時点で強制売却・債権回収という流れになるわけです。まさしく引き金（トリガー）です。

▶値下がりしても儲かる場合がある

物件の値上がり値下がりと、キャッシュフローベースの損益は分けて考える必要があります。ここでは保有期間中のキャッシュフローの有無や諸費用・税金・インフレ・貨幣の時間的価値は考慮せずに解説します。

購入時		→	売却時
価格	5,000 万円	→	4,000 万円
自己資金	500 万円※	→	1,000 万円※
借入	4,500 万円	→	3,000 万円

例えば、自己資金を 500 万円入れて 4,500 万円のローンを組み 5,000 万円の物件を購入したとします。そして数年後に 5,000 万円で買った物件は 4,000 万円に値下がり、1,000 万円の損失が出たとします。そこで泣く泣くその価格で売却したところ、ローンの残債は 3,000 万円になっていて売却代金からローンを返済した残りは 1,000 万円になっていた。つまり、物件価格は下がったが、融資残高が減少したことによりキャッシュベースで見ると 500 万円の利益がでている。ということです。

この、「最初に入れた 500 万円が 1,000 万円になっていた」ということに対して、「そのときの 1,000 万円の価値は今の価値でいくらなの？　ラーメン一杯100万円の時代に1,000万円もらってもしょうがないよ」とか、「長期国債や預金の利回りが複利で10%になっていて500万円を10年預けたら1,300万円くらいになるからわざわざ不動産投資する必要ないんじゃないの？」とかいった判断をするのが貨幣の時間的価値を織り込むということです。

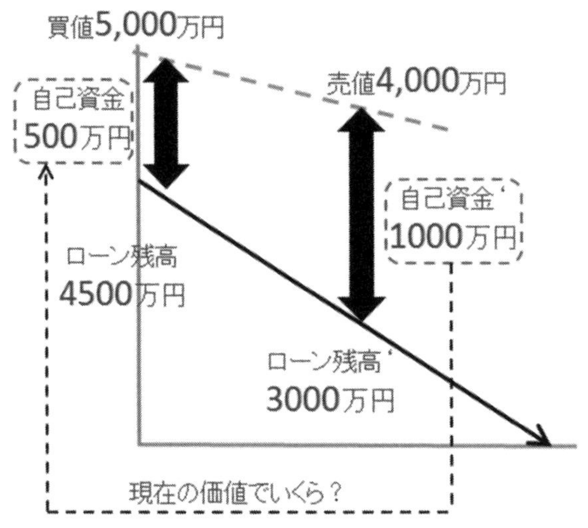

▶購入物件を担保にして借り入れられる（個人版LBO）

不動産以外の投資の場合、基本的には投資する金額相当の投資しかできません。もちろん株式投資などでレバレッジを効かせることはできますが、それは保証金を入れた信用取引のことを指しますので100万円の手付金を入れておき、後から900万円払うので1,000万円分の株を買うといった仕組みになります。

その間に株価が30%上昇し、1,000万円で取得した株が1,300万円になれば、残りの900万円を払っても手元に400万円が残り元手の

100万円はわずかな期間で4倍になったということになります。

逆に30%値下がりすれば1000万円が700万円になりますから残りの900万円を支払うためにはあと200万円どこかで用立てないといけません。元手の100万円を失ってさらに200万円の穴をあけるわけです。

不動産投資におけるレバレッジは、これとはまったく考え方が異なります。

詳しくは後述の項目で解説しますが、「購入する物件」を担保にして、「購入する物件から生じる収入」を返済原資に充てるという意味合いにおいては、買収企業を担保にし、その収益を返済原資とするLBO（レバレッジ・バイ・アウト）に類似した投資であるということができます。

▶工夫次第で収益性を高めることができる

不動産投資以外の投資でもいろいろな分析をして銘柄や商品を選択していきますが、あくまでも受動的な情報の受け手としての立場になります。もちろん自分の勤務先の株や社債に投資している人であれば会社の業績アップの一助としてかかわることはできますし、自分が投資している会社の商品を消費者として応援してあげることもできるかもしれません。

不動産投資の場合は投資家として物件の価値をあげることができます。例えば、掃除を頻繁におこなって清潔な状態を保つのも価値をあげるひとつの方法です。TVモニタフォン・防犯ガラス・ディンプルキーなど物件のセキュリティを強化してより長く住んでもらうように入居者にアピールしようとか、外装を塗り替えてエントランス部分には自然石やタイルを施してグレード感のある物件に作りこみ賃料をアップしようとか、色々なことを主体的に実施することができます。

収益性を高めることは、同時に物件の価値を高める効果をもたらします。

ポイントは営業純利益（NOI）を高める工夫と、売却する場合に買主から見た物件の価格を高める工夫です。「V＝I／R」（V：価値、I：NOI、R：キャップレート・期待利回り）の公式に当てはめると、分子であるNOIを高める努力は、すなわち物件価値を高めるということがおわかり頂けると思います。

例えば、リフォームや設備の更新、管理状況の改善などを行うと賃料は上昇し、また高い水準を維持します。入居者サービスを充実して入居者の平均居住年数を長くする努力を行うと、入居者入れ替えに伴う原状回復工事や募集にかかるコスト、空室で稼動できない期間の圧縮などができますから、営業純利益（NOI）は上がります。

空室期間を一日でも少なくするために、退去予告から内装手配、条件決定、募集活動と一連の流れを作っておくことも必要でしょう。また、需給ギャップをリサーチして間取りやプランの見直し・改装をすることよって空室率を押し下げることもできます。

こうやって賃料水準や稼動状態が満足のいく物件にすることができれば、そうでない物件あるいはそうでなかった時よりも、リスクが軽減され期待利回りを押し下げます。

つまり、分母であるキャップレートを小さくする効果をもたらすわけですから、分子の増加と相乗効果を得て、解である価値（V）を大きく膨らませる結果になります。つまり価値が高くなったということです。

地域的な条件を反映したキャップレートは購入する段階で将来性も含め予想・判断するしかありませんし、稼動期間中も外部要因に左右されます。ただし、「物件独自の要因」による部分については自分の主体的な努力で改善することが十分に可能です。別の項目でも取り上げたようにキャップレート（R）の構成要素は、「無リスク金利（rf）＋リスクプレミアム（rp）－NOI成長率（g）」ですから、投資家に、よりリスクが低いと思わせるような状態を作り上げていくことはリスクプレミアム（rp）を押し下げるため期待利回りを下げ、それは同時にNOIを押し上げる効果をもつので、物件の価値が大きく上がるということです。

▶節税をしやすい

節税の基本は利益の圧縮・分散と課税評価の圧縮です。

個人の不動産投資の場合、5棟または10室以上の規模になったときに事業的規模とみなされて様々な税法上のメリットが発生します。(戸建や駐車場の戸数換算、シングルテナントビルなど収益が大きい物件など、5棟10室基準に満たなくとも形式基準が適用される場合があります。)

例えば個人が不動産投資を行う場合、青色申告をすることによって10万円の特別控除を受けることができますが、事業的規模で適正な会計処理を行えば特別控除の額は65万円となります。また、同居家族が経理事務や物件管理といった事業の手伝いを専従的に行う場合には経費として認められる「専従者給与」を支払うことができます。

物件管理や賃貸経営をする法人を設立して投資家である自分自身がその法人に管理や一括借り上げ（マスターリース）を頼むこともできます（もちろん実態がなければいけません)。

あるいは、自分で設立した法人自体が物件を取得し、不動産投資を行って、そこから給与や役員報酬をもらう方法もあります。

相続が発生したときにも、現金資産と違って不動産の場合はケースによって大きく課税評価を圧縮することができます。土地の上にアパートやマンションなどの賃貸用建物を建築運用するだけで、土地評価は「借地権割合×借家権割合」として、およそ20%前後の圧縮ができますし、建物も固定資産税評価として建築費のおよそ半分近くまで評価を圧縮するうえに、借家権割合（30%）をさらに圧縮することができます。

ほかにも小規模宅地の特例（200㎡まで50%圧縮）など節税スキームで使われるメリットは様々です。

もともと課税評価の元になっている相続税路線価は公示価格の80%程度ですし、減価償却が終了して簿価が限りなくゼロに近い建物を自分の法人や子供に売却・贈与しても、その建物がその後もかなりの賃料を稼いでくれる場合などは富の移転がスムーズにできます。不動産投資の場合は他の投資と比べると色々なことができますから、税の知識を学ぶことはそれだけで投資家としてひとつの武器になりえます。

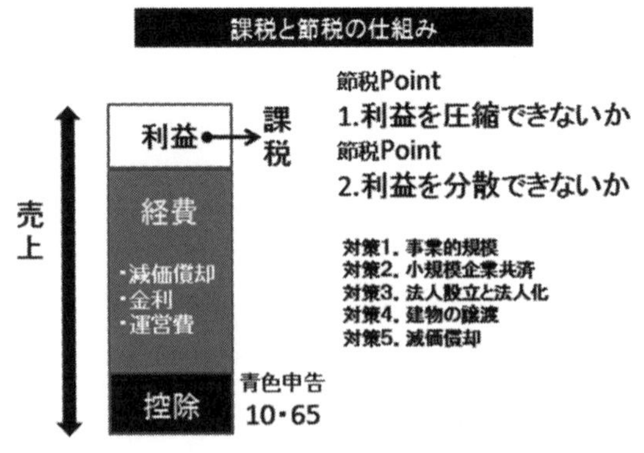

2. 不動産投資のデメリット

不動産投資にもデメリットがあります。

▶流動性が低い

預貯金であればＡＴＭですぐに出金できますし、株でも数日あれば現金化できますが、不動産は投資用とはいえ一般的な投資商品に比べると換金に時間がかかります。現金化を図るとすれば、

①不動産仲介業者に依頼して査定をしてもらう
②売り出し価格を決定して媒介契約を結び、流通市場に公開する
③購入希望者が現れて条件調整を行う
④合意が得られれば、手付金を受領して売買契約を締結する
⑤購入者は融資をあたる
⑥自分は既存借入先へローン弁済と抵当権解除の打ち合わせをしたり、入居者にオーナーが代わる旨の通知の準備をしたりする
⑦双方の準備が整ってから残金受領・登記移転・物件引渡し・諸精算を行う

この流れで行います。

この中で、例えば申し込みがキャンセルになったとか、契約の合意にいたらなかったりとか、購入者のローン審査が通らなかったとか、流れを阻害する要因があったりするとまた最初からやり直しということになったりするわけです。

どんなにスムーズにいっても（例えば言い値で現金で買う人がいる）２週間から１ヶ月はかかります。

でも、そのくらいの期間で現金化できるのなら、「流動性が低い」

とはいえませんね。

実際に、流通市場に回ってから数時間で何件も契約希望者が現れて翌日には契約、２週間後に残金決済というケースはよく見かけます。

一方、売るに売れず数か月どころか数年も塩漬けになって晒し者になってしまう物件も珍しくありません。

よく「売れない不動産は無い」と言う方もいますが、利用価値以上の保有コストがかかる、あるいは利用価値がない「タダでもいらない不動産」は全国津々浦々に存在します。

不動産と名が付けばなんでもかんでも「資産」と思っている人がいつか自分と同じように引っかかるのを探すしかない原野、保有コストだけはかなりの金額がかかるのに使いもしない荒れ果てた別荘、造成工事に坪単価30万円かかるのに、仕上がりで坪10万円でしか売れない崖地。今もこれからもだれも住む人がいないであろう場所にあり、他への転用も難しい賃貸住宅。これらの物件は流動性が低い、あるいは流動性がないという表現をします。

▶不動産投資特有のリスク（金利・滞納・空室・賃料・財務・災害・事件・事故）

不動産投資特有のリスクというものが沢山ありますが、基本的な考え方として「すべてのリスクには対処の方法」があります。

⑴最初からリスクを避けておく

⑵リスクの発生を予想して対応する仕組みを作っておく

⑶リスクが顕在化しないように予防的な準備をしておく

多くの場合、財務分析・市場分析など投資分析の知識と運営・管理の経験とノウハウがあれば、その過程で予想と対処の方法を考えることができます。

私がとっているリスク回避の方法をいくつか参考にご紹介しましょう。

■⑴金利上昇のリスク

「現金で購入」が最大の解決策ですが、それ以外にも対応する方法はあります。例えば、投資に対する借入金の割合を一定以上にしないというのも立派な対策です（ＤＣＲの項目で詳細に触れます）。私の不動産投資の項目でご紹介したように、いろいろな物件を組み合わせていくというのも、ある意味金利上昇リスクからの回避の方法です。あるいは固定金利の選択といった方法もあります。

固定期間は20年とか30年とか全期間の選択ができるローン商品もありますが、固定期間が長くなるほど金融機関の金利変動リスクを織り込まないといけませんので、最初の金利は割高になる傾向にありその点が不利になります。

また、固定期間中のローン弁済には、残高の数パーセントやローン残り期間の未払い金利など、かなりの金額のペナルティが発生するケースがほとんどなので、繰り上げ返済や出口戦略による売却という選択肢をとるときに足かせになる場合があります。

個人的には、３年・５年といった一定期間の固定期間選択でも十分にリスクヘッジをすることはできると考えています。

「固定期間終了時の元金残高が確定できるということ」と、「固定期間中のキャッシュフローを留保しておくこと」は、金利上昇リスクを、コントロール可能なものとしてくれます。

例えば、新築で購入した物件の場合であれば、

当初の銀行借入5,800万円（年利2.7％・元利均等返済・25年返済）

年間ローン返済額……………………………………　3,192,938円

初年度の税引後キャッシュフロー……………………　937,462円

固定期間が終了する５年後の残債………………………49,301,110円

５年間の税引後キャッシュフロー累計……………………3,232,810 円
これを繰上げ返済した場合の残債……………………… 46,068,300 円

固定期間選択型の場合、期間終了時の融資の内部は、
⑴その期間が終了した時点で残っている借り入れ元金を
⑵残りの期間で借り換える
……という扱いをしますので、例えば繰り上げ返済をしなかった場合で、金利が１％上昇し、3.7% になったと仮定した場合、固定期間が終了する５年後の残債「49,301,110 円」を年利 3.7%・20 年返済で借り換えることになります。

この場合年間ローン支払額は 3,492,231 円になりますから、従前の年間返済額 3,192,938 円と比べると、299,293 円（月額 24,941 円）の増加になるということです。

2.7% → 3.7% と金利上昇を生じた場合でも返済額が変わらないようにするためには、この時点での借入金額を減額することによって対応できます。原資は、保有によって手元に残った税引後キャッシュフロー累計を転用することが可能です。

年間返済額 3,192,938 円・年利 3.7%・期間 20 年の場合、借入額は 45,075,878 円となりますので、５年後の残債 49,301,110 円との差額 4,225,232 円を繰り上げ返済すれば、返済額は従前と変わらない状態にできます。

５年間の税引後キャッシュフロー累計 3,232,810 円ですから、近い線にはなることでしょう。
⑴不足する 992,422 円を自己資金で追加するか、
⑵ ATCF 累計額を繰り上げ返済して、46,068,300 円を新たな借入

残高、年間返済額3,263,236円として、年間70,298円（月額5,858円）の返済額上昇で済んで良かったと受け入れるかどうかの判断を下すことになるでしょう。

金利上昇の程度、残債の減り具合、税引後キャッシュフローの累積状況などによって条件がかわりますが、考え方としてはこのような計算をして判断をします。

■⑵地震などの災害に関するリスク

不動産投資は、基本的に建物を貸して売り上げを上げる場合が多いので、震災や風水害といった災害リスクと無縁ではありません。

「耐震性能」や「震災に対するリスク」については、地域・地盤といった立地条件、基礎・建物重量・建物構造・壁面と開口部の平面的及び立面的バランスといった構造的な条件、あるいは耐震金物・構造壁・筋交いといった使用部材によって決まります。

社団法人日本建築士事務所協会連合会http://www.njr.or.jp/のＨＰで「木造住宅の簡易耐震診断」、「石積み、ブロック積み擁壁の自己診断」という簡易診断フォームがありますのでアパート系の建物を検討する場合はチェックしてみると良いでしょう。

また、地震だけではなく洪水被害や土砂災害などの危険性に関しての情報は国土交通省のハザードマップポータルサイトhttp://www1.gsi.go.jp/geowww/disapotal/等から確認することができます。

「昭和56（1981）年６月１日の新耐震基準施行後に建築確認を取得し、建築された建物であれば安全である」といった意見もあります。

確かに阪神淡路震災（1995年）では昭和57年以降建築の建物では大破および中・小破の被害があったものが全体の約1/4であったのに対し、昭和56年以前の建築は約2/3に達していますから（Ｈ７阪神淡路大震災調査委員会中間報告)、間違ってはいませんね。

ただし、昭和47年から56年の10年間に建てられたものを「新耐震移行期」として分類した場合、被害の差はそれほどは出ていません。

東日本震災（2011年）では、マンションの「大破」は旧耐震も含めゼロ%、「中破」は旧耐震ではゼロ%、移行期6.3%・新耐震1.4%、「小破」は旧耐震100%、移行期34.2%、新耐震17.2%、「軽微・損傷無」は旧耐震0%、移行期59.5%、新耐震82.4%といった調査結果が出ています。(社団法人高層住宅管理協会)

ちなみに、全国のマンションストックのうちおよそ30%は新耐震基準以前の建物です。また、新宿区・渋谷区といった都心地域ではそ

東日本大震災被災状況報告

（単位：棟）

	大破	中破	小破	軽微・損傷無
旧耐震	0%	0%	100%	0%
移行期	0%	6.3%	34.2%	59.5%
新耐震	0%	1.4%	16.2%	82.4%
総計	0%	1.6%	17.2%	81.2%

社団法人　高層住宅管理協会　東北6県会員社

※旧耐震：～1971年　移行期：1971～1981年　新耐震：1981年～

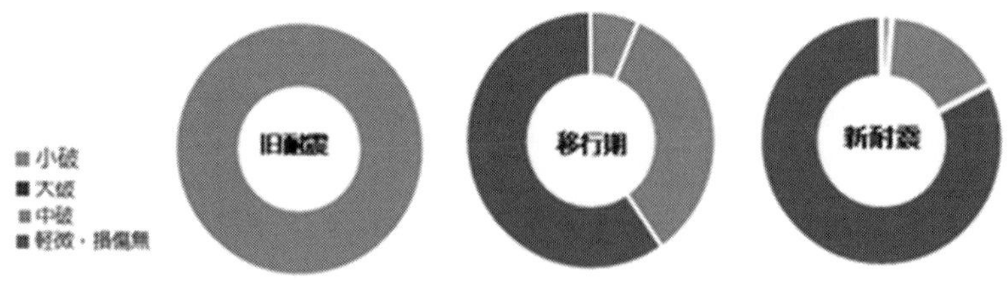

のシェアは40％以上、港区にいたっては50％を超えています。㈱東京カンテイ）

考えてみれば、場所がいいところから開発が進んでいったわけですから、賃貸需要がありそうなＡクラス立地のほうが古い物件が多いというのは当たり前かもしれません。従って、立地条件を優先すればするほど、古い建物が検討に入ってくる可能性が高くなるということでもあります。

「新耐震基準はすべて安全で、旧耐震はすべて危険」かといわれると、そうともいえないのが難しいところです。

古い建物でも、

⑴柱・梁・耐力壁が適正に配置されていて

⑵十分な強度と粘りがあり

⑶ピロティ・変形平面といった「建物の重心・剛心のバランスを崩すようなプラン」になっていない

⑷しかも地盤が良好

……という場合は良好な耐震性能を有している場合が数多くあります。

逆に新しい建物であっても、例えば「直下型地震に対しての耐震計算」はそもそもできませんし、「地盤の固有周期と建物の固有周期」がぴったり合致したりするとその建物だけ大ダメージを受けることもあります。

そもそも、構造計算をするときには、60年に一度程度の大地震では基本的に壊れない「損傷限界計算」と数百年に一度の巨大地震でも中の人が死傷しないように安全に壊れる「安全限界計算」の二本立てで計算します。人的被害はなくても、物理的な被害の可能性からは免れることはできないという点においては、たとえ新築のＡクラスビルであっても同じです。

もちろん、古い建物で一見、大丈夫そうに見えるものでも現在の技術で耐震診断を行い、必要とあらば耐震補強をしておかないと、いざ震災で建物が倒壊、入居者が亡くなるといった場合にオーナーとしての大きな賠償責任を負担しないといけなくなります。

阪神淡路震災で倒壊した補強コンクリートブロック造４階建ての賃貸マンションでは、亡くなった１階部分の入居者の遺族（原告）から、３億334万円の存外賠償請求が行われ、物件オーナー（被告）に対して１億2,900万円の支払い判決が出ました（H 11.9.20 神戸地裁)。激甚災害で半分は不可抗力ともいえるが、耐震診断や耐震補強を行っていなかった物件オーナーにも半分は責任がある、という内容です。

いずれにしても、大きな地震に対しては「建築確認時期」だけで判断するのは片手落ちだということです。

「地域を分散させてリスクヘッジをする」という方法もありますが、リスク分散のために購入した地域が賃貸経営上需要のある地域かどうかは別問題ですから、投資のひとつの要因として震災リスクを捉え、全体的な判断をする必要があるでしょう。

「地盤のいいところだけで投資をすればいい」という方もいますが、かなりの深さまで掘削しないと工学的地盤がでてこない東京湾沿いの埋立て地帯などは、入居者需要も多く様々なインフラも整った不動産投資を行うには非常に魅力的なエリアだったりします。多くの地域において街の成り立ちは、歴史的に港や河川といった水際から発展することが多いのでこれも、当たり前の話かもしれません。

「地震保険でカバーしよう」という案もありますが、基本的には再建築の費用をカバーする火災保険の50％まで（一室あたり５千万円が上限）の保証となりますから、残りの50％のリスクはなくなりません。「超保険」など、全額をカバーする商品も登場しましたが、掛け金はそれなりの金額になります。

どうでしょう、なかなか難しいところではないでしょうか。

ここで、視点を変えると別の解決策が出てきたりします。

私の最初の物件、昭和45年築の木造アパートをみてみましょう。

新耐震基準ができる10年前に完成したかなり古いアパートで、心配でしたので当然耐震補強の必要性についても検討しましたが、意外にも耐震診断の結果「ほぼ安全」という診断がでました。集合住宅は、総２階建で上下階の壁の連続性があり、また細かく各室で区割りされているので壁量がとても多く単純な平面・立面構成になることが多いので、耐震性能が比較的高い場合が多くなります。

もしも耐震補強が必要という診断であれば、筋交いの追加や耐震金具による補強という対策を行うことになりますが、その場合の工事費のかなりの部分が外装なり内装を部分的に一度取り払ってまた復旧する「化粧」の部分になりますから、バリューアップ工事と一緒に実施すると良いでしょう。室内の石膏ボードを構造用合板に張り替えるだけでもかなりの耐震性がアップします。

この築古アパートが万一震災によって大破した場合、投資家としての私自身はどのような財務上のリスクを負うかということを検証してみましょう。

当初の１戸あたり月額賃料　23㎡……………………43,000円×８戸
総潜在収入（GPI）…………………………………………4,128,000円
（空室損10%・運営費８％設定）
営業純利益（NOI）…………………………………………3,384,960円
ローン支払い（ADS）………………………………………2,271,600円
税引前キャッシュフロー（BTCF）……………………1,113,360円

震災で建物が大破した場合、ひとつの選択肢としては「更地で売却してローンの残債を返す」という手もありますが、（建物が倒壊した場合はその時点で入居者との間で交わされた賃貸借契約は効力を失いますので、立退き等の問題は無くなります）ここでは、もうひとつの選択肢として「新たにアパートを再建する」というケースを検証してみましょう。

23.18㎡の１DKが８世帯、合計185.48㎡（56.1坪）という建物です

から、外構工事・給排水管の引込なども含めて坪（3.3㎡）単価 60 万円と想定した場合、約 3,360 万円が再建築費ということです（戸あたり 420 万円ということです）。

この建築費は全額金融機関で借入れすると想定します。新規の物件購入とは異なり、所有している土地の上に建築する場合には、「担保評価以上の借入れがされていない限り」借入先に困ることはあまりないと思います。また、こういった震災の後には低金利で公的資金の援助が受けられる場合が多くみられます。

設定条件を、借入額 3,360 万円・年利 2.0%（元利均等返済）・融資期間 30 年とすると、年間返済額は 1,490,300 円になります。

購入したときに借入したローンはまだ残っていますから、ダブルの支払いとなり、かなりの負担増となります。

既存の年間ローン返済……………………………………………2,271,600 円
＋）新規の年間ローン返済…………………………………1,490,300 円
＝）合計……………………………………………………………3,761,900 円

しかし、昭和 45 年築の古いアパートは新築物件に建替えられていますので、従前の月額賃料 43,000 円ということはないでしょう。震災のあとには住宅が不足することもありますが、それを除いても新築であれば坪単価 9,000 円は取れる地域なので、７坪（23㎡）の１DK は 63,000 円／戸の賃料設定ができます。空室損･運営費比率が同一だったとすると下記のように収支は変化します。

当初の１戸あたり月額賃料　23㎡……………………………………

43,000円×8戸→63,000円×8戸

総潜在収入（GPI）……………………… 4,128,000円→6,048,000円

営業純利益（NOI）……………………… 3,384,960円→4,959,360円

ローン支払い（ADS）……………………2,271,600円→3,761,900円

税引前キャッシュフロー（BTCF）………1,113,360円→1,197,460円

税引後キャッシュフローは、年間84,100円プラスになりますし、税引後で考えると減価償却や金利負担割合が多い新築の方が、さらに有利になることは容易に想像できます。

また、これは地震保険の加入を想定していません。3,360万円の50%にあたる1,680万円の保険金がおりれば、その分の返済が少なくなりますので、

既存の年間ローン返済 ……………………………………… 2,271,600円

＋）新規の年間ローン返済 ………………1,490,300円→745,150円

＝）合計……………………………………… 3,761,900円→3,016,750円

となり、

営業純利益（NOI）…………………………………………4,959,360円

ローン支払い（ADS）………………………………………3,016,750円

税引前キャッシュフロー（BTCF）………………………1,942,610円

と、さらに改善されます。

ここで心配になるのは、「新築で設定した賃料は、建物が古くなるにしたがって下がっていく」という点ですが、その頃には最初に購入したときのローンは先に期間満了して完済しますので、年間ローン支払いは3,016,750円→1,490,300円（地震保険の保険金が50%出た場合は745,150円）と大幅に返済負担は下がります。

仮に1世帯あたり賃料が63,000円→53,000円(約-16%)まで下がったとしても、

1戸あたり月額賃料　23㎡……………………………53,000円×8戸

総潜在収入（GPI）………………………………………5,088,000円

営業純利益（NOI）………………………………………4,172,160円

ローン支払い（ADS）…………………………1,490,300円（745,150円）

税引前キャッシュフロー（BTCF）………2,681,860円（3,427,010円）

悪くない数字だと思います。

これらの計算は、「建築コスト」と「再建後の賃料」によって効果が異なるということをご理解いただけるでしょう。賃料が安い地域では、この効果は小さくなり、しばらくの間はキャッシュフローは再建前よりも少なくなるかもしれません。逆に、賃料の高いエリアでは、キャッシュフローはさらに大きくなるはずです。

震災や火災、水害といった災害リスクは造成地で擁壁が崩れたといったようなケースも含めて､「建物や工作物に関するリスク」といって良いでしょう。

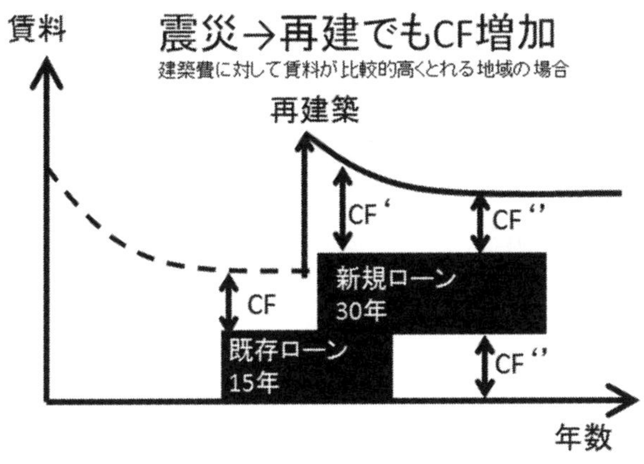

物件の価値のなかで「建物」や「工作物」がどのくらいの割合を占めているか、「土地」がどの位の割合を占めているかによってリスク回避の方法は変わってきます。

昭和45年築のこのアパートは建物の価値はほぼゼロですから、場合によっては再建せずに更地にしたほうが高く売れるかもしれません。また、前述のように建て替えをしても十分に利益が出ますので、どちらの選択肢も取れるというわけです。

都心部で流通している15㎡（約5坪）程度の古いワンルームマンションで、1,000万円前後の価格設定がされている物件はかなりありますが、容積率を500%消化していると仮定すれば、5坪÷500%＝1坪（3.3㎡）程度の「土地持分」を持っていると考えられます。坪単価1,000万円を超える地域は都心部のマンション立地エリアにおいては珍しくありませんので、区分所有とはいえ、更地になって皆で分けた方が価値が高いという場合も十分にあります。

逆に、新築や新築に近い木造や軽量鉄骨のアパートであれば、物件価格の半分程度、鉄筋コンクリート系であれば、区分にしても一棟ものにしても7割程度が建物価格となる場合が首都圏では多いと思います。もちろんこの割合は地域によって異なります。当然、建物価格は全国ほぼ一緒ですから、地価が安い地域であれば建物価格の割合は上がりますし、地価が高い地域では割合が下がります。

他方、新しい建物は、耐震性能が古い建物よりもはるかに優れていると考えられ、その部分で震災リスクを担保する事ができるといえます。

金利上昇、災害リスクについてここでは取り上げましたが、同じように色々なリスクには色々な回避の仕方があります。詳しくは、また別の機会にご紹介できればと思います。

■⑶短期の売買を繰り返すには費用コストが高い

不動産の売買を行うときには、購入時、売却時ともに様々な費用が発生します。

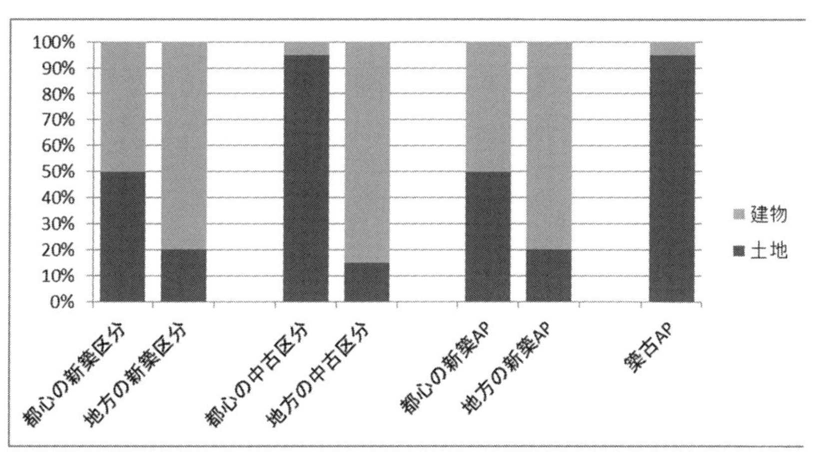

購入時には、

①仲介手数料及び消費税（新築などで売主から直接購入する場合は不要）

②登録免許税（所有権移転・抵当権設定、新築であれば建物表示・所有権保存）

③司法書士手数料

④印紙税（売買契約書・金銭消費貸借契約書等）

⑤金融機関の手数料や場合によっては保証料

⑥不動産取得税

⑦火災保険料など。

首都圏においては、諸費用は物件価格の7〜8％程度が一般的と思われますが、これは「地域」や「構造」、あるいは借入の有無や金額といった購入者の条件によっても大きな差が出ます。建物の登録免許税や取得税といった税金は、建物の評価によって決定しますので、仮に（地方などで）物件価格が半分になったとしても、建物の登記費用は変わりませんし、銀行の費用も同様です。ということは物件価格に対する諸費用をパーセンテージでみると、かなりの割合になるということです。例えば、売買価格100万円の区分マンションを買って登記費用・税金・手数料関係で50万円かかるということはよくありますが、この場合は、購入経費の割合が売買価格の50％ということになります。

また、建物の構造・面積・用途・築年数などの条件によって税額控除が受けられたり受けられなかったりということもあります。

売却時は、購入時よりも経費負担は軽くなります。

①仲介手数料及び消費税

②契約印紙税（売買）

③抵当権抹消登記

④銀行繰り上げ返済手数料

⑤場合によっては固定期間中の一括繰上返済ペナルティ等

売却価格の4％前後という場合が多いと思います。逆に購入時に長期間一括加入した火災保険料や保証料などについては、期間割で多少戻ってくることもあります。

仮に、購入時8％、売却時4%のコストがかかるとすれば、売り買い両方で12％の経費が掛かるということです。購入して１年後に１割増しの価格で売却しても、利益がコストで全部食われてしまいますね（元金の減少による手取りキャッシュについてはここでは無視します）。一年あたりのコストとしては、３年保有なら４％、６年保有なら２％、12年保有なら１％に薄まりますが、いずれにしても短期で売買を繰り返すには無視できない金額だということです。「ミニバブルなどで短期間に値上がりしたときに喜び勇んで売却したものの、手取りの現金を計算すると思ったほど儲からなかった」という方は少なくありません。

これは売買に伴うコスト負担が大きいことと、短期譲渡（売却した年の１月１日現在で保有期間５年未満）になることから、譲渡利益に対する税率が39.63％と比較的高くなるのが理由です。

■⑷値下がりして売却をする場合、売値が残債を下回る場合がある

「ローン残高によっては、不動産は値下がりしても手取りの現金が増える」ということについてメリットの項目でご紹介しましたが、「売った金額ではローンの残債を返せない」というケースももちろんあります。

特に①フルローン等、物件価格に対する借入が過大で②売却時の価格が大きく購入価格を下回る・・・といった場合に、このケースになる可能性が高くなります。値下がりの原因は、

①景気後退やバブル崩壊

②新築物件が中古になる過程での値下がり

③流動性の低い地域で買いたたかれる

④運営状態・稼働状態が悪く買いたたかれる

⑤もともと購入価格が相場よりも高かった

……等の理由が考えられます。

【実際にあった相談例】

物件：新築区分マンション

価格：1,890 万円

賃料：相場 85,000 円（表面利回り＝5.4%）

　　：保証賃料 76,500 円（相場賃料の 90%）……4 年間

管理費・修繕積立金：9,000 円／月

立地：東京 23 区内城東地区、最寄駅徒歩 7 分。大型 SC・大学など揃った好立地

面積：20㎡（1K タイプ）

融資条件：LTV90%・年利 3.775%（元利均等返済）・期間 35 年

①都心の一等地、②新築、③借上げ保証と 3 拍子揃った安心感から投資をスタートされた方からの相談です。売主直販の新築物件ですから、仲介手数料がかからないのも魅力だったそうです。

物件価格……………………1,890 万円
−）頭　　金…………………190 万円
＝）ローン借入 ……………1,700 万円

月額保証家賃 ……………… 76,500 円
−）管理費・修繕積立金……9,000 円
−）月額ローン支払い …… 73,000 円
＝）月額自己負担…………▲5,500 円

「わずか5,500円を毎月支払うだけで夢の大家さんになれます！団体信用生命保険にも加入しますから、保険と思って支払えばタダで手に入るようなものです」という営業マンの勧めで購入を決断したそうですが、よくあるケースではないでしょうか。

この方が持参した提案資料の問題点は

①４年間の借上げ保証期間が終了したあとの空室率が見込まれていない

②運営費の漏れが多く、ごく一部についてしか触れられていない

③ローン金利の設定がごく短期間の優遇金利

いろいろありましたが、まず「持ち出しになったら投資にならない」という視点が抜けています。

高所得で税率の高い個人の「節税対策」商品として販売されることの多い新築区分ですが、実は、初期費用がかかる初年度以外は、節税のポイントともいえる経費化できる金利・減価償却が大幅に縮小し、「節税効果を大幅に上回る赤字」を発生させるただの金喰い虫になる危険があります。（それを知るのは大抵、翌々年の確定申告をする時なのですが）販売会社にクレームを付けようにも当時の営業マンはとっくに退社していて「投資は自己責任」というお決まりの文句で取り合ってもらえないという結果に。おまけに「こちらに丁度いい物件がありますので、追加でもう１部屋買えばまた節税になりますよ」といわれて、結局５件買わされさすがに負担が重くなって持ちきれなくなったという笑えない相談も珍しくありません。

このケースを詳細に検討するとこんな感じになります。

物件価格 1,890 万円＋諸費用 70 万円＝総投資額 1,960 万円

自己資本（E）…………………………………………………… 260 万円
ローン借入（LB）年利 3.775% 35 年返済………………… 1,700 万円

潜在総収入（GPI）85,000 円× 12 か月……………………1,020,000 円
△空室損・滞納損 （借上保証差額 10%）……………102,000 円
実効総収入（EGI）……………………………………………918,000 円
△運営費（Opex）管理費・固定資産税等…………………201,700 円
営業純利益（NOI）……………………………………………716,300 円
△年間負債支払額（ADS）……………………………………875,900 円
税引前キャッシュフロー（BTCF）…………………… △ 159,600 円

ローン期間は 35 年ですから、△ 159,600 円× 35 年＝約 560 万円の持ち出しが発生します。しかも、それは金利・賃料・空室率に変動がないという前提です。また、ここでは税金について勘案していません。

この 560 万円の持ち出しと、購入時に投資した自己資金 260 万円を回収するためには、ローン終了後のキャッシュフロー 716,300 円を充てることになりますから、（560 万円＋ 260 万円）÷ 71.63 万円＝約 11 年半の期間をさらに必要とします。

つまりキャッシュフロー的には、35 年＋ 11 年半＝ 46 年半でようやくスタートラインに立てるという計算になります。

【効率を見る指標】

ローン定数（K% ＝ ADS ÷ LB）………………………………5.15%
総収益率（FCR ＝ NOI ÷ （E+LB））…………………………3.65%

これが意味するところは、「借金の返済負担率よりも投資利回りが

劣る」ということです。

自己資本配当率（CCR = BTCF ÷ E）……………………… マイナス
レバレッジ判定…………………………………………ネガティブ（－）
自己資本回収期間（PB = E ÷ BTCF）…………………………46.43 年

【安全性を見る指標】

ローン支払いの安全率（DCR = NOI ÷ ADS）……………………0.82※

※ 1.0 未満はデフォルト＝破綻です。

損益分岐点（BE% = （Opex+ADS） ÷ GPI）………………105.6%※

※会社でいえば固定・変動経費が売り上げの 1.05 倍だということ。満室でも赤字です。

ローン資産価値比率（LTV = LB ÷物件価格）………………………0.9

思ったよりも自己負担が多くて持ちきれなくなるか、あるいは投資として成立していないことにはたと気づいて売却ということになるケースもありますが、「では、どうしたらいいか」ということがわからずそのままになってしまう人が大多数ではないでしょうか。

例えば、購入２年後に気が付いて売却したいということになったらどうでしょう。

買主（＝次に買う投資家）がいくらで購入するかということがポイントですが、収益物件の場合“ＪＲＥＩ（財団法人日本不動産研究所）”http://www.reinet.or.jp/ が行っている半年ごとの不動産投資家調査などが役に立ちます。

この相談があった当時に行われた 2008 年 10 月 1 日発表の第 19 回

不動産投資家調査をみると

ワンルーム

交通アクセス：最寄駅から徒歩10分以内

築年数：５年未満

平均専用面積：25～30m2

総戸数：50戸程度

城東地区（墨田区、江東区）東京、大手町駅まで15分以内の鉄道沿線

・期待利回り5.8%　・成約利回り5.2%

という結果になっています。年金基金、生命保険、不動産賃貸、投資銀行、商業銀行・レンダー、開発業（デベロッパー）、アセット・マネージャー、格付機関などはこういった物件であればネット利回り5.8%を希望するが、実際は5.2%で取引されているということです。

仮にこの「5.2%」をこの物件のキャップレートとして適用し、売却価格を算出すると以下のようになります。

営業純利益（NOI）716,300円÷キャップレート5.2%＝物件価格約1,380万円

－）売却のための諸費用（４%と仮定）…………………… 約55万円

－）借入２年経過後のローン残高………………………… 約1,650万円

＝）売却のために必要な自己負担…………………………約325万円

この金額（約325万円）を用意できないと売却はできません。購入時の自己資金260万円、２年間のマイナスキャッシュフロー32万円を合わせると、２年間で617万円の損失です。授業料としては安くな

い金額です。

もちろん銀行と相談して、その分を分割して払うなどの話が付けば、抵当権もはずせないこともありませんが、信用情報に傷がつきますし、実際は他の担保がないと難しいかもしれません。

キャッシュフローが出る物件であれば、「売らずにそのまま持っておこう」という判断ができるかも知れませんが、いかんせん赤字の物件を持ち続けている限りは、いつ売値が残債を上回って売却できる状態になるのか、自分の持ち出しがいつまで続けられるのかという体力勝負になってしまいます。

■⑸細かい分割がしにくい

金融商品と違って、不動産は二つの理由から敷地や建物の一部を売却したりすることが難しいという特徴があります（不可能ではありませんが）。

⑴法律的な問題

敷地を分割して売却する場合、宅地建物取引業法による許可を得た免許業者以外は不特定多数の相手に反復して不動産を販売してはいけないという法律になっていますので、免許業者以外の方がこれをやると法によって処罰を受けます。

物件を残したまま敷地の一部を分筆して売却、といったケースは、認められることもありますがあくまでもグレーな扱いです。逆に言えば、宅建業者としての免許を取得すれば、業として通常区画が大きく単価の安い土地を購入して、分割転売などで利益を出すこともできます。

⑵物理的な問題

敷地の一部を切り売りすることによって既存の建物が違反建築になってしまう場合もあります。これは、購入者のローン付けに問題がでたり、建替えるときに予定が狂うなど、あとになって苦労しますので要注意です。留意すべき点は、

①敷地面積の最低限を定めた規制

②建物の種類・規模ごとに定められた接道間口の確保

③建物を建築する場合の境界線からの離れや避難通路の確保

④排水や給水経路の確保

いざ、検討するとなかなか難しい場合が多いです。

また、構造的な問題から、建物を切り離したりするのはさらに困難です。

「細かい分割が容易」であるという意味では、ひとつのまとまった物件をどうするかよりも、複数の物件を所有するという方法に軍配が上がります。

3. これだけははずせない3つの重要ポイント

不動産投資にはいろいろな側面・切口があります。不動産、建築、法律、税金、金融の知識、さらには経済や社会科学的な分野も、不動産投資にとってはとても大事な要素といえます。

投資家それぞれに、得意分野や知識の差やこだわるポイントがあります。ですので、ある人から見ると別の人が行う投資は、否定的なものとして映ったり、あるいは投資の様々な側面・切口を知っていくごとに、それまで信じていた方向性に迷いが生じたりということが起こってきます。

例えば、建築士や建築会社の立場で投資提案をするときには、建物のプランやグレード、全体のボリュームをどれだけ大きくとれるかといった側面が強調されやすくなります。収支上は、「容積率を十分に消化しないで小さな建物を建てる方が良い」という結論になることもあるはずですが、そういった着眼が理解されることは少ないと思います。

税理士や会計事務所の方が、クライアントである資産家などに提案する場合であれば、相続税や所得税の圧縮という側面にフォーカスされやすくなります。

金融機関であれば、築年数の新しさや担保評価といった部分に力点が置かれるでしょうし、マンションデベロッパーや不動産会社の営業マンであれば、いかに自社の物件が優れているかという側面を強調することになるかもしれません。

それぞれが、それぞれの立場で重要と感じる部分が違うのは当然ですが、建築基準法を始めとした関連法規に抵触しない適法物件かどうか、ローン条項や瑕疵担保責任などの保証条項といった契約条件についての問題はないかどうか、建物の修繕や維持管理についてどのくらいの予算を見なければいけないか、税務上の問題がないかどうかなど、判断をしなければいけないことはいくらでもあります。

側面や切口が多いということは、「とにかく色々知らなければいけないことが多すぎる」と、不動産投資に関するハードルを高く感じさせる原因のひとつになっているかも知れません。

そんな中、不動産投資でここだけは押さえておくべき重要ポイントとして挙げるとすれば以下３つの項目になります。

▶貸せるか？

どんなに高い満室想定利回りの物件でも、入居者が付かないことには絵に描いた餅になりますし、そもそも不動産投資は成立しません。

購入を検討している物件が現在満室で稼動していたとしても、これから先将来にわたって貸し続けることができるかどうかの保証にはなりません。

売主業者や販売業者に、購入や建築の条件として数十年の「一括借上げ保証」を付けてもらえたとしても、法律上、借主には強い権利がありますので、賃貸市場が悪くなったときには、“借上賃料の大幅な減額”か“賃貸借契約の解除”かという二者択一を迫られることになります。後になって「こんなことなら、やらなかったのに」と後悔したり、寝耳に水の事態に困難な対応をするはめになりたくなければ、市場の空室率や賃料水準が現在どのようになっていて、その物件はどういったポジションにあるのか、また今後どうやって変化していく可能性があるのか、ということを政府の統計や自治体のデータ、地域の企業や大学などの状況といったマクロ分析､そして競合物件の動向や、着工状況､検討物件の入居状況一覧（レントロール）･運営履歴（トラックレコード）といったミクロ分析を行うことが重要です。

市場分析の結果、100パーセント正しい答えが導き出せるとは限りませんが、少なくとも詳細に調査と分析を重ねることでより正確な予想をたてることができます。また、市場分析を通じてその物件の強みや弱みを発見することができれば、それが投資を成功に導く突破口になるということは珍しくありません。

▶効率と安全

序章で触れたように、投資を行う場合、リスクとリターンはトレードオフの関係にあります。高いリターンを求めればリスクはそれに応じて高くなります。高い安全性を求めれば、同様にリターンは少なくなります。

多くの投資家は「ローリスク・ハイリターン」を指向しますし、それを実現していると主張する投資家も少なくありません。しかし、あたかも「ローリスク・ハイリターン」に見えていた投資が実際には、

①購入時や投資の初期段階では顕在化していない大きなリスクにまだ気づいていなかった等の理由で実は「ハイリスク・ハイリターン」だった。

②売却時のキャピタルロスや、保有時の維持管理コストなどが顕在化しておらず、想定ほどリターンが得られなかった等の理由で実は「ローリスク・ローリターン」だった。

ということが決して珍しくありません。

また、投資家によって投資スタンスは異なりますので、「もっとリスクテイクしてでも積極的なチャレンジをすれば良かった」とか、「安全志向で投資を進めていくつもりだったのに、思わぬリスクを背負うことになってしまった」などの、ボタンの掛け違いを避けるためにも自分自身がどういった投資スタイルなのかを知ることは大切です。

また、ひとりの投資家が、様々な投資スタンスの物件を複数ポートフォリオとして保有するということもありますので、それがどういう投資なのかということを、効率性と安全性、そしてどのように自己資金や融資などの条件を変化させれば、どの位リスクとリターンに影響を与えるのかということを数値化して捉えることができるかどうかが重要です。

リスク・リターンから見た投資スタンスは以下のように分類されます。投資スタンスは、あくまでも投資家固有のものですから、個人差があって当たり前。どれが良いとか悪いとかではないということを強調したいと思います。

コア（ローリスク×ローリターン）

投資の安全性を最も重視し、収益性は二の次という投資スタンスの投資家は「コア」な投資家と呼びます。

大企業が、都心のＡクラス立地に土地を取得したうえで、ハイグレードなビルを建築し長期運用するというのは典型的な「コア」投資家の手法です。

地主が先祖伝来の土地に、収益性よりも相続税の節税効果を優先し、十分な予算をかけた高品質で立派なアパート・マンションを建てて子供たちに引き継ぐというのもやはりコアなスタンスといえます。

コアな投資家のなかでも、多少は収益性にも目を向けて若干のリスクは背負っても構わないと考える場合は、「コアプラス」という分類をする場合もあります。

バリューアド（ミドルリスク×ミドルリターン）

大きなリスクは負担したくないが、それなりのリターンも求めたいというスタンスです。例えば運営上の問題があって空室が目立つとか、維持管理が適正に行われていないため建物の老朽化・陳腐化が激しいといったリスクを抱えた物件を取得し、運営の改善や大規模修繕・リノベーションといった資本改善を行うことによって、価値を付加（Value-add）して保有時・売却時のキャッシュフローの増加を図るという投資家は「バリューアド」な投資家と呼びます。「物件を再生」するという意味では「ターンアラウンダー」と呼ばれることもあります。

オポチュニスティック（ハイリスク×ハイリターン）

高いリスクを負う代わりに高いリターンを求める投資家は「オポチュニスティック」な投資家と呼びます。キャピタルゲインを求めて短期の転売を繰り返す、いわゆる「土地転がし」のような投資手法もこれに含まれます。場合によっては手付金だけ打って、残代金決済までの短い期間により高値で買う次の買い手を見つけるといった綱渡りをするリスクも厭いません。

あるいは、多くの投資家が手を出さない、土壌汚染・災害危険・再建築不可・要注意テナントの入居など、解決が困難な問題のある物件を安く買いたたき、その問題を取り除いたうえで、適正な価格で売り抜けるという手法をあえて選択するという「機会追求的」でチャレンジングな投資スタンスを持つのがこの投資家です。

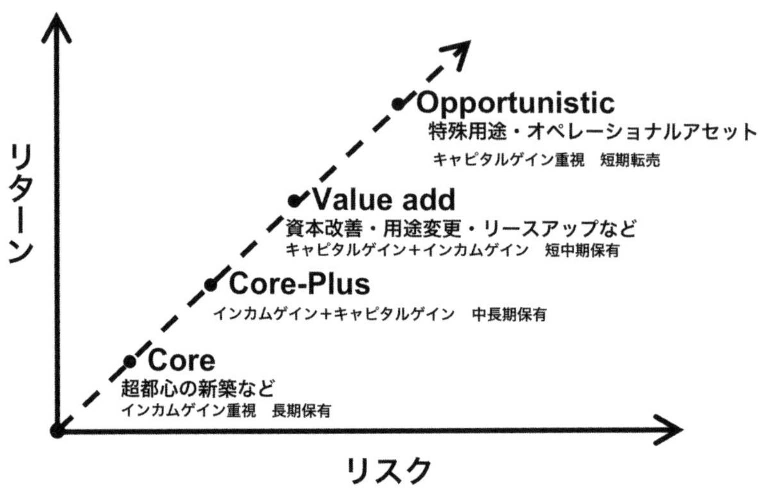

▶ファイナンスの技術

現金で投資を行う場合ももちろんありますが、例えばレバレッジを効かせて資金の運用効率を高めるとか、より投資規模を拡大するとかといった投資判断をする場合には、より良い条件で、必要なローンを借りるという「ファイナンスの技術」が必要になります。

金融機関の融資姿勢によって不動産市場は大きな影響を受けますので、ファイナンスに関する知識や金融機関の動向の把握は、投資を成功させる上では重要なポイントとなります。

不動産投資は、私たち自己資本を出資する「エクイティ投資家」と、金利収入を生じさせる債権としての融資で出資する「デット投資家」としての金融機関との共同投資です。

金融機関はそれぞれ、独自のリスクに対する考え方を持ち、制限や規定を持っています。別項目で取り上げたように、ある銀行は借り入れする個人の属性を重視しますし、ある銀行は物件自体の収益性や担保力に重点を置きます。融資期間ひとつとっても担保掛目や、事業収支、建物構造、築年数などによって扱いはまちまちです。

新しいアパートローン商品を開発したばかりの金融機関は、その商品が市場に受け入れられ、借手に支持されるか不安でいっぱいかもしれません。

今期の成績を達成するには、今週中にあともう一本の融資実行が必要で課を上げて貸出先を必死に探しているかもしれません。

もしかしたら、人事異動が行われて、新支店長が本店審査部から転任してきた途端に融資が一気に厳しくなって悩んでいる支店があるかもしれません。

金融機関の融資姿勢や、融資条件はめまぐるしく変化します。金融機関の取り扱い姿勢や規定で押さえるべき条件は次の３点です。

１．物件価格の何割まで融資を借りることができるか（LTV）

２．融資金利は何％か（固定・変動）

３．融資期間（構造・築年数・年齢等による条件）

それ以外にも個人・法人の取り扱いや、借入経費・繰上返済経費、保証人の有無、抵当権設定と融資実行のタイミング、建物の遵法性や用途による制限など様々な要素があります。

まったく同じ物件に投資をする場合でも、ファイナンスの条件によっては投資として成立する場合もあれば成立しない場合もあります。そういった意味でも金融機関の特色と動向を把握し、それに沿った投資計画を実現させていく「ファイナンスの技術」は重要であるといえるでしょう。

第 4 章

建築提案の進め方

ステップ1. 条件の整理とオーナーの目標・目的

ステップ2. 現状認識と代替案（事例研究）

ステップ3. 市場分析

ステップ4. 提案書の見抜き方

ステップ
1. 条件の整理とオーナーの目標・目的

土地活用に関する提案をする時には、その土地の立地条件と活用のしやすさをマトリックスで整理すると検討の助けになります。

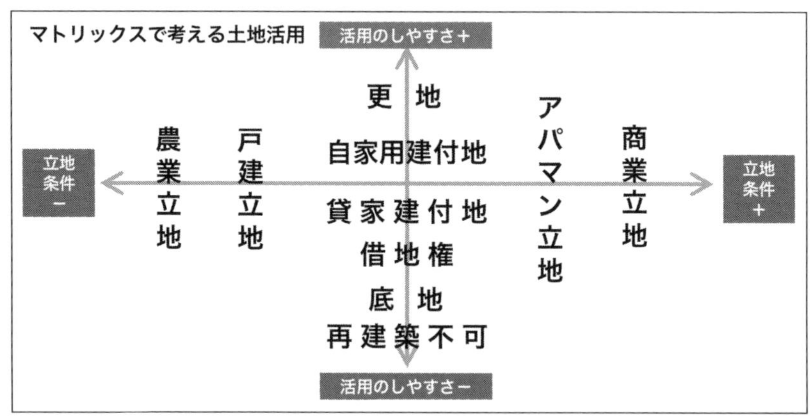

【立地条件】

商工業立地：

商業テナントビル、事務所オフィスビル、ホテル、狭い（賃料単価が高い）共同住宅、高級な（グロス賃料が高い）共同住宅などが検討できます。

アパート・マンション立地：

どちらで行くかは、建築費と家賃・需給のバランスで判断します。

戸建立地：

戸建賃貸・テラスハウス・建売用地、高齢者・幼児・医療など住民のための施設

農業・郊外立地：

太陽光発電・倉庫・墓苑・ペット霊園・楽しみの場・学びの場

【活用のしやすさ】

1．更地

●売る・建てる・貸す・月極駐車場・コインパーキング・太陽光発電……更地は活用方法の選択肢が多岐にわたり、自由度が最も高いといえます。

■駐車場

現況は法人の一括貸駐車場となっている地方都市新幹線駅そばの商業地という最も高度利用ができそうな更地に商業ビルを建築しようと考えている方からの相談を受けたことがありますが、高度利用ができることと、高度利用をした方がいいということはイコールではないという事例としてご紹介したいと思います。

購入価格：2,000万円（単価80万円/坪）※現金購入

面　　積：83㎡（約25坪）

敷地形状：６ｍ道路角地

用途地域：商業地域80/300　防火地域

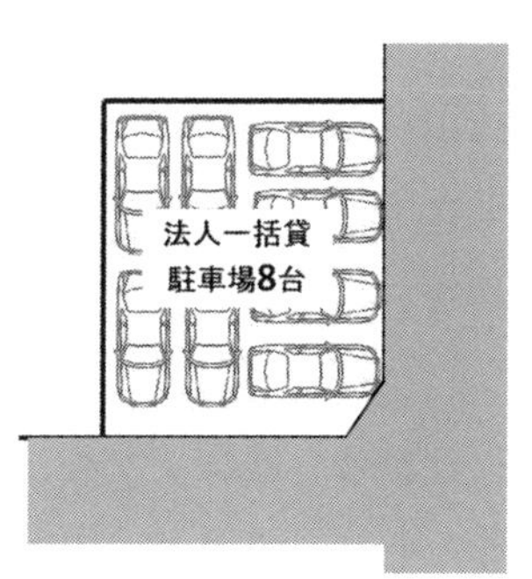

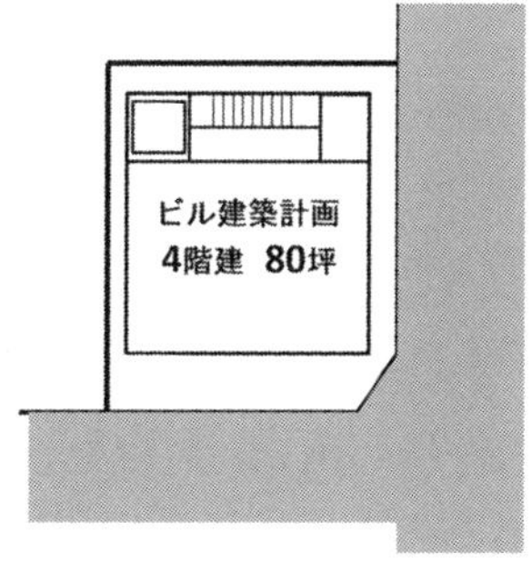

＜現状＞月極駐車場

年間収入　　　　　　　　　192万円(駐車場２万円×８台×12か月)
－運営費　　　　　　　　　 24万円(固定資産税・管理費)
＝営業純利益　　　　　　　168万円
－ローン返済　　　　　　　 10万円
＝税引前キャッシュフロー　168万円
キャップレート（営業純利益÷土地価格）＝ 8.4%

＜建築計画＞商業テナントビルRC４階建80坪8,000万円

年間収入　　　　　　　　　490万円
(@6,000円/坪×80坪×レンタブル比85%×12か月)
－運営費　　　　　　　　　100万円
(固定資産税・管理費・清掃費・水光熱費等)
＝営業純利益　　　　　　　390万円
－ローン返済　　　　　　　355万円（２%30年8,000万円)
＝税引前キャッシュフロー　 35万円
キャップレート（営業純利益÷土地建物価格）＝ 3.9%

投資効率からみると、このケースでは現状のまま駐車場として貸すほうがより優れているということがわかります。ただし、ローン返済が終了したあとの商業テナントビルの税引前キャッシュフローは営業純利益（NOI）と同額となり、駐車場運用の場合と逆転しますので、より多くのキャッシュフローを求め投資を拡大したいということであれば、「建築」という選択肢になります。

それぞれの選択肢は、駐車場賃料、建築費、レンタブル比、建物賃料などの変数によって、差が大きくなったり、小さくなったりします

ので、具体的な数字を入れながら判断をするようにしてください。

結局は、投資した資本と収入のバランスということで、更地ならではの様々な土地利用方法の可能性との比較をおこなうことで最も目的達成に近い活用方法を見つけることができますし、先入観や常識にとらわれる危険性を回避することができるということです。

駐車場利用で留意する点は、

▶割付けによる駐車台数の差

第１章でご紹介したように同じ60坪でも、土地形状によって４台から16台まで駐車台数に大きな差がでます。このケースでは、法人一括貸しとしたことで、駐車台数を増やす事ができています。

▶立体化と運営コスト

運営・建築コスト……………平面＜自走式＜機械式

１台あたり土地利用面積……平面＞自走式＞機械式

１階ピロティー駐車場式の建築も含め、立地・予算・地価・必要台数によって判断します。

▶時間貸しと月極

普段とピーク時に最大必要な駐車台数の差、コインパーキングの場合の施設整備コストによって判断します。

■太陽光発電

空室の心配が不要で定期的な安定収入を得られる太陽光発電は、立地条件が悪い格安な土地でも取り組むことができ、補助金や買取制度、一括償却といった税制上の優遇措置で一定の人気があります。

留意点は、

▶電力買取の中断や値下げといったことがある

▶ソーラーパネルの汚れなど発電効率を下げる問題が生じることがある（鹿児島七ツ島メガソーラー発電所では、桜島の降灰で発電量の50%（600万円／日）が低下しますが、高圧洗浄に800万円／日のコストがかかります）

▶受光面の清掃のほか、除草・防草のコストが必要（100坪あたり12万円／年程度）

▶発電システムのメンテナンス（NPO法人太陽光発電所ネットワークの調査結果によれば家庭に設置された太陽光発電システムの約3割が12年以内に故障しています）

▶発電システムの交換（設備寿命は、モジュール20年・パワーコンディショナ10年）

▶撤去・廃棄処分コスト（太陽光パネル・太陽電池モジュールには、鉛やインジウム・ガリウム・ヒ素・セレン・カドミウム・テルルといった猛毒が含まれているので、処分にはそれなりの費用がかかります）

■アパートまたはマンション建築

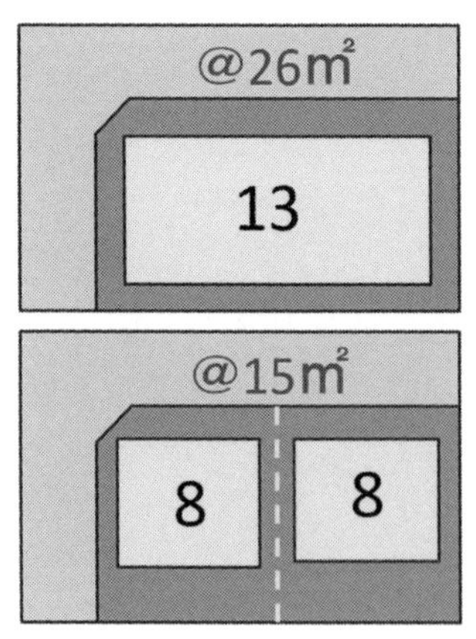

建築可能なボリューム、建築費、賃料のほか、おもに居室面積の下限に制限をうけるワンルーム規制などの条例によって判断が分かれます。

「3階建て以上・10戸以上は戸当たり面積25㎡以上」という

ワンルーム規制がある都内の土地の相談事例

土地面積：200㎡（60坪）

用途地域：第１種中高層住居専用地域 70/200　準防火地域

土地形状：幅員５m 道路の角地。10m × 20m の長方形（整形）

◆マンションでの検討（26㎡× 13 戸）

年間賃料　　　1,560 万円（10 万円× 13 戸× 12 か月）

建築費　　１億 5,600 万円（120 坪（レンタブル比 85%）×130 万円）

年間賃料 / 建築費＝ 10.0%

空室率＋運営費率＝ 20%、K% ＝ 4%、

LTV100% の場合の BTCF……………………………………624 万円

◆アパートでの検討（15㎡× 8 戸×２棟）

年間賃料　　　1,344 万円（７万円× 16 戸× 12 か月）

建　築　費　　7,300 万円（73 坪（レンタブル比 100%）× 100 万円）

年間賃料 / 建築費＝ 18.4%

空室率＋運営費率＝ 20%、K% ＝ 4%、

LTV100% の場合の BTCF……………………………………783 万円

このケースでは、投資効率やキャッシュフローの面においては一棟マンションとしての企画よりも、ワンルーム規制がかからない規模に分割して賃料単価の高い建築を企画した方が有利であるということが

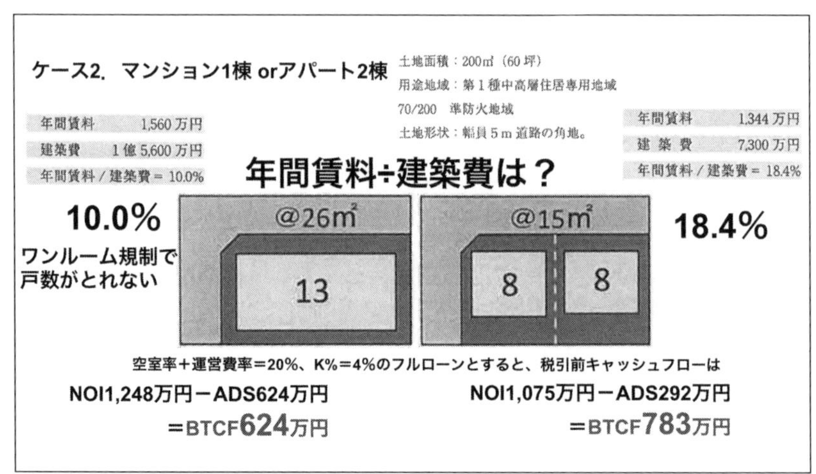

わかります。

一方、“用途地域が商業地域（80/600）の防火地域で、道路幅員10m”という条件であれば、マンション（あるいはビル）が断トツで優れた選択肢ということになります。

◆マンションでの検討（25㎡×48戸）

年間賃料　5,760万円（10万円×48戸×12か月）

建築費　4億7,000万円（363坪（レンタブル比85%）×130万円）

年間賃料／建築費＝12.3%

空室率＋運営費率＝20%、K%＝4%、

LTV100%の場合のBTCF……………………………… 2,728万円

ケース2. マンション1棟 orアパート2棟

▶用途地域：商業地域
80/600　防火地域
道路幅員10m・・・だったら？

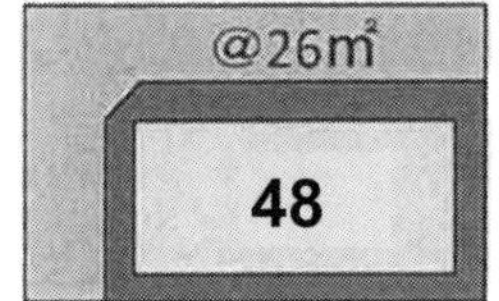

【建築費】
200㎡×600％＝1,200㎡(363坪)
(建蔽率80%→100%。レンタブル比85%として、
居室部分94%/階。6-7階建て？)
363坪×@130万円/坪=4.7億円
【年間賃料】
1,200㎡÷@25㎡＝48戸
10万円×48戸×12か月＝5,760万円

年間賃料÷建築費＝12.3%

空室率＋運営費率＝20%、K%＝4%のフルローンとすると、税引前キャッシュフローは

NOI4,608万円－ADS1,880万円
＝BTCF2,728万円

●戸建賃貸

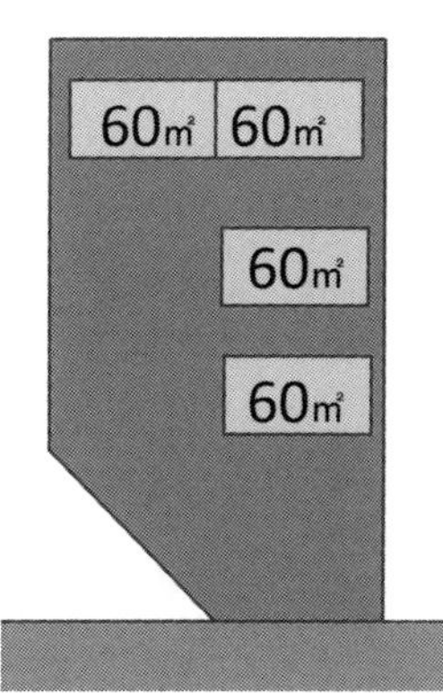

この土地は売却しても5,400万円しか手元に残らないし、アパマンを建てるような立地ではないから戸建賃貸を建てましょう……というハウスメーカーの提案のもとに121坪の比較的広い土地に戸建賃貸4棟（@60㎡＝18坪／棟）を建築したあと、ほかの選択肢はなかったか？という相談事例

年間賃料　　528万円（11万円×4戸×12か月）
建 築 費　　4,800万円（@1,200万円×4棟）
年間賃料／建築費＝11.0%
年間賃料／（建築費＋土地売却手取）＝5.2%
空室率＋運営費率＝15%、K%＝4%、
LTV100%の場合のBTCF……………………………257万円

アパマン建築は難しい立地であり、土地利用としては戸建賃貸という選択は妥当性があると思われますので、比較は土地を売却した手取りでより立地の良い物件を取得で投資を行う可能性を検証すべきです。

年間賃料／(建築費＋土地売却手取)＝5.2%ということは、そういった立地で表面利回り5.2%の投資物件があるかどうかということでもありますが、このエリアではおおよそ8％前後の物件が流通していますので、土地売却･買替えという選択肢の方が投資効率･キャッシュフローという観点からみれば優れているという判断ができます。

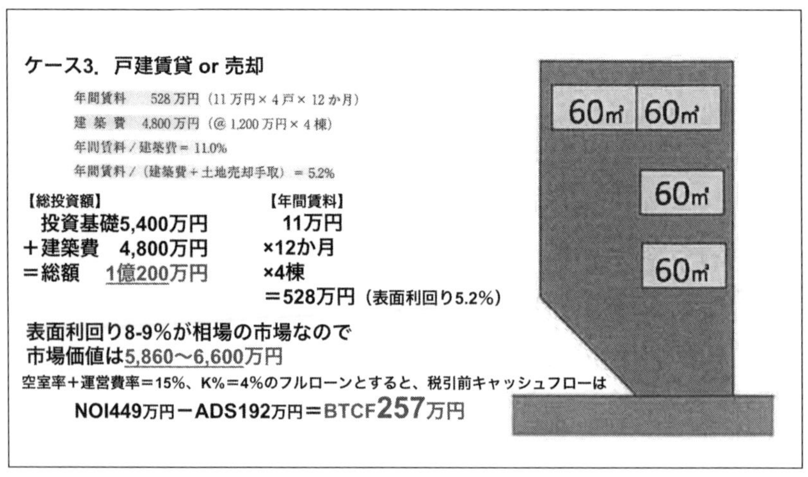

仮にこの土地の投資基礎（5,400万円）を、売却によって現金化し、LTV80%、取得経費率7%で購入できる2億円の物件（FCR5%）の自己資金として使用し、K%=4%の融資を利用した場合の税引前キャッシュフローは、430万円となります。

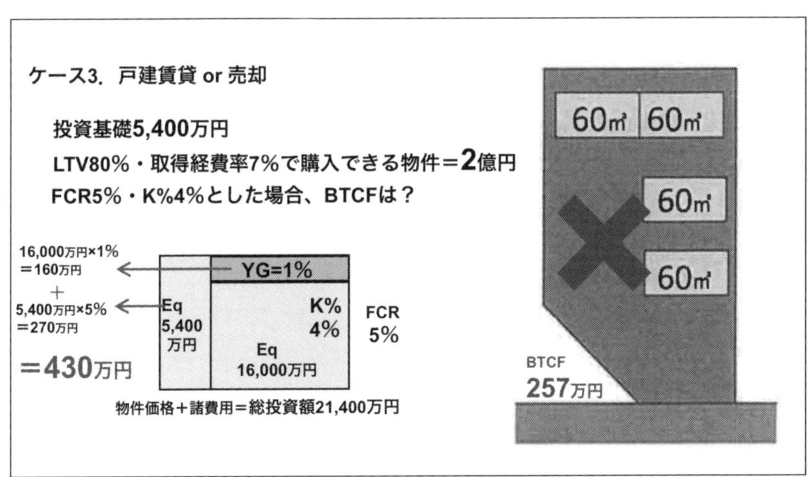

２．自家用建付地

●更地に比べると、引越し先の確保や既存建物の解体撤去というハードルがありますが、自家用建付地であれば立退き交渉などの問題はありません。

この場合留意するのは、

▶自宅（自分・親・子供）

家族構成・世帯サイズ・同居・別居、バリアフリーや介護の必要性など、建てた当時から住まいと生活の関係性は変化します。「いまでも、本当にその家は必要か？」ということを改めて考える時期が訪れている家庭は少なくありません。規模縮小や賃借などの代替案を含め検討を行います。

▶店舗・事務所・倉庫・ガレージなど

使用しているその場所、その規模が果たしてベストか。廃業、断舎利、免許返納などを念頭に、いまでも・これからも本当に必要か？　こちらも規模縮小や賃借などの代替案を含め検討を行います。

自家用建付地は、

▶そこに住みつづけるか？

▶引越してもかまわないか？

▶貸せる立地か？

▶貸せない立地か？

という４つの要素によって活用方法が決まります。

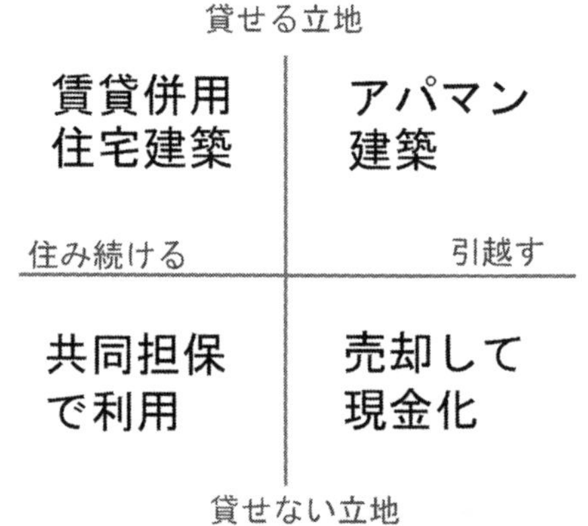

住みつづける×貸せる立地……………賃貸併用住宅建築

住みつづける×貸せない立地…………共同担保として利用

引越す×貸せる立地……………………アパマン建築

引越す×貸せない立地…………………売却して現金化

基本的な方針をもとに、投資の妥当性と求める目標との差と実行可能性を計算しながら、４つの要素を見直し再検討を加えます。

3．貸家建付地

●立退き交渉が必要になるため、自家用建付地にくらべると難易度があがります。

耐震診断結果や老朽化、継続使用の危険性を理由に交渉に臨むケースが多いですが、テナントの引越し先の確保と立ち退き料の合意形成がポイントとなります。立ち退き料は、テナントが継続利用する権利と、立退き理由の正統性との差を埋めるものという位置づけになり、テナントの権利は土地価格×借地権割合×借家権割合（30%）と、建物価格×借家権割合（30%）の合計で算出される判例があります。また、周辺の賃料相場よりも安く貸している場合、「いままで、安く貸してあげたのだから、立ち退き料なんて請求して欲しくない」というのが、貸主側の正直な気持ちだと思いますが、実はそれは「相場よりも安く借りている権利」を借主が失う事から、立ち退き料の算定をするうえでは貸主にとって不利な条件となるのです。

4．借地権・底地

●権利の強さ、価格水準、流動性は、「底地＜借地＜所有権」となります。

従って、最も価値が高まるのは、

▶借地権を持っているのであれば、底地を買い取る
▶底地を持っているのであれば、借地権を買い取る
▶双方が共同で所有権として売却する

という方法になります。まず、この方法を試みて困難な場合であればそこで譲渡承諾料を支払って売却するのか、建替え承諾料を払って建築するのか、あるいは相手方に買取を打診するのか、という検討にはいります。

5．再建築不可

敷地延長部分の幅員が２ｍ未満といった不適合接道で再建築ができない場合の土地活用は難易度がより高くなります。

解決策は次の通り。

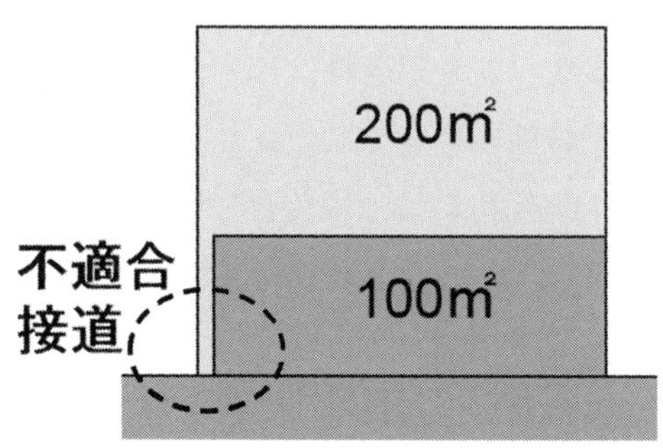

▶法的な解決：

敷地延長（通路）部分を法43条２項２号道路として認定してもらうことによって再建築が可能になります。そのためには建築審査会の同意と特定行政庁の許可が必要ですが、計画建築物の手前に滞留できる避難上有効な空地を設ける等の基準があります。

▶物理的な解決：

隣地から土地を取得できれば幅員２ｍ以上の接道幅を確保することが可能になります。対価を支払って買い取る場合もありますが、土地面積の減少を心理的に嫌う、既存建物の建蔽率・容積率超過による不適格化の恐れがあるといった理由で不調に終わるケースが少なくありません。そこで、土地の交換という提案に切り替える場合が多いのですが、その場合交換する面積を等面積とせず相手方により多くの面積を渡すことで合意形成しやすくなります。

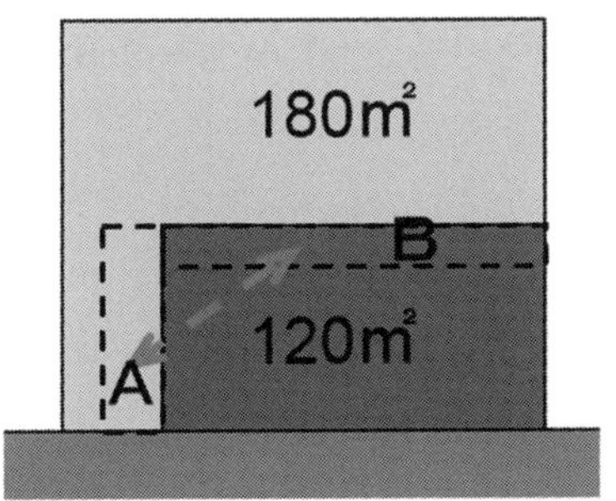

※面積は、A<Bの場合が多い（価値の差）

ほかにも、崖地や高低差のある土地、他人地利用、私道の通行や掘削の承諾など法的な解決・物理的な解決、いずれにしても費用がかかりますので、予算をかけただけの効果や価値があるかということを着手前に検討する必要があります。

ステップ2. 現状認識と代替案（事例研究）

ここまで、いくつかの事例をもとに複数の代替案を検証する経過について解説しましたが、現状認識と代替案の選定についてもう少し詳しく取り上げたいと思います。

[事例研究1] 築古重層長屋の活用　リフォーム？ 建替え？ 買替え？

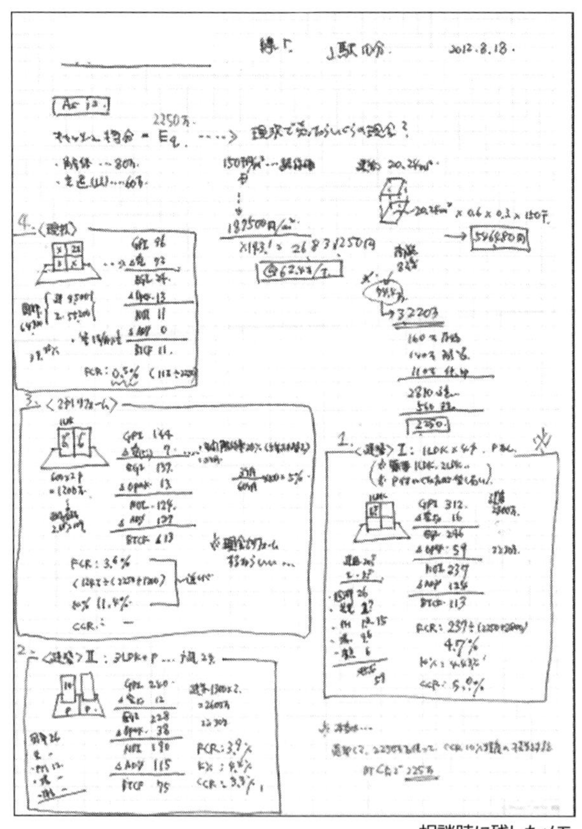

相談時に残したメモ

【相談内容】

- 実家の敷地の一部（約 43 坪）を利用して建てられている築年数不詳の木造２階建て重層長屋（23㎡× ４戸）。現在３室が空室。２戸１リフォームを考えているが、建替えもいいかもしれないし……（売却は考えていない）。

敷地等条件

- 間口約 11m ×奥行約 13m の整形地
- １種中高層 60/200（160）※道路幅員 3.6m セットバック有
- 路線価 150D

問題点は？

- ワンルーム系の間取りは供給過剰で厳しい
- 現況の賃料は２万円で坪単価 3,000 円を切っている
- 空室率 75%

現状分析（投資基礎の計算）

更地価格（路線価 ÷ 0.8 で仮定）……………………………2,683 万円
－仲介料等売却経費（４％で仮定）……………………………107 万円
－解体費用（坪単価３万円＋整地 10 万円＋税で仮定）……100 万円
－測量費用（50 万円と仮定）…………………………………… 50 万円
－立退き費用（土地路線価×借地割合×借家割合で仮定）…63 万円
－ローン残債（なし）…………………………………………… 0 万円
－譲渡所得税（売価×５％＝取得原価。長期譲渡で計算）…134 万円
＝売却手取り（投資基礎）……………………………………1,917 万円

現状分析（現在の投資の姿）

総潜在収入（GPI）………………………………………………960,000 円

－空室損（75%）……………………………………………720,000 円
＋雑収入……………………………………………………………… 0 円
＝実効総収入（EGI）……………………………………………240,000 円
－運営費（Opex）………………………………………………130,000 円
＝営業純利益（NOI）……………………………………………110,000 円
－年間負債支払い額（ADS）………………………………………0 円
＝税引前キャッシュフロー（BTCF）……………………110,000 円
－所得税・住民税（約 30%）……………………………………3,000 円
＝税引後キャッシュフロー（ATCF）……………………107,000 円

総収益率（FCR）　0.57%
ローン定数（K％）　　—
自己資金配当率 CCR（税引前）0.57%・（税引後）0.56%
負債支払安全率（DCR）　—
損益分岐点（BE％）　13.54%
ローン資産価値比率（LTV）　0％

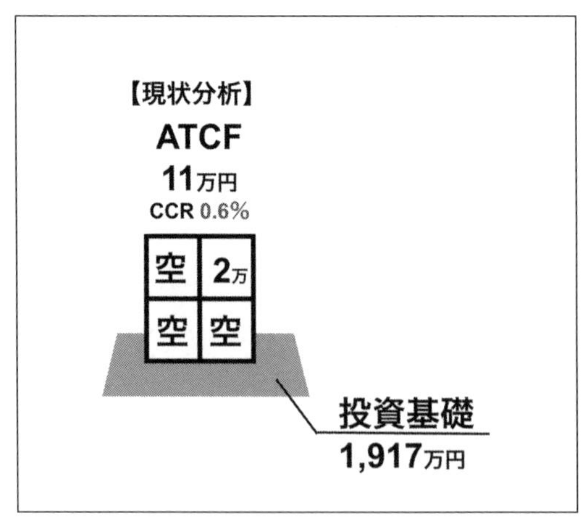

■代替案１（２戸１リフォーム）

※家賃６万円･空室率５％･改修費 1200 万円（全額借入 2.65%10 年）

総潜在収入（GPI）	1,440,000 円
－空室損（5％）	700,000 円
＋雑収入	0 円
＝実効総収入（EGI）	1,370,000 円
－運営費（Opex）	130,000 円
＝営業純利益（NOI）	1,240,000 円
－年間負債支払い額（ADS）	1,370,000 円
＝税引前キャッシュフロー（BTCF）	▲ 130,000 円
－所得税・住民税（約 30%）	▲ 32,000 円
＝税引後キャッシュフロー（ATCF）	190,000 円

総収益率（FCR）　3.98%

ローン定数（K%）　11.39%

自己資金配当率 CCR（税引前）マイナス・（税引後）0.99%

負債支払安全率（DCR）　0.9

損益分岐点（BE%）　104%

ローン資産価値比率（LTV）　38%

■代替案２（戸建賃貸２戸）

※家賃 10 万円／戸・空室率５％・建築費 1300 万円×２＋解体費等 210 万円（全額借入 2.0%30 年）

総潜在収入（GPI）	2,400,000 円
－空室損（5％）	120,000 円
＋雑収入	0 円

＝実効総収入（EGI）……………………………………2,280,000円
－運営費（Opex）…………………………………………350,000円
＝営業純利益（NOI）……………………………………1,930,000円
－年間負債支払い額（ADS）……………………………1,250,000円
＝税引前キャッシュフロー（BTCF）……………………680,000円
－所得税・住民税（約30%）………………………………30,000円
＝税引後キャッシュフロー（ATCF）…………………… 650,000円

総収益率（FCR）　4.08%
ローン定数（K%）　4.43%
自己資金配当率CCR（税引前）3.54・（税引後）3.39%
負債支払安全率（DCR）1.54
損益分岐点（BE%）104%
ローン資産価値比率（LTV）67%

■代替案3（アパート1LDK 4戸）

※家賃6.5万円/戸・空室率5%・建築費2800万円＋解体費等210万円（全額借入2.0%30年）

　総潜在収入（GPI）………………………………………3,120,000円
－空室損（5%）…………………………………………… 160,000円
＋雑収入……………………………………………………………0円
＝実効総収入（EGI）……………………………………2,960,000円
－運営費（Opex）…………………………………………590,000円
＝営業純利益（NOI）……………………………………2,370,000円
－年間負債支払い額（ADS）……………………………1,340,000円
＝税引前キャッシュフロー（BTCF）…………………1,030,000円

－所得税・住民税（約 30%）……………………………… 120,000 円
＝税引後キャッシュフロー（ATCF）…………………… 910,000 円

総収益率（FCR）　4.81%
ローン定数（K%）　4.43%
自己資金配当率 CCR（税引前）5.37・（税引後）4.74%
負債支払安全率（DCR）1.77
損益分岐点（BE%）104%
ローン資産価値比率（LTV）62%

現状及び代替案１～３の比較	FCR	ATCCR	ATCF
現　　状（１K ４戸）	0.57%	0.56%	11 万円
代替案１（改修：２戸１）	3.98%	0.99%	19 万円
代替案２（建築：戸建２棟）	4.08%	3.39%	65 万円
代替案３（建築：1LDK ４戸）	4.81%	4.74%	91 万円

結論として、代替案３（建築：１LDK ４戸）が最も優れた提案であるということがわかります。

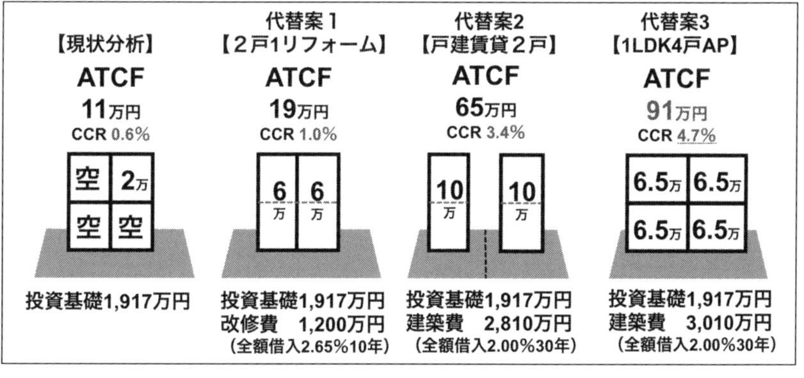

念のため、代替案４（買替え）の検討も行うことにしましょう。

■代替案４（買替：売却資金を自己資金としてアパートを購入）

※LTV90%・購入経費率7%の投資条件の場合、購入可能価格は以下の計算により求められます。

購入可能価格＝Eq1,917万円／（1-90%）＋７%＝約１億1,300万円

表面利回り７%として年間家賃790万円。家賃6.5万円／戸とすれば10世帯程度の物件と考えられます。

物件価格１億1,300万円＋取得経費790万円＝総投資額１億2,090万円

自己資金約1920万円・借入額1億170万円（2.0%30年）、空室率約５%・運営費、約15%・建物割合40%と仮定した場合の収支は下記の通り。

総潜在収入（GPI）	7,900,000円
－空室損（5%）	400,000円
＋雑収入	0円
＝実効総収入（EGI）	7,500,000円
－運営費（Opex）	1,200,000円
＝営業純利益（NOI）	6,300,000円
－年間負債支払い額（ADS）	4,500,000円
＝税引前キャッシュフロー（BTCF）	1,800,000円
－所得税・住民税（約30%）	480,000円
＝税引後キャッシュフロー（ATCF）	1,320,000円

総収益率（FCR）　5.21%

ローン定数（K%）　4.43%

自己資金配当率CCR（税引前）9.39・（税引後）6.88%

負債支払安全率（DCR）　1.40
損益分岐点（BE%）　72%
ローン資産価値比率（LTV）　90%

代替案３と４の比較	FCR	ATCCR	ATCF
代替案３（建築：１LDK ４戸）	4.81%	4.74%	91 万円
代替案４（買替：１K 10 戸）	5.21%	6.88%	132 万円

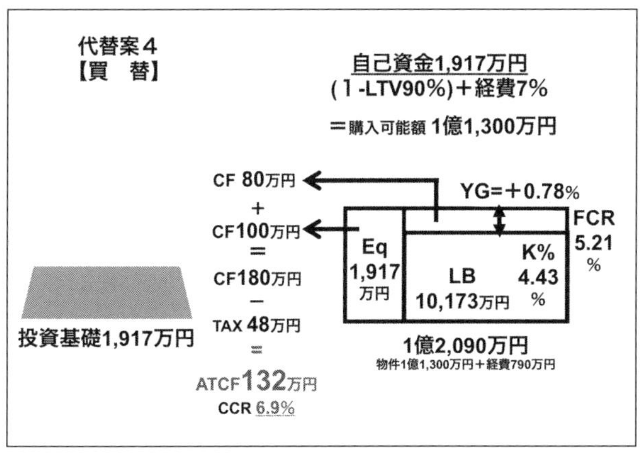

「売却は考えていない」という前提でしたが、キャッシュフローの金額によっては考えが変わる可能性は十分に考えられます。

【事例研究２】相続した築古アパートと未利用の実家を使って独身・無職・50代女性の生活費確保？

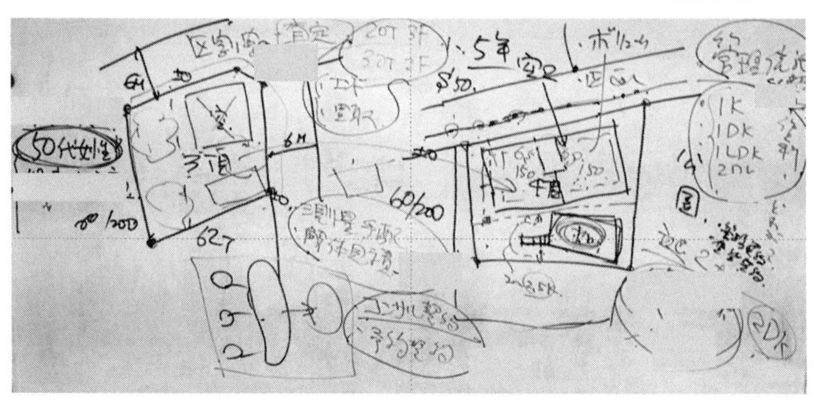

初回の打ち合わせで使ったホワイトボード

【相談内容】

- ●独身・無職・50代の女性。アパート暮らしで相続したアパートの家賃と現預金を取り崩しながら生活をしているが先行き不安。安定収入を確保したい。
- **不動産１**（実家）：長らく空家になっていて廃墟状態。不審者が住み着いたことも……
- **不動産２**（アパート）：昭和40年代に建てられた、不同沈下による建物の傾きが発生している木造２階建て。２DK × ６戸で３戸が空室。入居者はすべて生活保護と年金暮らしの高齢者。

入居者１	69,000円／月	60代年金暮らしの独身女性
	賃料１年分先払い	
入居者２	65,000円／月	生活保護の老夫婦　猫を飼っている
入居者３	45,000円／月※	80代認知症の母と
	持病を持つ40代の娘（※風呂なし）	

敷地等条件

●不動産１（実家）

- 敷地面積 230㎡（約 70 坪）・建物面積 85㎡（約 26 坪）木造２階建て昭和 40 年代築
- ほぼ正方形の整形地。幅員５ｍの公道に接した角地で道路との高低差なし
- 第２種低層地域 60/200
- 最寄駅から徒歩５分だが、乗降客が少なくアパート企画は難しい

●不動産２（アパート）

- 敷地面積 200㎡（約 60 坪）・建物面積 230㎡（約 70 坪）木造２階建て昭和 40 年代築
- 若干変形しているが間口が広く建築上特に支障はなさそう。道路（幅員５ｍの公道）との高低差なし
- 第２種低層地域 60/200
- 最寄駅から徒歩６分。乗降客が多くアパート建築に適した立地だが、ワンルーム系の物件は供給過剰なので 40㎡前後のコンパクトファミリーの規格が望ましい

問題点は？

●独身・無職なので融資を受けられない

●放置されている実家が特定空家に指定される可能性がある※

●築古アパートの入居者が高齢者ばかりなので、転居先の確保等立退き交渉が難航しそう

※「空家等対策の推進に関する特別措置法」（2015 年２月 26 日施行）

特定空家の定義

1．倒壊等著しく保安上危険となる恐れのある状態

2．著しく衛生上有害となる恐れのある状態

3．適切な管理が行われていないことにより著しく景観を損なっている状態

4．その他周辺の生活環境の保全を図るために放置することが不適切である状態の空家

特定空家に対する措置

1．除去・修繕・立木等の伐採を助言▶指導▶勧告▶命令▶強制執行

2．居住用敷地の税率軽減措置（200㎡まで固定資産税 1/6・都市計画税 1/3）の解除

方針

●不動産１（実家）

- 解体・更地にして売却。売却資金をアパート建築資金に充当

●不動産２（アパート）

- 立退き交渉成立の場合：アパートを建替え（代替案比較で改修よりも優れているため）
- 立退き交渉不調の場合：改修工事を行い、空室を埋める
- 予算は実家の売却資金と充当可能な預貯金の範囲内で収める

実施フローチャート

●不動産１（実家）の売却

1．誰に売るか？

2．いくらで売れそうか？

3．最も高く売れそうな方法は？

4．売却によって確定する資金はいくらか？

１．誰に売るか？

■検討１：隣地に買ってもらう

▶この土地を買ってもらう事によって、接道要件を満たすとか一体利用ができるといったメリットがある場合、あるいは身内を住ませたいといった特別な事情がある場合には相場以上の価格で購入してもらえる可能性が高いが、隣地は同規模の住宅と地主の所有する貸駐車場で、両者に打診したところ興味を持たなかった。

■検討２：住宅敷地として実需市場に流す

▶仮に路線価（220千円／㎡）×230㎡÷0.8＝約6,300万円とした場合（実際の査定額も同程度でした）、建築費を含めると１億円近い住宅予算となり、このエリアでは現実的には難しそう。２分割して売却するためには宅建業の許可が必要なので個人では不可能。実際に不動産市場に情報を流したものの反応は薄かった。

■検討３：建売用地として不動産会社に売る

▶位置指定道路を入れたり、敷地延長区画が出たりすると買取価格がその分大幅に下がる可能性が高いが、①敷地規模が過大ではない②角地③整形地という条件によって、きれいに三分割が可能（ちなみに自分で敷地分割して売却するのは、宅建業法違反となるため刑事罰の対象となります）。

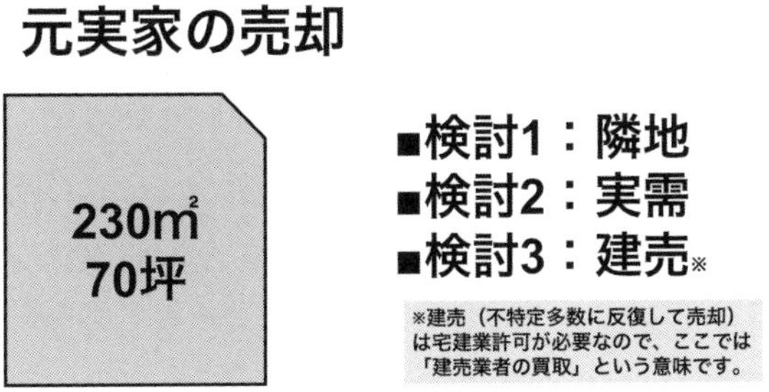

元実家の売却

230㎡
70坪

■検討1：隣地
■検討2：実需
■検討3：建売※

※建売（不特定多数に反復して売却）は宅建業許可が必要なので、ここでは「建売業者の買取」という意味です。

2．いくらで売れそうか？

「検討3:建売用地として不動産会社に売る」という判断をした場合、どの位の金額で売れる可能性があるかという判断に、“近隣で売りに出ている建売住宅”があれば、その情報から推測することも可能です。

近隣事例　新築建売住宅

　価格：2,750万円

　土地面積：50㎡（約15坪）

　建物面積：73㎡（約22坪）木造3階建て

売却価格	2,750万円	
－売却経費	90万円	（手数料＋印紙代等）
－建物原価	1,300万円	（@約60万円×22坪）
－建築確認・構造計算	50万円	
－外構工事	60万円	（フェンス・駐車場舗装）
－給排水引込	50万円	
－販売利益	300万円	（約10%が最低限度と仮定）
＝土地予算	900万円	
－取得経費	60万円	（仲介料・登記費用・取得税等）
＝土地買取価格	840万円	（@56万円／坪）

不動産1（実家）の敷地面積は70坪なので、@56万円×70坪＝約4,000万円と予想されます。また、これは更地価格なので、既存建物の解体費を@4万円／坪×26坪＝約100万円と考えると更に下がる可能性があります。場合によっては、実需市場での検討を再考する必要があるかもしれません。

元実家の売却

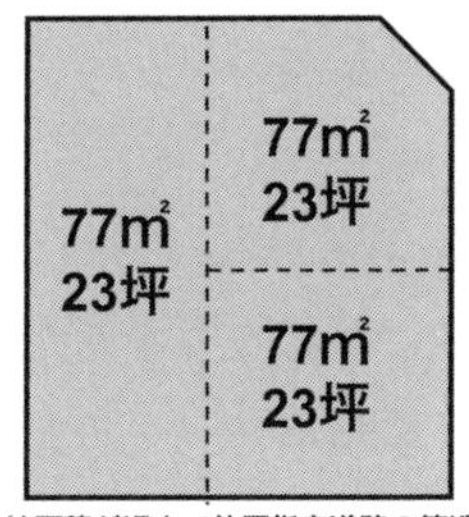

※土地面積が過大で位置指定道路の築造や、造成などが必要であればその分、買取価格が下がります。

■検討3：建売

近隣に建売があったので逆算可能

2,750万円(土地15坪・建物22坪)

売却経費・建物原価・建築確認・構造計算・外構工事・給排水引込・販売利益・取得経費※･･･1,910万円

土地買取価格840万円？(@56万円/坪)

土地70坪×@56万円＝4,000万円？（目安）

⇒実需市場との差額は？

⇒現金化のスピードは？

⇒業者が高買いしてくれる可能性は？

▶入札実施 5,300万円(@76万円/坪)

≒実需市場価格

(1年後まだ1棟売れ残り)

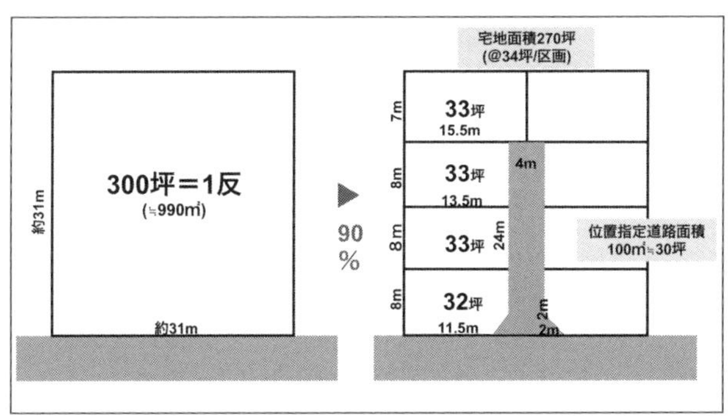

・測量費用
・設計費用
・申請料
・造成費用
・粒状砕石
・アスファルト舗装
・LU字溝
・グレーチング
・マンホール
・給排水管敷設
・電線引込用電柱
・街路灯など

また、このケースでは敷地面積70坪で、なおかつ角地ということもあり、3区画の分割がスムースにできましたが、敷地面積が広大な場合で、分割を行うケースでは、位置指定道路を入れる必要があり、大幅に有効宅地面積が減歩（げんぶ）するうえに道路の築造コストがかかることから、買取価格はより低くなるのが一般的です。

3．最も高く売れそうな方法は？

建売分譲を主な事業として行っている不動産会社は、常時現場を持っていないと経営が立ち行かなくなりますので、タイミングによっ

ては比較的高めに価格を出してくる場合があります。このケースでは、このエリア周辺で積極的に建売分譲を行っている不動産会社をレインズの履歴から選定し、入札方式で５社に買取価格を出してもらいました。

結果、最高値は現状渡しで5,300万円（@76万円／坪）と、丁度在庫がはけたタイミングの会社と契約を結ぶことになりました。

後日談ですが、土地23坪・建物30坪の３棟現場として再販されたこの物件は、一棟当たり4,130万円の値付けがされていました。

販売価格……………………… 4,130万円
－売却経費…………………… 140万円（手数料＋印紙代等）
－建物原価 ………………… 1,800万円
（@約60万円×30坪解体・外構込）
－土地原価 ………………… 1,800万円（5,300万円÷３）
－土地取得経費 ……………… 120万円（360万円÷３）
－既存建物解体……………… 40万円（120万円÷３）
－建築確認・構造計算………… 50万円
－外構工事 …………………… 60万円
－給排水引込 ………………… 50万円
＝利益………………………… 70万円（！）

利益70万円÷販売価格4,130万円＝利益率1.7%……

更に、１年後の時点でまだ１棟売れ残っていたのでやはり相場的に厳しい地域だったことが証明されたかたちになりました。

４．売却によって確定する資金はいくらか？

これによって、アパート建替えに充当できる資金が確定しました。

売却価格 ………………… 5,300 万円
－売却経費 ……………… 210 万円（仲介手数料･印紙税･確定測量）
－譲渡所得税 …………… 965 万円※
＝売却手取額 …………… 4,120 万円

※売却価格 5,300 万円－売却経費 210 万円－不動産取得価格 265 万円（取得の契約書等が無いので売却価格 5,300 万円×５％を取得価格として計算）＝譲渡所得 4,825 万円。譲渡所得 4,825 万円×長期譲渡税率 20%＝譲渡所得税 965 万円

居住の用に供さなくなってから３年目の年末までに譲渡すれば課税所得から 3,000 万円を控除できるという「居住用財産の譲渡所得の特別控除（租法 35 条①)」を適用できますが、このケースではすでにその期間を大幅に過ぎているうえ、それが節税になったとしても生活の拠点として居住の用に供する意思もないということを確認しました。(もっとも、生活の拠点として整備するためには節税額以上のコストがかかるということもありますが)

ちなみに、譲渡資産に短期間で臨時に、あるいは仮住まいとして起居すれば同控除を受けることができるという情報が広く知られていますが､「真に居住の意思をもって客観的にもある程度の期間継続して譲渡資産を生活の拠点としていたことを要するもの」という見解が出されていますので否認されることも考えられるため注意が必要です(国税不服審判所平成 31 年２月６日)。

●不動産２（アパート）

1. 投資基礎（売ったらいくらの現金になるか）と、投資基礎はどういう売り方が最大になるかを計算する

2. 現状・改修・建替・その他を比較し、相談者の目的を達成させるための最有効利用は何かを検証する

3. 立退きの問題を解決できるか

1. 投資基礎（売ったらいくらの現金になるか）と、投資基礎はどういう売り方が最大になるかを計算する

⑴ 現況で築古アパートとして売却

賃貸中居室　6.5万円＋6.9万円＋4.5万円＝17.9万円／月(214.8万円／年)

空室募集　　風呂あり 6.0万円×２戸、風呂なし４万円×１戸

満室想定賃料　17.9万円＋16万円＝33.9万円／月(406.8万円／年)

市場の期待利回り　　表面利回り10%…売却想定価格約4,070万円

⑵更地にして売却

路線価200千円／㎡×200㎡÷0.8＝売却想定価格約5,000万円※

（※一般の実需市場で売却可能なエリア・規模であり、概算の段階で建売用地としての売却の検討は不要と判断）

上記より⑵更地にして売却で試算

売却想定価格……………………………… 5,000万円

－立退費用………………………………360万円※

（※路線価4,000万円×借地権割合60%×借家間割合30%×1/6×３戸と仮定）

－解体費用　４万円×70坪＝ ………………280万円

－売却経費　仲介料・確定測量………………220万円

－譲渡所得税………………………………850万円※

＝売却手取り額（投資基礎）……………… 3,290万円

※売却価格 5,000 万円－売却経費（280 万円＋ 220 万円）－不動産取得価格 250 万円（取得の契約書等が無いので売却価格 5,000 万円×５％を取得価格として計算）＝譲渡所得 4,250 万円。譲渡所得 4,250 万円×長期譲渡税率 20％＝譲渡所得税 850 万円

2. 現状・改修・建替・その他を比較し、最有効利用は何かを検証する

※費用についてはエリア・工法・時期によって変わりますのであくまでも参考としてください。

⑴現状

満室想定賃料………………407 万円
－空室損……………………192 万円
＝実効総収入………………215 万円
－運営費（15％）………… 61 万円
＝営業純利益………………154 万円
－ローン返済…………………0 万円
＝税引前 CF ……………… 154 万円
－所得税・住民税 ………… 22 万円※

（※営業純利益 154 万円－減価償却０－金利０－青色申告特別控除 10 万円＝ 144 万円。課税所得 144 万円×（所得税５％＋住民税 10％）＝約 22 万円）

＝税引後 CF……………… 132 万円（約 11 万円／月の生活費）

⑵改修工事（室内・設備 800 万円＋外装・屋根 300 万円＋不同沈下改善 500 万円）

工事費 1,600 万円は実家の売却手取り金約 4,120 万円の一部を充当。改修後の賃料は７万円×４戸、5.5 万円×２戸と想定。

満室想定賃料………………468万円
－空室損（7％想定）………33万円
＝実効総収入………………435万円
－運営費（15％）……………70万円
＝営業純利益………………365万円※

（※営業純利益の増加211万円÷改修費1,600万円＝改修の投資利回り13.2％）

－ローン返済…………………0万円
＝税引前ＣＦ………………365万円
－所得税・住民税………… 29万円※

（※営業純利益365万円－減価償却（平均10年償却と仮定）160万円－金利0－青色申告特別控除10万円＝195万円。課税所得195万円×（所得税5％＋住民税10％）＝約29万円）

＝税引後ＣＦ………………336万円（約28万円／月の生活費）

実家の売却手取り金1,600万円を使うことによって、手取りキャッシュフローが204万円増えるということは、（336万円－132万円）÷1,600万円＝12.8％の投資に相当するということを意味します。

⑶建替え（36.4㎡（11坪）1LDK×6戸＝本体工事5,080万円（@77万円／坪・@約850万円／戸）＋解体・付帯工事1,220万円＋立退き（仮）360万円＝総額6,660万円と想定）建替え費用の6,660万円のうち、4,120万円を実家の売却手取り金から充当。不足の2,540万円を銀行預金から充当。

満室想定賃料………………648万円（@9万円／戸）
－空室損（5％想定）………33万円
＝実効総収入………………615万円

－運営費（15%）………… 97 万円
＝営業純利益………………518 万円
－ローン返済…………………0万円
＝税引前 CF……………… 518 万円
－所得税・住民税 ………… 18 万円※

（※営業純利益 518 万円－減価償却（本体 22 年・付帯工事等平均 10 年償却と仮定）約 390 万円－金利０－青色申告特別控除 10 万円＝118 万円。課税所得 118 万円×（所得税５％＋住民税 10%）＝約 18 万円）

＝税引後 CF……………… 500 万円（約 42 万円／月の生活費）

⑷その他：月極駐車場（７台駐車可）立退き（仮）360 万円＋解体費用 280 万円＋コンクリート舗装費用 200 万円（@１万円／㎡）＝総額 840 万円と想定。実家の売却手取り金 4,120 万円の一部を充当。

満車想定賃料………………168 万円（@２万円／台）
－空車損（10% 想定）…… 17 万円
＝実効総収入………………151 万円
－運営費（15%）……………68 万円
（管理費 5% ＋固都税（軽減なし）60 万円）
＝営業純利益……………… 83 万円
－ローン返済…………………0万円
＝税引前 CF ……………… 83 万円
－所得税・住民税 ………… 9万円※

（※営業純利益 83 万円－減価償却（舗装工事 200 万円÷ 15 年）13 万円－金利０－青色申告特別控除 10 万円＝ 60 万円。課税所得 60 万

円×（所得税５％＋住民税10%）＝約９万円）

＝税引後 CF ……………… 74万円（約６万円／月の生活費）

⑸その他：買替　総予算9,950万円（実家売却手取り4,120万円＋アパート売却手取り3,290万円＋建替えのケースで負担可能だった預金相当額2,540万円）

購入に伴う諸費用を物件価格の７％相当と仮定した場合の物件価格＝9,950万円÷107％＝約9,300万円。表面利回り７％・総戸数10戸の新築アパート物件を購入した場合で試算。

満室想定賃料………………650万円（9,300万円×７％）

－空室損（5%想定）………33万円

＝実効総収入………………617万円

－運営費（15%）……………98万円

＝営業純利益………………519万円

－ローン返済…………………0万円

＝税引前 CF ………………519万円

－所得税・住民税 ………… 47万円※

（※営業純利益519万円－減価償却（建物割合４割・22年償却と仮定）169万円－金利０－青色申告特別控除65万円＝285万円。課税所得285万円×（所得税10%＋住民税10%）－97,500円＝約47万円）

＝税引後 CF ………………472万円（約39万円／月の生活費）

「安定した生活費を確保したい」という相談者の目的に沿って考えた場合、代替案⑴から⑸のキャッシュフローおよび自己資本に対する投資利回り（CCR）を比較すると、「⑶建替」が最も優れた選択肢、次いで⑸買替、⑵改修であるということがわかります。また、保守的な相談者が選択しがちな⑴現状維持、⑷駐車場への転用といった代替案はあまりよい選択肢ではなさそうだということも明らかにすることができます。

代替案比較表 (単位:万円)	⑴ 現　状	⑵ 改　修	⑶ 建　替	⑷ 駐車場	⑸ 買　替
営業純利益	154	365	518	83	519
税引後CF	132	336	500	74	472
生活費に充当できる収入/月	11	28	42	6	39
1.実家の投資基礎	4,120				
2.アパートの投資基礎	3,290				
3.使用できる預金相当額	2,540				
自己資本の総額	9,950				
投資に使用している自己資本(a)	3,290	4,890	6,660	4,130	9,950
銀行に預金している自己資本(b)	6,660	5,060	0	5,820	0
(a)から得ているCF	132	336	500	74	472
(b)から得ているCF(年利0.02%・分離課税20%)	1.07	0.81	0.00	0.93	0.00
CFの総額	133	337	500	75	472
CF÷自己資本=CCR(自己資本利回り)	1.34%	3.39%	5.03%	0.75%	4.74%

3．立退きの問題が解決できるか

築古アパート等の建替えや更地売却には立退きの問題を避けて通ることができません。退出があるたびに定期借家契約に切り替えていく方法もありますが、時間的な制約やいつになるかわからない退出を前提とした計画はそもそも実行可能性の観点から問題があります。

立退き交渉について知っておくべき内容についてここでは触れたいと思います。

立退き交渉の前提条件

⑴立退きには「通知」と「正当事由」が必要

⑵しかし、「正当事由」のハードルは非常に高い

⑶正当事由を補完・充当するものとして「立退き料」は位置づけられている

⑷周辺相場よりも安い賃料で貸している部屋は、「それまで安く貸してあげていたので立ち退き料も安い」と考えがちだが､逆に「相場よりも安く借りることができている権利」が入居者にはあるとして、立ち退き料はその分高くなる

⑸当事者（貸主）以外が立退き交渉を行う場合、非弁行為（弁護士法72条)にあたる可能性がある。交渉の対価を受け取らない「使者」であればよいという見解もあるが、建築や売買業務の一環として行う場合は対価を得る「業」として該当する可能性が高い。基本は弁護士に依頼したほうが確実だが、①貸主である相談者と同行する②マスターリース契約を貸主と結び、賃貸借契約の当事者として交渉にあたるといった方法が考えられる。

⑹風害により屋根が飛ばされた・震災により建物に大きな被害が出たといったことで建物が「使用不可」となった場合は、賃貸借契約は終了する

⑺訴訟になった場合、

「引越料その他移転実費（敷礼仲介料などの初期費用）＋移転によって生じる損失（賃料差額の1-2年分など)」

「利用土地面積×路線価×借地権割合×借家権割合および、建物価格×借家間割合」

という判決になるのが一般的

入居者の立退き

- **正当事由**
- **補完・充当→立退き料**
- **非弁行為**
- **災害による賃貸借契約の終了**
- **判決例**

利用土地面積×路線価×借地権割合×借家権割合
＋建物価格×借家間割合＝立退き料

立退き交渉の流れ

以前、某大手アパート建築メーカーの立退き交渉マニュアルを手に入れたことがありますので、ハウスメーカーはどういった交渉をおこなっているのかということを参考までにご紹介します。

⑴入居者の人物像を把握し作戦を立てる（賃貸借契約書・入居申込書）

⑵家主さん同席のうえ、一日で全世帯にノーアポ訪問（不意打ちで調べる隙を与えない）

⑶室内に入れてもらう（引越代の目視算定も同時に行う）

⑷以下の点について伝え、即決を目指す

① 解体するという意向

② 長く住んでくれたことに対する謝意

③ 引越代と新居移転費用を負担する意向

相手に立ち退きを受け入れやすくしてもらうための交渉トーク例として

■（現家賃５万円であれば）「敷礼ゼロゼロ物件も多いですが、足りないといけないので、敷２・礼２・仲介料１の５か月分で 25 万円出します」

■「単身引越代は2万9800円からありますが、足りないといけないので10万円出します」

■「お引越しは、今日が5月○日ですから、6月…7月…8月○日までにお願いします」(「3か月後」というと、"3か月しかないの⁉"となるそうです)

■賃貸契約書にある貸主からの6か月前退出予告を持ち出されたら、「それでも構いませんが、3か月で出て頂けたらプラス10万円お支払します」…

ノウハウだと思います。

また、

■「合意書にサインを」と言うと絶対くれないので、「お金が絡む話なので、お金をもらえる権利を"言った・言わない"の話にしないためにも書いておきましょう」と言う。

■代替物件の用意をしておく(ただし、賃料の差額負担については先に言わない)

といった注意書きもありました。

想定される入居者ごとの対応についても取り上げられています。

【滞納者】

- 自救行為・自力救済は不法行為となり、損害賠償請求される危険がある
- 催告▶賃貸借契約解除の内容証明▶未払い賃料支払と明渡訴訟・占有移転禁止の仮処分▶和解または判決▶強制執行
- 執行力のある書類は①判決文②和解調書③調停書類のみ

- 解決に要する期間は６～９か月。弁護士費用は50～100万円(建物価値500万円程度の場合)

【ひとり暮らしのお年寄り】

- 合意はほぼ確実にもらえるが
- 次の移転先を探すのが困難
- 連帯保証人に連絡して協力を依頼するのは「合意書をもらった“後”」
- 身寄りがない場合は、ケースワーカー・地域包括センターに相談し協力を仰ぐ

【留学生】

- 入居者＝契約者ではない場合があるので、契約者本人を特定することが重要（外国人登録証明・入国管理局等）

【こわもて】

- 淡々と話す
- 煽りに乗らない
- どのケースでも録音する
- 閉じ込められることも
- 「出るところに出てください」

【連絡が取れない・不在】

- 張り込み（扉を開けたことがわかるようにドアに付箋を貼る）
- 大家さんから警察に連絡（安否確認）
- 電話請求書（着発信履歴）・宅配便伝票・年賀状などから接触できる人物を特定し、その人経由で連絡を取ってもらう

リアルです。

今回のケースはどのようになったかというと、「人間関係と思いやり」をベースに

■老朽化による危険性のアピール（不同沈下もしています）

■引っ越し先の提案

■引っ越し費用の負担

■生活保護は役所と連携

といったことを前提に交渉を進めた結果

●入居者1　69,000円/月　　60代年金暮らしの独身女性　賃料1年分先払い

アプローチ方法：管理会社変更挨拶訪問：老朽化で解体を検討と打診

アプローチに対する反応：漏水による壁のシミというクレーム。状況確認し協力的立場であることをアピール。相談に乗っているうちに打ち解けた

交渉方法：漏水の件もあり、このままだと実害の懸念もあると引っ越しを促す。本人も夫を亡くし一人暮らしには広いし家賃も高いということで利害一致

ハードル：なし

解決方法：なし

立退き期間：60日

立ち退き費用：305,484円

●入居者2　65,000円/月　　生活保護の老夫婦　猫を飼っている

アプローチ方法：管理会社変更挨拶訪問：老朽化で解体を検討と打診

アプローチに対する反応：猫好きで打ち解けた

交渉方法：建物の老朽化を実感しており、すぐに了承。引っ越し先は知人に頼む。費用の負担・協力についても伝える

ハードル：3か月経過しても引っ越し先見つからず。猫がネックでエリアも限定的

解決方法:築古で募集が難航しているアパートオーナーに直接交渉。敷金4か月で猫飼育可の承諾を得、他の入居者への告知も事前に行う。

立退き期間：150日

立ち退き費用：620,013円

●入居者3　45,000円/月※　80代認知症の母と持病を持つ40代の娘（※風呂なし）

アプローチ方法：管理会社変更挨拶訪問：老朽化で解体を検討と打診

アプローチに対する反応：引っ越しへの嫌悪感なし。母親が入院中で判断保留、別に暮らす兄の判断を仰ぎたい

交渉方法：老朽化による建替え・引っ越し資金の負担について決定権のある兄にアプローチ。引っ越し先を探すよう依頼

ハードル：持病がある娘に収入が無く母親の年金だけで借りられる物件が少ない

解決方法：兄が探してきた引っ越し先を契約する直前に娘も入院。借主からの賃貸借契約解除。

立退き期間：200日

立ち退き費用：ゼロ

立ち退き費用の総額は925,497円と当初の予算よりの約4分の1となりました。

入居者の立退き　今回のケースでは…

☑老朽化による危険性のアピール
☑引っ越し先の提案
☑引っ越し費用の負担
☑生活保護は役所と連携

という前提で交渉をすすめ、立退き料0～62万、期間60～200日で全世帯立退きを完了。

ステップ 3. 市場分析

市場分析については第１章でマクロ分析から競合分析、物件の間取りや設備といったところまで取り上げました。土地活用の提案をするうえで、その場所における最有効利用はなにかという判断は、実行可能性のキモとなる重要なポイントとなります。

ステップ4. 提案書の見抜き方

土地活用の提案を求められる局面では、多くの場合すでにハウスメーカー・不動産会社・税理士などからアパマン建築の提案が行われている場合が非常に多いです。

アパマン建築を検討するきっかけの代表的なものとしては

- ●相続税を払いたくない
- ●安定収入が欲しい
- ●遊休地を活用したい

といったものですが、これらはすべて「オーナーの希望」であって

- ●入居者がつくか
- ●収支があうか
- ●投資として成り立つか

といった「事業の成功」とはまったく別ものです。

これを逆手にとって一括借上げ保証（サブリース）や無担保・超長期間といった独自のローンで建築受注を取ろうとするケースが数多くみられ、その極端な例がかぼちゃの馬車をはじめとした事件につながるわけです。

そして、建築提案をする側にもそれぞれの立場ごとに提案にバイアスがかかります。

■ハウスメーカー

- ●容積率を最大に消化した建築規模
- ●最高の仕様・設備
- ●住宅性能

■不動産会社

●賃貸管理受託

●財産処分受託

●建築紹介料

■税理士

●相続税の節税

●所得税の節税

●税評価の圧縮

各分野の側面については、それぞれが最高の提案を行うことができますが、果たしてそれが「投資」の切り口で見てどうか？という不動産投資に関する正しい知識を持たない提案が見当違いのものとなってしまう恐れがあります。

また、ノルマやインセンティブが行動原理となり、顧客のためではないと知りつつも目をつむり提出される提案も少なからずあるのが現実であり……

提案書・企画書でよく見かける特徴は、

● 必要以上に分厚い

● 逆に１～２枚しかない

● 前提条件が甘い（金利・賃料・空室）

●仲良しファミリー的なイメージ写真を多用

● ポジティブポイントをこれでもかと強調（固定資産税が安くなる等）

●ネガティブポイントには触れないか読み取れないような場所に書いてある

●必要以上のへりくだり（「お施主様」的な）

「読むのも面倒だ」、「これだけ立派な資料を用意してくれるんだから信用できるだろう」……という結論を出す前に、<どうやって検証するのか>を知る必要があります。そしてその検証による選択肢は

- 建築提案・検討後……やるか・やらないか・代替案はないか
- 請負契約後……やるか・やらないか（違約金を払って）
- 着工～竣工後……やり続けるか（損失を出して）・売るか（損失を出して）

と、時間を経過するごとにどんどん少なくなります。

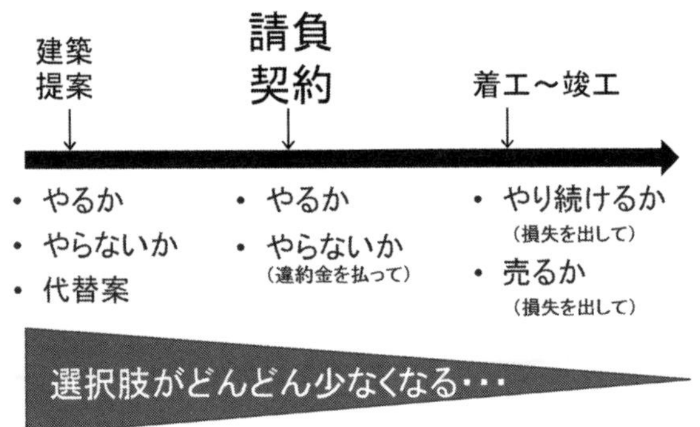

▶どうやって検討するか

実際にあった相談をもとに解説したいと思います。

場所は神奈川県横浜市の最寄駅から徒歩4分の下町エリア。地元の方を相手に長い間商売をしていますが、加齢と後継者不在のため、廃業を決意しました。そこで、ハウスメーカーから受け取った提案書には現在の老朽化した建物を解体して6階建てRCマンションを建て、最上階に住まいを、とありさらに賃貸部分については30年の一括借り上げを約束と書かれています。「今後の生活費も住居も両方確保で

きるので良い話に思えるが、なんとなく不安なので見て欲しい」という依頼です。

１．そもそもの目標・目的は？

●斜陽産業で目に見えて仕事が減少。会社員ならとっくに定年している年齢で体力が持たない
●自営業で年金受給額はわずか。廃業後も今までの収入程度を確保したい
●今まで通りの間取りは必要で、この場所からは離れたくない
●相続税は心配だが、借金することはそれ以上に心配
●夫婦のほかにすでに独立した子供が２人。相続財産はこの不動産と今回使う現預金 2,000 万円＋ α （相続税路線価＝ 195C ）

整理すると、
●自宅部分は５～ 60㎡程度必要＋駐車場１台
●年間キャッシュフロー 200 万円程度必要
●あまり借入依存したくない
●相続税対策をする

２．どの位のボリュームが入る？

●敷地面積 197.84㎡（約 60 坪）
●商業地域 80/400
●北側幅員８ｍ公道
●ほぼ正方形の地形
●道路との高低差はない
●準防火地域

ボリュームを検討するうえでは、建ペイ率・容積率のほかに道路斜線・隣地斜線・北側斜線等の斜線制限と、それに影響を与える道路の幅員、敷地の高低差。あるいは高さ制限、日影規制などさまざまな要素が必要です。『リアルイラストでスラスラわかる建築基準法』（(株)エクスナレッジ社）など、専門外のみなさんにもわかりやすい初心者向けの書籍を一読されることをおすすめします。

ハウスメーカーの提案書は大抵、MAX のボリュームで入れてくるので、それ以下だったら入ると思っておくといいでしょう（タマに間違えてくる場合もありますが……）。

建築提案書では、

- ●建築面積　111.80㎡
- ●建蔽率　56.5%<80%
- ●延床面積　654.90㎡
- ●容積対象　延床面積－不算入の共用部 95.54㎡＝ 559.36㎡
- ●容積率　282.73%<400%
- ●施工面積　7,81.83㎡
- ●自宅部分　55.81㎡
- ●賃貸部分　30.15㎡× 13 戸
- ●店舗部分　30.15㎡
- ●使用可能部分　477.91㎡
- ●レンタブル比　約 73%

提案書では工事費は総額２億円（税別）となっていました。内訳は、

- ●本体工事……… 1 億 6,344 万円
- ●付帯工事…………… 2,071 万円

1K	お施主様宅	
1K	1K	1K
1K	1K	1K
1K	1K	1K
1K	1K	1K
ENT	自転車	店舗

●外構工事…………… 1,289 万円

●その他………………　296 万円

“坪単価 85 万円”とエレベーター付 RC マンションとしては破格の安さとされていましたが、マンションの場合面積の測り方はいくつもありますので、どの部分をもってして坪単価としているのかがわからないと判断に困ります。この提案書をよく見てみると、（数字で示されているものと、平面図を見ながら計算するものがあります）

●施工面積　781.83㎡（236.5 坪）　　　　　@約 85 万円 / 坪

ここからバルコニーなどを差引くと

●延床面積　654.90㎡（198.1 坪）　　　　　@約 100 万円 / 坪

ここから容積率不算入の共用部を差引くと

●容積対象面積　559.36㎡（169.2 坪）@約 120 万円 / 坪

ここから容積率算入の共用部を差引くと

●使用可能面積　477.91㎡（144.56 坪）@約 140 万円 / 坪

建築単価をなるべく安く見せたいのであれば、施工床面積を採用するということになりますが、賃貸マンションなどの場合は、実際に収入を生むスペースを作るためにいくらのコストがかかるかという視点となりますので、使用可能面積を採用するべきです。賃料坪単価 1 万円の部屋が 1 年間で稼ぐ 12 万円 / 坪の収入のために、坪単価 80 万円のコストであれば、土地を含まない建築の表面利回りは 15%。坪単価 140 万円のコストであれば、8.6% ということになります。

※レンタブル比

延べ床面積に対する使用可能面積の割合。このケースでは 477.91㎡ ÷ 654.90㎡ = 約 73%。一般的には 85% 前後となりますが、玄関ホールなどの共用スペースにゆとりを持たせた物件のほか、全体的な建築面積が小さなもの（狭小物件やペンシルビル）は面積の大小にかかわらず一定の大きさを必要とする階段や廊下の割合が相対的に大きくなり、レンタブル比が極端に下がります（以前相談のあった土地9.51㎡・建物36.17㎡ RC 5階建てという超狭小建物のレンタブル比はわずか33%でした)。また、同様の理由で面積が狭くなればなるほど建築単価は高くなります。

3. 貸せるか？　最有効利用の用途は？

この項目については別の項で詳しく触れていますので割愛しますが、この提案書では1階部分が店舗となっていましたので、その部分について補足を。

30.15㎡(9坪)の面積でできる業種・業態に限られると考えられます。

飲食店は厨房が面積の50%を締めますので、小規模なファーストフード・セルフサービス店・カウンターのみの居酒屋やラーメン店・弁当屋・クリーニング引き継店など店頭販売などになるでしょう。

また、賃料相場は調査したところ9,000円/坪×9坪=約8万円となり、「賃料は売上の2日分」という不動産業界でよく知られた目安をもとにすれば、8万円÷2日×30日=120万円/月の売上が見込めるという条件がさらに加わります。

現地は、交通量の激しい主要街道から一本入った静かな裏通り沿いで人通りもまばら。商店街を形成しているわけでもなく売上の目途が立ちそうなイメージがわかないとともに、リーシングの難航が予想されました。

4. コスト・収支・資金調達

提案書を整理すると、諸費用もすべて含めた総投資額は2億1,800万円※

※本来は、この敷地を売却した場合の手取り額（=投資基礎）を総投資額に加えますが、ここでは提案書に基づき建築費のみを分析対象とします。

自己資金 …………… 2,000万円+借入1億9,800万円（1.2%35年）

総潜在収入（GPI）……………………………1,176 万円
－空室損（サブリースの為勘案せず）………… 0万円
＋雑収入……………………………………………0万円
＝実効総収入（EGI）…………………………1,176 万円
－運営費（Opex）………………………………322 万円
＝営業純利益（NOI）………………………… 854 万円
－年間負債支払い額（ADS）…………………693 万円
＝税引前キャッシュフロー（BTCF）……… 161 万円

総収益率（FCR）3.92％→利回りが低すぎる 相場は5.0～5.5％
ローン定数（K%）3.50％→融資期間35年なので低負担
自己資金配当率CCR 8.05％→まあまあ（レバレッジが効いている）
負債支払安全率（DCR）1.23→営業純利益に対して返済負担が若干重め
損益分岐点（BE%）86％→高め

次に、本来投資に入れている自己資本として加える土地売却時の手残り（投資基礎）を計算してみましょう（ここでは、相続税路線価をもとにします）。

相続税路線価…195千円×197.84㎡÷0.8＝4,822万円
売却コスト４％………………………………… 192 万円
ローン残高…………………………………………0万円
譲渡所得税………………………………………439 万円
投資基礎……………………………………… 約 4,190 万円

総投資額　2億5,990万円

自己資金………………6,190万円＋借入1億9,800万円（1.2%35年）

総潜在収入（GPI）…………………………1,176万円

－空室損（サブリースの為勘案せず）………… 0万円

＋雑収入…………………………………………… 0万円

＝実効総収入（EGI）…………………………1,176万円

－運営費（Opex）……………………………322万円

＝営業純利益（NOI）………………………… 854万円

－年間負債支払い額（ADS）…………………693万円

＝税引前キャッシュフロー（BTCF）……… 161万円

総収益率（FCR）3.28％→さらに利回りが下がります

ローン定数（K%）3.50％→融資期間35年なので低い

自己資金配当率CCR 2.32％→やる意味があるか？

負債支払安全率（DCR）1.23→変わらず

損益分岐点（BE%）86％→変わらず

5．目標・目的は達せられるか？

●自宅部分は5～60㎡程度必要＋駐車場1台　　55.81㎡ …○

●年間キャッシュフロー200万円程度必要　　161万円 …△

●あまり借入依存したくない

わずか161万円のキャッシュフローのために1億9,800万円 …×

●相続税対策をする …不要※

※土地の相続税路線価＝3,560万円。しかも小規模宅地利用可（自宅部分330㎡まで8割減・特定事業用宅地400㎡まで8割減）なので、現状でも相続人3名（3,000万円＋600万円×3＝4,800万円）の基礎控除内に収まるので、ほかの相続財産がかなりあるという状態でない限りは、分割対策だけしてお

けば、特になにもやる必要はありません。

6. 代替案の検討

そもそもの目標・目的は？

①自宅部分は５～60㎡程度必要＋駐車場１台

②年間キャッシュフロー200万円程度必要

③あまり借入依存せずに相続税対策をする

建築コストを掛けるとどうやら収支が合いそうにないということが先の分析でわかりましたので、木造３階建自宅＋木造２階建てアパートで検討することにしました。

・アパートローンと住宅ローン2本立て

・概算の収支計算

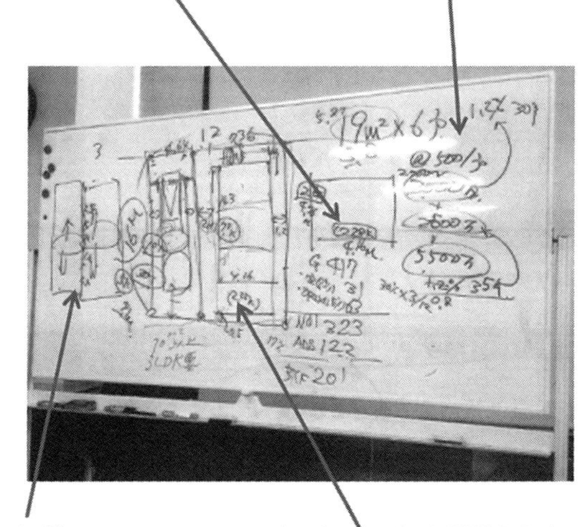

・建物レイアウト素案・分割配置案

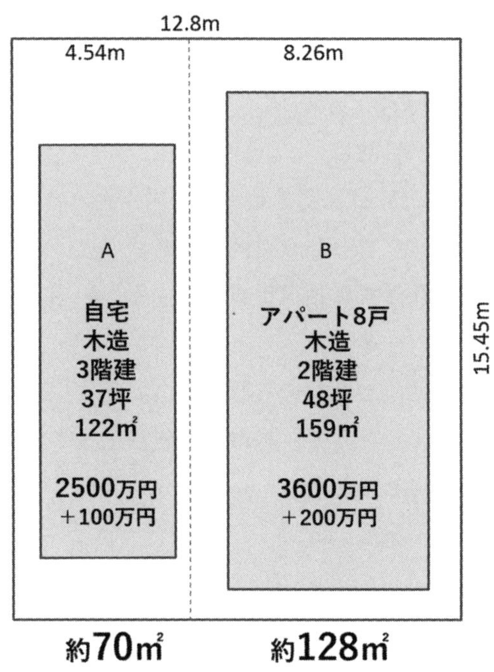

A：自宅 （間口２間。1Ｆ 12 坪２Ｆ 13 坪３F12 坪・合計 37 坪の３階建てガレージハウス）…2500 万（@ 67.5 万 / 坪）＋諸費用 100 万
Ｂ：アパート　158.8㎡（48 坪）（1K 19.85㎡× 8 戸）…3600 万（@ 75 万 / 坪・@ 450 万 / 戸）＋諸費用 200 万
というプランが入りましたのでこれをもとに代替案を検討します。

ここでは、もともとの RC ６階建ての建築提案に合わせて投資基礎を含めない建築コストに対する分析を行います。

総投資額 ……………………………………… 6,400 万円
（自宅建築＋アパート建築および諸費用）
自己資金（Eq）……2,000 万円＋借入（LB）4,400 万円（1.2%30 年）
総潜在収入（GPI）……………………………576 万円

－空室損（7.5%）……………………………………43 万円
＋雑収入…………………………………………………0 万円
＝実効総収入（EGI）………………………… 533 万円
－運営費（Opex）……………………………… 133 万円
＝営業純利益（NOI）…………………………400 万円
－年間負債支払い額（ADS）…………………174 万円
＝税引前キャッシュフロー（BTCF）………226 万円

総収益率（FCR）6.25%→自宅コストを入れてもまともな利回りに
ローン定数（K%）　3.97%→融資期間 30 年なので低い
自己資金配当率 CCR　11.30%→これならば満足
負債支払安全率（DCR）　2.30 →十分な返済余裕
損益分岐点（BE%）　　53%→低めでかなり安全

先程と同様に、土地の売却資金を投資資金に含めると総投資額は１億 590 万円となり、
総収益率（FCR）3.77%→土地代を入れると大分下がってしまう
ローン定数（K%）　3.97%→融資期間 30 年なので低い
自己資金配当率 CCR　3.20%→これも大分下がってしまう
負債支払安全率（DCR）　2.30 →十分な返済余裕
損益分岐点（BE%）　53%→低めでかなり安全
と、投資効率はかなり下がることがわかります。

いずれにしても、木造で自宅とアパートを建築というプランは、マンション建築プランよりも財務分析的には優れているということがわかります。

提案書見直し	総投資額	Eq	LB	NOI	ATCF
	21,800	2,000	19,800	837	**144**
（土地込）	25,991	6,191			
提案書見直し	FCR	CCR	DCR	BE%	LTV
	3.84%	7.20%	**1.2**	**81.90%**	94%
（土地込）	3.22%	2.32%			79%

代替案	総投資額	Eq	LB	NOI	ATCF
	6,400	2,000	4400	400	**198**
（土地込）	10,591	6,191			
代替案	FCR	CCR	DCR	BE%	LTV
	6.25%	9.90%	**2.4**	**49.80%**	72%
（土地込）	3.77%	3.20%			43%

※代替案はキャッシュフロー額・効率性・安全性すべてにおいて優れる

もうひとつの代替案

そもそもの目標・目的

① 自宅部分は5～60㎡程度必要＋駐車場1台

② 年間キャッシュフロー200万円程度必要

③ あまり借入依存せずに相続税対策をする

自宅部分はこの場所でなくても構わないのでは？と、発想を変えて近隣をしらべたところ、5～60㎡程度の中古区分マンションが2,200万円前後ですぐに探せることがわかりましたので、自己資金2,000万円と売却資金4,190万円の合計6,190万円のキャッシュは以下のように振り分けることが出来ると考えられます。

A　自宅用中古区分2,200万円＋経費150万円＝総額2,350万円
　……自己資金2,350万円＋借入0万円

B　アパート購入　1億円＋経費700万円＝総投資額1億700万円
　……自己資金3,840万円＋借入6,860万円（2%35年）

アパートの投資は

総潜在収入（表面利回り８％）………………… 800 万円
－空室損（５％）…………………………………45 万円
＝実行総収入 ……………………………………755 万円
－運営費（15%）………………………………… 120 万円
＝営業純利益 NOI ……………………………… 635 万円
－年間ローン返済 ……………………………… 273 万円
＝税引前キャッシュフロー ………………… 362 万円

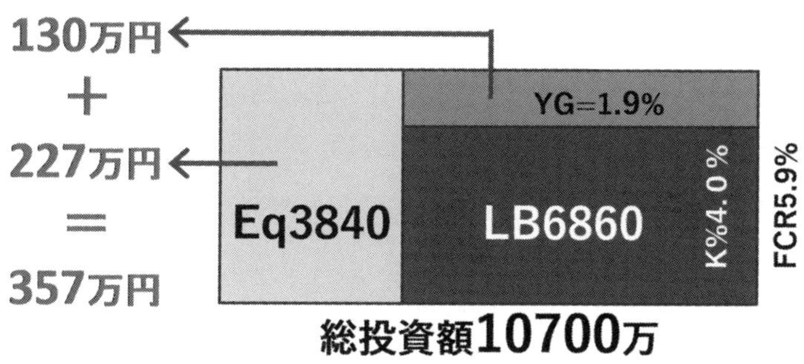

FCR　5.9%

K%　 4.0%

CCR　9.3%

ローン支払い安全率 DCR　　2.32

損益分岐点 BE%　　49.1％

そもそもの目標・目的

① 自宅部分は５～60㎡程度必要＋駐車場１台……○

② 年間キャッシュフロー 200 万円程度必要………◎

③ あまり借入依存せずに相続税対策をする………○

発想を変えて原点に立ち戻り、様々な切り口での検討を加え、定量化して比較・検証するというステップは、提案書をまる裸にし、相談者にとっての最適解を導き出す助けになります。価格・用途・規模・地域に関わらず、応用できるメソッドなので、ぜひ使ってみてください。きっと成果がでることをお約束します。

▶最後に(あとがきにかえて)
～大阪資産家姉妹餓死事件～

2011年1月に「大阪・資産家姉妹“餓死“所持金は90円」という事件がありました。遺体が発見されたマンションは資産家だった元銀行役員の父親が亡くなったあと（もはや相続対策をする意味がなくなってしまったタイミング）に、60代の姉妹が提案を受け、建築された賃貸マンションです。

平成バブル崩壊直後の最も不利な時期に相続が発生し、相続税5,000万円分について20年の延納を選択。

ほかに所有していた不動産の地代で支払っていきますが、それだけではまかないきれずに父が残した土地を少しずつ処分して、最後は、15室中5室空室の保有物件内で餓死……。

賃貸市場にマッチしない賃料水準となるオーバースペックの特優賃を建築し、賃料低下・空室損に苦しんだうえ、延納した相続税の支払いが重なってしまったというのが理由であろうということが当時、登記簿閲覧や市場調査を行うことにより導き出された結論です。

■仮定条件

建築代金4億円（坪単価150万円）※

借入2億2,000万円（住宅金融支援機構3.47%35年と仮定）

自己資金1億8,000万円

●賃料は豊中市の補助付で特優賃11万前後で貸していたが、現在は民間管理会社に移行しているので相場賃料８万５千円程度。

- 空室は現状15室中５室

※初版では、仮定条件として借入額イコール建築費と設定していましたが、その後、建築費は約４億円という情報を取得しましたので、仮定条件を修正させていただきました。

■運営費（Opex）の予想

建　　物：942.60㎡（285.13坪）（58.17～59.20㎡ 2LDK × 15室）

土　　地：691.19㎡（209.08坪）：路線価165 D＝約１億1,400万円

土地固定資産税：約60万円（評価額約１億円（約145,000円／㎡））

建物固定資産税：約340万円（建築費４億円。課税評価50％として２億円）

賃貸管理手数料（実効収入の５％）：55万円
共用部水道光熱費……………………10万円
清掃費…………………………………45万円
消防点検………………………………10万円
受水槽清掃点検………………………10万円
エレベーター点検費・動力電気代…72万円
運営費合計……………………… 約600万円（Opex比39％）

※入替時の原状回復費用・募集費用は別途

総潜在収入 ……………………… 1,530万円
－空室損（33％） ………………… 510万円
＋雑所得（駐車場５台）……………90万円
＝実効総収入 …………………… 1,110万円
－運営費（39％） ………………… 600万円

＝営業純利益 NOI……………………… 510 万円
－年間ローン返済 ………………… 1,086 万円
＝税引前キャッシュフロー…… ▲ 576 万円

損益分岐点 BE%（(運営費＋年間ローン返済) / 潜在総収入）110%……満室でも 150 万円以上の赤字ということです。

さらに、相続税 5,000 万円÷ 20 年延納＝元本 250 万円の支払いがありましたので、これを加えた合計 672 万円＋納税利子税（10 年目で 90 万円程度）となると、年間 900 万円以上の持ち出しをしていたことになります。

売却して手放すという選択肢もありますが、表面利回り８％として市場価格は１億 9,000 万円と見込まれ、10 年目現在の残債約１億 8,000 万円で差額の 1,000 万円と売却経費の 500 万円の現金がないと売却不可能と、ここでも行き詰まります。

59㎡2LDK×15戸
当初110,000円（特優賃・豊中市補助あり）
▼
現在 85,000円　空室5室/15室

満室想定賃料	1,530万円
－空室損	510万円
＋駐車場収入	90万円
－運営費	600万円
＝営業純利益	510万円
－ローン返済	1,086万円
＝税引前CF	－576万円
相続税延納元本	－250万円
利子税(10年目)	－　90万円
＝年間の赤字	約916万円

売却可能額　1億5,300万円
ローン残高　1億8,140万円

建築費　4億円@150万/坪
借　入　2億2,000万円(3.47%35年)
自己資金1億8,000万円

このマンションが建築されるまえには、亡父が40年以上前に建てた２DK × 15戸の古い低層マンションがありました。適切なメンテナンスが行われず近所からはお化け屋敷的な扱いをされていたそうですが、各戸250万円× 12戸＋共用部1,500万円＝ 4,500万円程度のコストをかければ再生できたと考えられます。

建替えではなく、改修による検討を行うとどうなるかということを検証してみましょう。

■前提条件

資本改善　室内250万円× 12戸＋外装・給排水・耐震補強1,500万円＝合計4,500万円

ローン借入なし

・賃料６万円× 12戸

・空室率10％

■運営費（Opex）の予想

建物面積41.66㎡２DK × 12室＝ 500.21㎡（145.2坪）

敷地面積691.19㎡（209.08坪）：路線価165 D＝約１億1,400万円

固定資産税評価額約9,980万円（144,400円／㎡）土地固定資産税約57万円

建物評価1,000万円（予想）建物固定資産税17万円……固定資産税合計74万円

賃貸管理手数料（実効収入の５％）……37万円

共用部水道光熱費……………………………7万円

清掃費 ………………………………………… 40万円

消防点検 ……………………………………10万円

受水槽清掃点検 ……………………………10 万円

運営費合計………………………………178 万円（Opex 比 19%）

※入替時の原状回復費用・募集費用は別途

総潜在収入	864 万円
－空室損（10%）	86 万円
＋雑所得（駐車場 7 台）	126 万円
＝実行総収入	904 万円
－運営費（20%）	178 万円
＝営業純利益 NOI	726 万円
－年間ローン返済	0 万円
＝税引前キャッシュフロー	726 万円

（損益分岐点 20.6%）

改修の場合の税引前キャッシュフローは 726 万円。60 代の姉妹が生活するには十分な収入といえるでしょう。

41㎡2DK×12戸

改修前 廃墟状態（全空）

▼

相場家賃 60,000円　空室1室/12室

改修・耐震補強 4,500万円

満室想定賃料	864万円
－空室損	86万円
＋駐車場収入	126万円
－運営費	178万円
＝営業純利益	726万円
－ローン返済	0万円
＝税引前CF	726万円
相続税延納元本	0万円
延滞税	0万円

＝年間の黒字 726万円＋現金8,500万円※

自己資金1億8,000万円▶改修・耐震補強4,500万円・相続税延納分5,000万円・現金8,500万円※

また、建替え時に自己資金として用意した１億 8,000 万円を、改修費用 4,500 万円、そして 5,000 万円の相続税の支払に充てていれば、利子税の支払いもないうえに現金がまだ 8,500 万円も手元に残っていた事になります。

建替えるか、改修するか。提案の内容によって、人の人生を大きく左右するほどの影響を与えます。

正しい分析手法を身に着け、相談者にとって最良の提案をできる方がひとりでも増えることを切に願います。

そして、バイアスがかかりがちな提案をいまいちど見直してみる事をおすすめします。

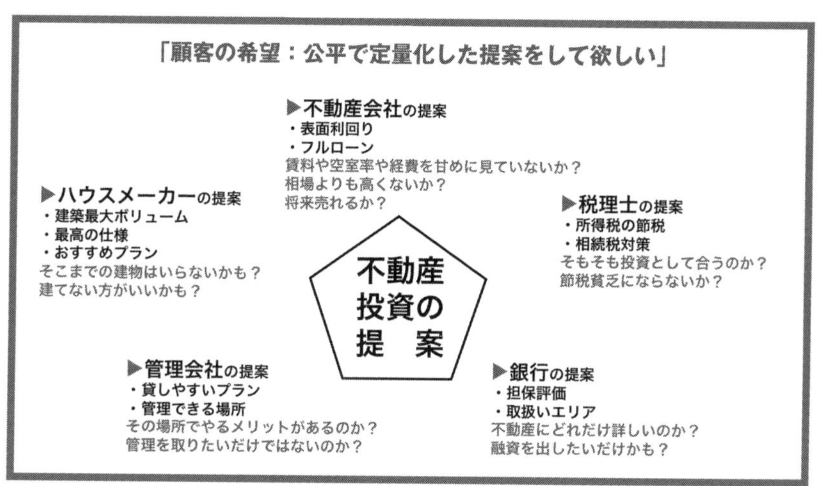

売るのか、貸すのか、建てるのか

- 「最有効利用」という考え方
- 目標・目的はなにか。どこまでやるか。
- どう、数字で比較検討するか

馴れれば、ヒアリングをしながらその場で計算できるようになります。また、シミュレーションソフトでやるよりも 10B Ⅱ（hp 社）などの金融電卓を使って、目の前でプレゼンをした方が説得力があります。ぜひ、具体的な案件で練習を重ねてください。健闘を祈ります。

※不動産投資に関する知識をより深めたいあなたには、
・CCIM（認定商業不動産投資顧問）https://ccim-japan.com/
・CPM（認定賃貸経営管理士）https://irem-japan.org/
二つの資格の取得をお勧めします。詳細は上記サイトへアクセスしてください
※不動産コンサルを行う皆さんのマニュアルのつもりで書きました
・「誰も書かなかった不動産投資の出口戦略・組合せ戦略〜詳細解説版〜」（住宅新報出版）。本書で取り上げた投資分析手法についてより深く詳細に学びたい方にとって、役立つ1冊です。

※ご相談はお気軽に（初回無料相談90分　予約制）
〒100-0005
千代田区丸の内1-8-3　丸の内トラストタワー本館20階
TEL03-5288-5900　FAX03-5288-5910
inomata@asset-b.co.jp
https://www.asset-b.com/
株式会社アセットビルド
代表取締役　猪俣淳（いのまた　きよし）CCIM/CPM/一級建築士

MEMO

MEMO

MEMO

MEMO

MEMO

MEMO

株式会社アセットビルド 代表取締役
著者 猪俣 淳（いのまた・きよし）

保有資格
CCIM/CPM/一級建築士
CCIM-JAPAN2018年度会長
CCIM公式セミナーインストラクター
CPM公式セミナーインストラクター

昭和59年（1984年）より、不動産・建築業界で活躍する実務家。23歳から30歳までの間に3回の自家用不動産取得を経験後、平成12年（2000年）より不動産投資を開始。新築・中古・一棟・区分・居住用・事業用など総投資規模11棟60室まで拡大。その後資本改善・売却出口・法人化等で投資規模を圧縮。総資産と総負債の差額である純資産（NAV）の拡大とキャッシュフローの効率化にシフトし現在に至る。不動産による資産形成を「投資家の代理人」として補佐する本来のアセットマネジメントを提供する会社として平成27年（2015年）株式会社アセットビルド（東京都千代田区）を創業。
著書に「誰も書かなかった不動産投資の出口戦略・組合せ戦略」（住宅新報出版）他。
BSTV「不動産王」コメンテーターをはじめ、「日経マネー」「SPA！」「FPジャーナル」ほか執筆・出演多数。
大手ハウスメーカー、全国紙、地方紙、不動産・建築・相続・税務会計当各団体・協会などの依頼を受け全国で講演。
1. 建築・不動産・賃貸管理・相続・金融・保険等、不動産投資に関連する複数(31)資格保有者
2. 37年間現場経験を積むプロ、
3. 21年間の不動産投資家・大家経験
というそれぞれの立場をもつ、理論と実践を融合した異色の不動産コンサルタントとして活動中。

改訂版　不動産コンサルティング（土地活用・売買）の教科書

2022年3月20日　初版第1刷発行

著　者　猪　俣　　淳
発行者　中　野　進　介

発行所　株式会社ビジネス教育出版社

〒102-0074　東京都千代田区九段南4-7-13
TEL 03(3221)5361(代表)／FAX 03(3222)7878
E-mail▶info@bks.co.jp URL▶https://www.bks.co.jp

印刷・製本／中央精版印刷株式会社
ブックカバーデザイン／飯田理湖　本文デザイン・DTP／有留　寛
落丁・乱丁はお取替えします。

ISBN 978-4-8283-0936-1